Die Lust am Aufstieg

Ulrich Aufmuth

Die Lust am Aufstieg

Was den Bergsteiger in die Höhe treibt

Drumlin Verlag

CIP-Kurztitelaufnahme der Deutschen Bibliothek

Aufmuth, Ulrich:
Die Lust am Aufstieg : was d. Bergsteiger in
d. Höhe treibt / Ulrich Aufmuth. – Weingarten :
Drumlin-Verlag, 1984.
ISBN 3-924027-29-3

Umschlagbild: Ulrich Aufmuth
Satz: Drumlin Satz
Druck: Allgäuer Zeitungsverlag GmbH, Kempten
Printed in Germany

Inhalt

Vorbemerkung

Ich bin Bergsteiger und ich bin Psychologe. Außerdem habe ich Freude am Schreiben. Man kann dieses Buch somit als die logische Konsequenz meiner Interessen und Neigungen ansehen.
Die nachfolgenden Betrachtungen sind hervorgegangen aus meinen eigenen bergsteigerischen Erfahrungen sowie aus dem Studium der Erfahrungen anderer Alpinisten.
Mein Buch ist gedacht für Bergsteiger und andere Personen, die das Abenteuer einer Wanderung nach »innen« mitmachen wollen. Der Gang durch die innere Landschaft des Alpinisten führt, genauso wie der Weg durchs Gebirge, durch lichte und auch durch dunkle Zonen. Beide Seiten des Daseins, die helle ebenso wie die schattige, spiegeln sich auch in den Motiven der Bergsteigerei.
Die erste Hälfte des Buches ist dem einfachen Bergsteigen gewidmet, die zweite Hälfte befaßt sich mit der Extrembergsteigerei. Beide Spielarten des Alpinismus unterscheiden sich nach meiner Erkenntnis qualitativ erheblich voneinander.
Die einzelnen Kapitel dieses Buches können ohne weiteres unabhängig von den anderen Kapiteln gelesen werden. Es ist ein Lesebuch und kein Lehrbuch.
Zur Entstehungsgeschichte dieses Buches möchte ich noch ein paar Worte sagen:
In den Jahren 1980 und 1981 hatte ich für das Jahrbuch des Deutschen und Österreichischen Alpenvereins Betrachtungen über die Motive des Bergsteigens beigesteuert. Die Resonanz, die diese Aufsätze seinerzeit hervorriefen und die Ermutigung, die ich durch den Redaktionsleiter des Deutschen Alpenvereins, Elmar Landes, erhalten hatte, veranlaßten mich, meine Gedanken über das Warum des Bergsteigens nach und nach niederzuschreiben, bis eben dieses Buch entstanden ist. Die beiden Jahrbuchaufsät-

ze, die den Anfangspunkt meines Schreibens über den Alpinismus darstellten, sind teilweise in den Text dieses Buches eingegangen.*
Zu der endgültigen Gestalt meines Buches haben noch weitere Personen durch wertvolle Anregungen und durch nutzbringende Kritik mit beigetragen: Meine Frau Margrit, mein Bergfreund Florian, Michael Klein von der Deutschen Sporthochschule in Köln und nicht zuletzt Martin Morgen, mein überaus einfühlsamer Lektor.

*Es handelt sich um die beiden Aufsätze *Die zweite Existenz* im Jahrbuch 1980 und *Die verrückte Notwendigkeit* im Jahrbuch 1981.

Abb. 1: Geht von den großen Gipfeln ein natürlicher Appell zur Eroberung aus? (Die Drei Zinnen)

Teil I

Bergsteigen als Breitenbewegung

Gibt es einen natürlichen Drang zum Berg?

Wir leidenschaftlichen Alpinisten neigen dazu, unsere Liebe zum Gebirge als etwas »Natürliches«, d. h. als etwas zum Wesen des Menschen gehöriges zu betrachten. Wir halten es für die selbstverständlichste Reaktion der Welt, daß man angesichts eines gewaltigen Berges in Begeisterung ausbricht und sich mit Macht hinaufsehnt. Wir glauben, von den Berggipfeln ginge ein natürlicher Appell zur Eroberung aus. Da gibt es nun allerdings einige Erfahrungen, die dieser stillschweigenden Überzeugung widersprechen.

Vielleicht haben Sie, sofern Sie selbst ein Bergsteiger sind, schon einmal versucht, einem Nichtbergsteiger die Motive Ihres Handelns einsichtig zu machen.

Was kommt bei solchen Aufklärungskampagnen heraus? Begreift der Nicht-Alpine, was uns in die Berge zieht? Meine eigenen Erfahrungen in der Missionierung bergsteigerischer Heiden sind schlecht: Dieser Menschenschlag ist überaus verstockt und uneinsichtig. Kurz: Dispute mit überzeugten Flachländern sind oft die reine Katastrophe.

Sagen wir zu einem Nichtbergsteiger, die erhabene Natur und die reine Luft ließen uns das Gebirge durchstreifen, dann kommt die Antwort: Dazu braucht man sich doch bloß in eine Seilbahngondel zu setzen, und schon hat man dieses Vergnügen ganz ohne jede Schinderei. Beschwört man die Ruhe und Einsamkeit der Berge, hört man den spöttischen Kommentar, daß es in manchen Regionen des flachen Landes heutzutage weitaus ruhiger zugeht als im Gebirge. Spricht man vom Fithalten oder von der prächtigen Kondition, die das Hinaufsteigen bringt, zählt uns der Flachlandapologet ein Dutzend Sportarten auf, die er für wenigstens genauso nutzbringend hält. Sprechen wir von der Abenteuerlust und dem Willen zur Bewährung in Schwierigkeiten und Gefahr, dann erzählt uns der andere von seiner letzten Afrikasafari und daß das noch was ganz anderes gewesen sei.

Auf diese Weise wird Argument um Argument entkräftet oder abgetan, bis der Bergebefürworter wütend oder resigniert erkennen muß: Da hilft alles nichts.
Manchmal steckt natürlich hinter dem Widerspruch des »Flachländers« die reine Provokationslust. Aber auch ganz neutrale und gutmeinende Nicht-Alpinisten begreifen oftmals unsere »Beweise« für die Berechtigung des Bergsteigens nicht. Sind diese Menschen besonders begriffsstutzig? Haben sie einen seelischen Defekt? Es wäre sehr beruhigend für uns Bergsteiger, wenn man dieses nachweisen könnte, aber man kann es leider nicht. So schmerzlich die Einsicht für uns ist: Es liegt an der Natur der Bergsteigerei selbst, daß sie für viele Menschen nicht selbstverständlich, das heißt, aus sich selbst heraus verstehbar ist.
Weil *uns* die Berge so fraglos wichtig sind, setzen wir es einfach stillschweigend voraus, die Bergliebe sei im tiefsten Grunde genauso ein menschliches Naturbedürfnis wie atmen, essen, schlafen. Das ist aber falsch.
Das Bergsteigen hat deutliche und genau erfaßbare Gründe. Nur: keiner davon gehört zum Wesen des Menschen an sich. Es gibt einfach keinen natürlichen Trieb zum Berg. Die spezifischen Antriebskräfte der Bergsteigerei erwachsen allesamt aus der gesellschaftlichen und individuellen Situation derer, die das Bergsteigen betreiben.
Das wird ganz offenkundig, wenn wir in frühere Epochen zurückschauen. Wie war das Verhältnis der Menschen zum Gebirge vor dem Beginn der Neuzeit, vor den Anfängen von Mechanisierung und Industrialisierung? Liebten unsere Vorväter das Gebirge? Verehrten sie die majestätische Gipfelwelt? Pilgerten sie ehrfürchtig und frohen Sinnes auf die Felsburgen hinauf? Ganz und gar nicht. Sie waren heilfroh, wenn sie nicht hinaufmußten in die Hochregion. Jeder, der dort oben zwangsweise zu tun hatte, wurde tief bedauert. Wer, was allerdings kaum jemals vorkam, freiwillig einen weglosen Berg von bescheidener Höhe erklomm, wurde in seinem Verstand angezweifelt. Warum denn reden wir heute noch vom Gang des Dichters Petrarca auf den harmlosen Mont Ventoux, 600 Jahre nach dieser Gelegenheitswanderung? Weil Petrarca auf Jahrhunderte hinaus der einzige Mensch mit Namen war, der ohne äußere Not, freiwillig also, eine etwas höhere Gebirgserhebung erstiegen hat. Was damals als die spleenige Tat eines Außenseiters aufgefaßt wurde, das machen inzwischen Millionen namenloser Zivilisationsmenschen an jedem Wochenende mit Selbstverständlichkeit.
Sind die Menschen anders geworden? Wohl kaum. Die menschliche Natur hat sich in dieser Zeitspanne gewiß nicht grundlegend geändert. Ganz

dramatisch haben sich hingegen unsere Lebensumstände verändert. Die Bergleidenschaft als Massenphänomen entspringt aus diesen veränderten Lebenbedingungen.
Zum selben Ergebnis gelangen wir auch, wenn wir das Verhalten der sogenannten Naturvölker in Augenschein nehmen. Sie kennen keinen Bergeroberungsdrang. Im Gegenteil, sie haben eine tiefe Furcht vor den Bergen. Den »Ruf der Berge« hören nur wir Kinder der modernen Industriegesellschaft.

Bergsteigen – die andere Lebensform

Haben Sie, sofern Sie zur Gilde der Alpinisten gehören, sich schon einmal Gedanken darüber gemacht, was die Berge eigentlich für eine Landschaft sind? Ich glaube, die wenigsten Alpinisten denken bewußt darüber nach, von welcher Art ihre Herzenslandschaft, ihr Seelenlustgarten ist. Man liebt die Berge und damit ist es genug. Und doch finde ich es für den Zugang zu den Motiven der Bergleidenschaft außerordentlich aufschlußreich und wichtig, daß wir uns den Charakter jener Landschaft, die uns so sehr ans Herz gewachsen ist, einmal bewußt vor Augen führen.

Wir sind es gewöhnt, die Bergnatur als herrlich, als majestätisch, reizvoll usw. zu etikettieren. Das ist bisweilen nur ein klischeehaftes Gerede, oft aber empfinden wir Bergsteiger es wirklich so. Wir Bergverehrer schauen dann gewissermaßen mit den Augen des Gefühls, nicht mit denen des Intellekts. Betrachtet man die Berge einmal ganz sachlich, nur vom Verstande her, dann liegt es offen zutage: Oberhalb von zwei, zweieinhalbtausend Meter Höhe sind sie eine Wüste. Das Hochgebirge, besonders natürlich die Gletscherregion, gehört zu den lebensfeindlichsten Gebieten unserer Erdkugel. Es ist so lebensfeindlich wie die zentrale Sahara oder die Taiga Nordsibiriens. Die Temperaturen schwanken zwischen erheblicher Wärme und polarem Frost. Die Sonne verbrennt in größerer Höhe die Haut und ist unerträglich fürs Auge. Tobende Unwetter, Stürme, Schneefall gehören zum normalen Geschehen. Gerade noch einige primitive Flechten können ab dreitausend Meter den grimmigen Bedingungen trotzen. Das einzige, was das Auge im Hochgebirge erblickt, sind Steine, Eis und Wasser. Ein karges Pflänzchen da und dort erscheint vor dieser grimmigen Kulisse so erquickend wie der herrlichste Rosenstrauß. Die Fels- und Eisregion ist voller, teils schwer berechenbarer Gefahr. Steinschlag, Lawinen, Wetterstürze, Ausgleiten, Spaltensturz, Auskühlung und Erschöpfung bedrohen dort oben Gesundheit und Leben. Dem Sorglosen bringt das Hochgebirge im Handumdrehen Verderben und Tod.

Abb. 2: Unterwegs in der »Wüste Berg«
(an der Vincentpyramide im Monte Rosa)

Und genau in den lebensfeindlichsten Bereichen der Wüstenlandschaft Hochgebirge, ab zweieinhalbtausend Meter Höhe aufwärts, halten sich passionierte Bergmenschen am liebsten auf!
Die Naturvölker betrachten die Hochregionen der Gebirge seit jeher als das, was sie ökologisch gesehen auch tatsächlich sind: Als einen lebensvernichtenden Raum. Unsere Vorfahren empfanden das Gebirge ebenfalls als eine Schreckenslandschaft. Verallgemeinernd kann man damit feststellen: Alle von unserer modernen Zivilisation unberührte und damit wahrhaft »natürlich« empfindende Menschen sehen im Hochgebirge etwas, was man tunlichst meidet.
Nur wir Kinder des Industriezeitalters schwärmen vom Gebirge als einem Ort der schöneren Existenz und wir halten dieses Schwärmen auch noch für ein natürliches menschliches Gefühl. Das Gefühl ist zweifellos wahr und stark, aber ein naturgegebenes ist es nicht.
In einer gewissen Weise betrachten auch wir, die aus freien Stücken auf die hohen Gipfel hinaufsteigen, die Berge noch als ein Territorium des Schrek-

kens und der Gefahr. Denn rufen wir uns einmal die Überlegungen in Errinnerung, die wir am Beginn einer großen Tour anstellen: sie stehen fast alle im Zeichen des Kampfes und der Gefahr. Wir nehmen Daunenjacken und Biwaksäcke mit, um dem Erfrierungstod vorzubeugen, wir versehen uns mit Spezialcremes, damit die Haut nicht verbrennt, wir tragen Spezialbrillen, damit die Augen nicht erblinden, wir packen Steigeisen und Pickel ein, um nicht abzugleiten, Seile, um nicht abzustürzen. Wir haben Schmerztabletten dabei und üben uns im Abtransport von Schwerverletzten. Das Ganze ähnelt aufs Haar den Vorbereitungen zu einem Kriegszug auf Leben und Tod. Und nichts anderes ist ja das Bergsteigen in den höheren Regionen auch. Es ist ein ständiger Kampf mit den hunderterlei Bedrohungen eines absolut lebenswidrigen Teiles der Erdoberfläche. Nur gut trainiert und gut „bewaffnet" hat man Aussichten, diesen Kampf mit der Wüste Berg einigermaßen sicher zu überstehen.

Nun ist die Frage: Weshalb zieht es uns exakt in diese Landschaft hinauf, die eine einzige grimmige Antithese des Lebens ist, die verabscheut und gemieden wurde von alters her? Weshalb tummeln wir Menschen des 20. Jahrhunderts uns mit großem Vergnügen dort oben herum, wo die Zeitgenossen Johann Sebastian Bachs höchstens ihre schlimmsten Feinde und Widersacher hinwünschten?

Eine erste, noch sehr pauschale Antwort darauf ist die: Die Wüste Berg zwingt uns moderne Menschen, sofern wir uns unter weitgehendem Verzicht auf die Hilfsmittel der Zivilisation in ihr aufhalten, *ganz anders* zu leben, als im alltäglichen Dasein. Die Tatsache dieses scharfen Bruches in der Lebensgestaltung hat wesentlich mit unserem Glück in den Bergen zu tun.

Damit wir wissen, wovon wir reden, sehen wir es einmal näher an, dieses Leben am Berg. Was tun und treiben wir dort oben?

Auf großer Tour machen wir den ganzen Tag über Dinge, die wir im alltäglichen Leben niemals tun:

Rund um die Uhr verrichten wir körperliche Schwerstarbeit simpelster Art. Sechs, acht, zehn Stunden steigen wir mühselige Steinhänge hinauf und hinab mit vielen Kilo Gepäck auf dem Rücken. Fortbewegen, Essen, Trinken, ein Lager für die Nacht bekommen, diese banalen Dinge bilden die Hauptinhalte unseres Tagesablaufs und unseres Denkens. Den ganzen Tag über setzen wir uns ohne Murren den Unberechenbarkeiten und Härten extremer Witterungsverhältnisse aus. Wir essen mit den Fingern und trin-

---

Abb. 3: Einödsbach mit Trettach und Mädelegabel

ken aus ungespülten Bechern. Nach den Brotzeiten rülpsen und winden wir mit elementarem Wohlbehagen. Wir waschen uns wenig oder gar nicht und die Wäsche bleibt oft tagelang auf dem dampfenden Leib. Nachts schlafen wir in der Tageskleidung unter Decken, die schon Hunderte vor uns mit ihrem Duft und Schweiß imprägniert haben. Wir zwängen uns in lichtlosen Massenlagern bedenkenlos zwischen fremde Menschen egal welchen Geschlechts. Nach einigen Tagen unterwegs sagen wir zu jedem »du«, ohne uns zu kümmern, wer da vor uns steht. Unsere Gesprächsthemen nach vollbrachtem Tagwerk sind: Was wir mit unseren Beinen geleistet haben, wie das Wetter war und wie das Essen und das Lager auf der Hütte ist. Wenn wir davon genug gesprochen haben, dann spielen wir Skat oder erzählen deftige Witze, die man drunten im Tal nicht erzählen kann. Das ist das wundervolle, »zünftige« Leben am Berg. Und wenn wir von einer Tour hinterher beglückt sagen, daß sie besonders »zünftig« gewesen sei, dann heißt das: sie war besonders wild und »unzivilisiert«.

Ja, wir Bergsteiger sind Menschen, die eine Doppelexistenz führen: wir führen ein gesittetes, kultiviertes Leben im Tal und ein wildes, primitives Dasein im Gebirge.

Und gerade die barbarische Existenz am Berg empfinden wir als unendlich beglückender als das alltägliche Sein!

Wie ist dieses Lebensgefühl im Gebirge, auf einer großen Tour? Ich will versuchen, es in Worte zu fassen.

Wir sind im Gebirge merklich froher, lebendiger und sorgenloser als im alltäglichen Dasein. Wir fühlen uns kraftvoller und frischer. Wir quellen mitunter fast über vor Energie und Tatenlust. Das Leben dort droben empfinden wir als viel farbiger und intensiver als das Alltagsleben, es ist voller starker vitaler Gefühle. Kurzum: Bergsteigend öffnet sich uns ein außerordentlich intensiviertes Sein.

Wie sehr unsere Lebensgeister im Gebirge gesteigert sind, wie nachhaltig das Bergerleben ist, das geht uns in vollem Ausmaß erst in der Rückschau auf, aus der Perspektive des Alltags her. Da erscheinen uns dann die Tage im Gebirge wie leuchtende Inseln in einem eintönig-gleichförmigen Meer, jeder einzelne Tag ist für lange Zeit tief eingegraben in unsere ganze Person. So tiefe Spuren hinterlassen nur ganz wenige Tage unserer Talexistenz.

Ich möchte meine bisherigen Ausführungen kurz zusammenfassen: Die hohen Berge sind, objektiv gesehen, eine grimmige Wüstenlandschaft. Wenn heutzutage Millionen von Menschen die »Wüste Berg« aufsuchen und sich darin glücklich fühlen, so ist dieses Verhalten, gemessen an der

Abb. 4: Das primitive Leben am Berg (im Oberaletsch-Biwak)

Reaktionsweise der Naturvölker und am Empfinden unserer eigenen Vorfahren, höchst unnormal. Betreten wir die lebensfeindliche Einöde der Hochgebirge, so führen wir dort ein ganz anderes Leben als im alltäglichen Dasein. Unser Existieren am Berg wird beherrscht und ausgefüllt von den allereinfachsten Notwendigkeiten der Daseinsfristung. Das Leben im Hochgebirge ist entschieden primitiv und insofern von unseren gewohnten Lebensverhältnissen grundlegend unterschieden. Auch unser Lebensgefühl ist am Berg ein ganz anderes als im Alltag. Es ist ein außerordentlich intensives und „wildes" Lebensgefühl.

Ich habe im Vorhergehenden den heute so verbreiteten Drang in die Berge aus einer ungewohnten und gleichsam verfremdenden Perspektive betrachtet um damit sichtbar zu machen, daß die Begeisterung für die hohen Berge keineswegs etwas Selbstverständliches oder Naturgegebenes ist. In den nunmehr folgenden beiden Hauptkapiteln will ich einige der Gründe benennen, warum in unserer Zeit so viele Menschen mit Leidenschaft und aus tiefem innerem Bedürfnis die »Wüste Berg« aufsuchen und durchstreifen.

Warum wir in den Bergen glücklich sind

Das Bergsteigen und die Defizite des Selbsterlebens in unserer Gesellschaft

Dieses Kapitel ist meine Laudatio auf das Bergsteigen. Lobreden haben es so an sich, daß sie die erfreulichen Seiten ihres Gegenstandes einseitig ans Licht heben und ausmalen. Das ist auch in meinem Lobpreis des Bergsteigens nicht viel anders. Das kritische Gegengewicht werde ich in späteren Kapiteln nachliefern. Hier aber will ich mich ausschließlich und ausgiebig in den glückhaften Bezirken der Daseinsform „Bergsteigen" ergehen. Ich möchte niederlegen, was das Bergsteigen mir und anderen Alpinisten an Glückserlebnissen schenkt. Als Wissenschaftler bin ich natürlich vor allem am Woher und Warum unseres Glückes am Berg interessiert. Ich mache mir Gedanken darüber, wie das besondere Glückserlebnis des Bergsteigens zustandekommt. So könnte dieses Kapitel auch überschrieben sein mit dem Satz: »Warum wir in den Bergen glücklich sind«. Diejenigen unter meinen Bergsteiger-Lesern, die in der herkömmlichen alpinistischen Denkwelt aufgewachsen sind, sollte ich vorbeugend vielleicht darauf hinweisen, daß meine Darstellung des Bergsteigerglückes sich manchmal stark von den geläufigen Vorstellungen entfernt.

Seelische Mangelerscheinungen in unserer Gesellschaft

Weiter oben habe ich bereits die These formuliert: Der Alpinismus als Breitenbewegung ist ein ureigenes Kind unserer hochtechnisierten, leistungsorientierten Industriegesellschaft sowie ihres geschichtlichen Werdeganges. Eine umfassende und aussagekräftige Deutung des Alpinismus hat aus diesem Grunde die überindividuellen Bedingungsmomente unseres Daseins zum Ausgangspunkt zu nehmen. Das sind im einzelnen: Die ökonomischen Gegebenheiten, die kulturellen Traditionen und die sozialen Funktionsgesetzlichkeiten unserer Gesellschaft. Der Zusammenhang des

Bergsteigens mit der zuletzt genannten Determinantengruppe, den grundlegenden Strukturen unserer Gesellschaft, soll in den nachfolgenden Ausführungen näher beleuchtet werden, wobei an Erfahrungen angeknüpft werden wird, die jedem Bergsteiger geläufig sind.
Meiner Argumentation liegen die folgenden Überlegungen zugrunde: Unsere Gesellschaftsform hat zahlreiche elementare Erlebnismöglichkeiten zum »Aussterben« gebracht oder zur seltenen Ausnahme werden lassen, und zwar deswegen, weil sie für das Funktionieren eben dieser Gesellschaftsform unerheblich oder gar hinderlich sind. Mit Zwangsläufigkeit schafft das Alltagsleben in der modernen Leistungsgesellschaft Mangelerscheinungen seelischer Natur. Sie beschneidet unsere menschlichen Entfaltungsmöglichkeiten in bestimmten Bereichen ganz entscheidend und erzeugt dadurch chronische und schwerwiegende Defizite des Selbsterlebens. Pointiert ausgedrückt: Wir laufen in unserem Alltagsdasein in gewisser Hinsicht halbtot herum oder halblebendig, wie man es lieber sehen mag. Von unserem gesamten Gefühls- und Verhaltenspotential werden nurmehr bestimmte Bereiche noch gefordert und in Schwung gehalten, vorzugsweise die sogenanten »höheren«, »geistigen« Persönlichkeitssektoren. Die sonoren Grundakkorde unseres Gefühlslebens, die zutiefst verankert sind in unserer leiblichen Natur, sie klingen hingegen kaum mehr an. Für gewöhnlich werden wir uns dieses Mangels gar nicht mehr bewußt, weil er im Ablauf der zweihundertjährigen Geschichte der Industrialisierung ganz unmerklich zur Normalsituation geworden ist. Nur gelegentlich äußert sich die faktisch eben doch vorhandene Entbehrung in Form gestaltloser und machtvoller Sehnsüchte in Richtung »Aussteigen«, »total anders leben«, sowie in Träumen von Wildnis und Abenteuer. Immer sind es Sehnsüchte nach einem urwüchsigen, elementaren Dasein, in dem auch unsere sinnlichen und körperlichen Anlagen voll zum Zuge kommen. Es verlangt uns nach einer Seinsform, die uns ganz und gar wieder Körperwesen sein läßt. Im übrigen gelangt unsere Halblebendigkeit nur indirekt zum Ausdruck, so etwa als Gefühl der Fadheit und Sinnarmut des Normaldaseins, als stete innere Unruhe oder in Gestalt eines diffusen Gefühls des Unbefriedigtseins. Vieles von dem, was uns im Alltag an grundlegenden und zu einem vollständigen Menschsein notwendigen Erfahrungsmöglichkeiten genommen ist, gibt uns das Leben in der Wüstenlandschaft der Berge in einer geballten Form zurück. Dies möchte ich nachfolgend ausführlich darlegen.

Körpererleben

Der Bereich des körperlichen Erlebens ist wohl am stärksten von der soeben angesprochenen Verkümmerung des Ich-Erlebens in unserer Gesellschaft betroffen. Hier machen sich ganz schwerwiegende Defizite breit. Wir nehmen im Alltagsleben die meiste Zeit gar keine bewußte Notiz davon, daß wir einen Körper haben. Der Leib ist für die Bewältigung unseres Daseins ziemlich unwichtig geworden. Am ehesten registrieren wir unseren Körper noch dann, wenn er krank ist und Schmerzsignale sendet. Daß unser Körper auch ein Hort vielfältiger glückhafter Empfindungen sein kann, diese Erfahrung wird uns im Alltag kaum mehr zuteil. Gewiß, ich weiß, da ist die Sexualität. Ihr wird heute ein öffentlicher Stellenwert zugemessen wie nie zuvor. Diese grelle Betonung der Sexualität ist aber geradezu ein Symptom unseres Mangels an positivem Körperbezug: Die heute übliche Reduzierung von Körper-Lust auf den Gedanken an Sexualität zeigt an, wie wenig uns die vielzähligen anderen Lusterfahrungen, die in unserem Körper schlummern und warten, noch vertraut sind. Gutes und glücklichmachendes Körpererleben ist noch lange nicht so sehr identisch mit Sex, wie es uns aus unserer Mangelperspektive – ich meine den Mangel bezüglich des Körpererlebens insgesamt – erscheint.

Wie ist es zu jener Verkümmerung des positiven Körpererlebens gekommen, die für das Alltagsdasein in unserer Gesellschaft typisch ist?

Körperliche Kraft und Geschicklichkeit verlieren in der Arbeitswelt seit zwei Jahrhunderten ständig an Bedeutung. Dort, wo körperliche Arbeit noch notwendig ist, wird sie in der Regel einseitiger und eintöniger; nur ein kleiner Teil des Körpers wird noch zum Einsatz gebracht und dann oft bloß, um stetig wiederkehrende Bewegungsabläufe auszuführen: man denke ans Schraubeneindrehen am Fließband. Der Schwerpunkt der Aktivität im Berufsleben verlagert sich in ständig wachsendem Maß auf den Intellekt und die Sinnesorgane. Wir rechnen, formulieren, überwachen Schalttafeln und bedienen Computertastaturen. Auf diese Weise wird der Körper im Berufsbereich weitestgehend unerheblich. Für die meisten Berufe würde es genügen, wenn wir nur noch aus Kopf und Hand bestehen würden, der Rest ist gewissermaßen »Ballast«. So wird der Körper im Alltagsleben heute viel weniger benötigt und dadurch letzten Endes auch weniger geachtet. Schließlich verflüchtigt sich aufgrund der aufgezeigten Zusammenhänge auch unsere Sensibilität und Achtung für alle ursprünglichen Körpergefühle. Kreatürliche Vorgänge wie Essen, Schlafen, Sich-Bewegen, von unseren Altvorderen noch mit vollen Sinnen und vitaler Lust erlebt, büßen ihren

lusthaften Charakter ein. Letztendlich erstirbt damit in uns ein ganz zentraler Erlebensbereich. Es ist kaum übertrieben zu sagen: Wir entfremden uns auf diese Weise den vitalen Fundamenten unseres Seins mit all ihren großartigen Erlebensmöglichkeiten.
Das Bergsteigen nun gibt uns viele der elementaren Möglichkeiten des Selbsterlebens, die aus dem Alltagsdasein weitgehend hinausgedrängt worden sind, zurück. Das sei in den nachfolgenden Ausführungen, die grundlegende Aspekte des Körpererlebens im Gebirge zum Gegenstand haben, anschaulich gemacht.

Anstrengung

Unterziehen wir als erstes unser Verhältnis zur körperlichen Leistung einer näheren Betrachtung und versetzen wir uns hierzu in das folgende Szenarium: Einödsbach bei Oberstdorf an einem schönen Augusttag. Eine muntere Gruppe von Norddeutschen sitzt vor dem alten Bauernhof, der als Gasthaus eingerichtet ist. Die Leute sind von Birgsau her die leicht ansteigende Fahrstraße heraufgewandert. Das ist ein Spaziergang von einer Stunde, den jedoch die meisten in der Gruppe schon als richtige „Bergtour" empfinden. Stark beeindruckt blicken die Touristen zu den schroff aufragenden Felszinnen der Trettach und der Mädelegabel hinauf. Da nahen einige »Zünftige«, mit Rucksäcken, die fast den Kopf überragen. Sie haben Steinschlaghelme außen angeschnallt, die unmißverständlich anzeigen, daß die Besitzer »Höheres« im Sinne haben. Von den Spaziergängern aus dem Norden gefragt, wohin es denn gehen soll, lautet die lakonische Antwort: Waltenbergerhaus, und wenn die Zeit noch langt, dann heut' noch die Trettach-Westwand. Den Feriengästen bleibt der Mund offen stehen: Zu diesem ungeheuer hohen Felshorn mit seinen schauerlichen Wänden wollen die hinauf, heute noch, ohne Seilbahn, mit *dem* Gepäck! Allgemeines Kopfschütteln, daß sich jemand freiwillig solchen Torturen unterzieht. Die Leute können sich den Weg zum Gipfel nur als einen reinen Schrekkensgang vorstellen: Ströme von Schweiß, pfeifende Lungen, schmerzende Waden, wundgeriebene Füße, irre Anstrengung. Nein, da brächte sie die herrlichste Aussicht, der schönste Hüttenzauber nicht hinauf!
Weshalb finden die Touristen das Unternehmen der Bergsteiger so absolut unverständlich, ja verrückt? Sie haben deshalb kein Verständnis für die Hochalpinisten, weil sie nie mit einer der allereinfachsten, kreatürlichsten Erfahrungen Bekanntschaft machen konnten: Dem wundervollen Wohlbe-

hagen, das eine anhaltende kraftfordernde Aktivität einem trainierten Körper bereitet. Sie hatten, wie viele Menschen unserer Zeit, niemals jenes euphorische Gefühl intensivster Lebendigkeit kennengelernt, jene Beschwingtheit, die hervorgeht aus dem Erleben körperlicher Stärke und souveränen physischen Leistungsvermögens. Ein solches Erleben wird durch die Aktivität des stetigen Höhersteigens im Gebirge ganz besonders nachhaltig vermittelt. Als Bergsteiger ist man jedesmal aufs neue überwältigt, wenn einen das Wonnegefühl kraftvollen Höhersteigens erfaßt. »Ein unbestimmbares Wohlbehagen überkam uns, wir waren leichter und fröhlicher, unsere Körper hatten eine ungewöhnliche Geschmeidigkeit und Elastizität«, so schilderte schon vor hundert Jahren der Genfer Alpinist F. Thioly das Empfinden, das dem Geübten das Aufsteigen im Gebirge beschert.[1] Und wenn Paul Hübel in seinen »Führerlosen Gipfelfahrten«, dem alpinen Bestseller der Zwanzigerjahre, die Beschreibung einer Bergtour mit den Worten beginnt: »Weit dehnte sich die Brust im würzigen Hauch der erwachenden Wiesenhänge, die Muskeln strafften sich im kühl belebenden Morgenwind . . .«[2], so durchfährt uns trotz der stilistischen Patina dieser Worte ein Schauer jenes Stromes von Kraft und Lebendigkeit, mit dem uns ein strammer morgendlicher Aufstieg bisweilen erfüllt. In den schönen Momenten des Steigens, wenn wir so richtig im Rhythmus sind, dann merken wir unsere körperliche Schwere nicht mehr, wir sind dann nur noch »geballtes Kraftgefühl«, um noch einmal Paul Hübel zu zitieren.[3] In höchster Steigerung erlebt der Kletterer der oberen Grade dieses Wonnegefühl der überschäumenden Energie. Es kann sich verdichten bis zu einem regelrechten Allmachtgefühl: Nichts kann mich schrecken oder hindern, ich bin allem, was kommen mag, spielend gewachsen. »Wer ko uns scho was toan!« dieser Leib- und Magenspruch der Gefährten von Hans Ertl[4] drückt das göttliche Selbstbewußtsein des Bergsteigers, der sich seiner Kraft und Ausdauer absolut sicher ist, in bayerischer Anschaulichkeit aus. Dieses herrliche Gefühl souveräner Kraft – es ist das Lebensgefühl des wilden Tieres oder des Steppenbewohners auf Büffeljagd. Unsere zivilisierte Existenz, die sich abwickelt auf Bürostühlen, Autositzen und Clubsesseln hat diesen wunderbaren Teil unserer Animalität fast zum Erlöschen gebracht. Kehren wir nun zu der Episode mit den Feriengästen zurück. Wie sollten diese, als »normale« Mitglieder unserer Gesellschaft, von den geschilderten Wonnen des körperlichen Sich-Forderns wissen? Der Bewegungsapparat, die Muskelkraft werden bei den meisten Menschen im täglichen Leben nur noch geringfügig oder sehr speziell beansprucht. Der Körper erschlafft, und wenn ihm schließlich bei irgendeiner Gelegenheit eine

Anstrengung abverlangt wird, reagiert er nur noch mit Unlustempfindungen oder er versagt gar den Dienst. Auf diese Weise können sich schließlich viele Menschen große körperliche Leistungen gar nicht mehr anders vorstellen, denn als eine Quälerei, der man sich freiwillig nicht unterzieht. Die herrliche Erfahrung eines aus voller Kraft arbeitenden Körpers ist somit vielen Zeitgenossen fremd. Bergsteiger wissen um diese Erfahrung. Die Begegnung mit ihr wird jedesmal wieder wie ein köstliches Geschenk, ja wie ein Neugeborensein erlebt. Und es ist ja tatsächlich eine Wiedergeburt. Vitale Körperfunktionen werden neu zum Leben erweckt, die im Alltag praktisch »tot« sind, weil sie dort nicht mehr angesprochen werden.

Kampf

Dem körperlichen Sich-Einsetzen im Gebirge wohnt viel vom Charakter des Kampfes inne. Vor allem beim extremeren Bergsteigen tritt das Element des Kampfes ganz augenfällig hervor. Die großen Alpinisten sprechen es auch immer wieder aus: »Uns locken die Wände, die Grate, um die man raufen und ringen und mit dem letzten Einsatz kämpfen muß . . .« (Toni Schmid).[5] Und Hermann Buhl vor einer schweren Tour: »Wir bereiteten uns innerlich auf einen erbitterten Kampf im Fels vor, und wir taten gut daran«.[6] Derselbe nach seiner denkwürdigen Durchsteigung der Eigernordwand im mörderischen Schneesturm: »Der härteste Kampf in meiner bisherigen Bergsteigerlaufbahn ist ausgefochten«.[7]
Im Verlaufe von schwierigen Besteigungen wachen Gefühle in uns auf, wie sie wohl ehedem einen fechtenden Krieger beseelt haben müssen. Recht plastisch kommt dies zum Ausdruck in den folgenden Zeilen von Edward Whymper, in denen eine Episode aus der Erstbesteigung der Barres des Ecrins geschildert wird: »Als wir die Spitze des Passes erblickten, stürmten wir so leidenschaftlich vorwärts, als gelte es der Mauerbresche einer Festung, nahmen den Graben, hinten geschoben und vorn gezogen, im ersten Anlauf, eroberten den steilen Hang, der nun folgte, und standen um acht Uhr fünfzig Minuten in der kleinen Lücke, 11054 Fuß über dem Spiegel des Meeres. Die Bresche war erstürmt.«[8] Kriegerisches Empfinden spricht auch aus Whympers Reminiszenzen an seine Erstbesteigung des Matterhorns: »Das Matterhorn war ein hartnäckiger Feind, wehrte sich lange, teilte manchen schweren Schlag aus, und als es endlich mit einer Leichtigkeit, die niemand für möglich gehalten hatte, besiegt wurde, da nahm es als

Abb. 5: Raufen mit dem Berg
(am Gimpel Westgrat in den Allgäuer Bergen; die Kletterstelle im Bild ist der berüchtigte »Schinder«).

heimtückischer Gegner, der überwunden, aber nicht zermalmt ist, eine fürchterliche Rache«[9]. Hier wird vom schweren Berg genauso gesprochen, wie von einem Gegner in Menschengestalt. Das begegnet uns oft in der Bergliteratur, daß der Berg wie ein leibhaftiger Kampfgegner empfunden und beschrieben wird. Die wilden Kampfesregungen, die ein Berg in uns hervorzurufen vermag, sind offenbar dieselben, wie sie im Kampf gegen einen hartnäckigen menschlichen Kontrahenten entstehen. Verglichen mit einem menschlichen Kampfgegner hat der Berg übrigens einen großen Vorteil: Am Berg können wir „voll zuschlagen" (wie wir es ja selber oft formulieren), das heißt, wir können bedenkenlos und ungehemmt alle Wildheit, Wut und Kraft, die in uns sind, dem Berg gegenüber freilassen. Unter Menschen geht das im gewöhnlichen Dasein nicht, auch nicht in solchen kämpferischen Sportarten wie Ringen, Boxen, Judo und Fechten. Da sind dem vollen, freien Kampfimpuls immer Fesseln angelegt.

Der Kampf, als ein unmittelbares und körperliches Sich-Messen mit einem ebenbürtigen Gegenüber, scheint zur elementaren Antriebsausstattung des Menschen zu gehören. Einem leibhaftigen Gegner gegenübertreten und sich mit ihm messen, dieser Impuls steckt auch im homo sapiens, ob wir es nun wahrhaben wollen oder nicht. Freilich ist im »zivilisierten« Leben kaum eine unserer anlagemäßigen Regungen so sehr der Deformierung und dem Zwang zur Verleugnung unterworfen worden, wie gerade die Lust am Kämpfen. Die sozialen Konventionen legen unserem Drang zum Kämpfen enge Fesseln an. Wir dürfen dem Kampfimpuls lediglich im strikt geregelten Rahmen bestimmter Sportarten frönen oder, in einer reichlich passiven Weise, als Zuschauer von Kampfsportdarbietungen und von Filmen, die Kampfszenen enthalten. Die außerordentliche Beliebtheit der passiven Beteiligung an Kampfereignissen in Sport und Medien signalisiert allerdings auf eine ganz drastische Weise, wie sehr die Disposition zum Kampf auch in uns gezähmten Wesen noch lebendig ist. Meiner Darstellung zufolge ist das Kämpfen aus dem heutigen Alltagsleben weitgehend eliminiert worden. An dieser Stelle wird der Leser nun vielleicht den Einwand vorbringen, daß doch auch im täglichen Dasein heute viel von »Kampf« die Rede sei. Wir seufzen über den schweren »Lebenskampf«; in der beruflichen Sphäre finden erbitterte »Konkurrenzkämpfe« statt; Unternehmer und Arbeitnehmer beziehen in »Arbeitskämpfen« Front gegeneinander. Betrachten wir diese »Kämpfe« des Alltagslebens einmal näher: Handelt es sich hier um ein elementares, unmittelbares Kräftemessen mit Menschen oder mit faßbaren Gewalten? Vollzieht sich hier ein offenes Ringen klar identifizierbarer Gegner?

In keiner Weise. Die sogenannten Kämpfe des Alltags bestehen aus subtilen Rivalitäten, aus abstrakten Ritualen. Sie kosten Nervenkraft, aber mit körperlichem Einsatz haben sie nichts zu tun. Sehen wir uns beispielsweise den beruflichen Positions-»Kampf« näher an: Das ist ein schlaues Taktieren und Abwägen, ein zermürbendes Sich-Verbergen und Sich-Verstellen, ein unermüdliches »Beziehungen pflegen« und sich in Positur werfen, wobei möglichst immer ein lächelndes Gesicht zur Schau zu stellen ist. Die Kämpfe des Alltags sind nervenzerschleißende Streßzustände, aber kein elementares Feuerwerk der Sinne und der Körperkraft, wie es das Wesen des Kampfes ist.

Das Gebirge bildet eine der Enklaven, in denen wir echten Kampf im besten Sinne des Wortes noch austragen können. Nicht zuletzt darum lockt uns die strenge Welt der Berge.

Dem Stellenwert des Kämpfens beim extremen Bergsteigen möchte ich noch einige nähere Überlegungen widmen. Beim einfachen Bergwandern ist das Kampfmoment wenig ausgeprägt und nur sporadisch bedeutsam. Beim Klettern und erst recht im extremen Alpinismus spielt das kämpferische Moment jedoch eine zentrale Rolle als Handlungsmotiv. Das Bergsteigen auf schwierigen Routen ist in gewissem Sinne eine aggressive Aktivität. Dementsprechend waren und sind die großen Männer des Alpinismus auch nahezu ausnahmslos ausgesprochene Kämpfernaturen. Diejenigen, die heutzutage extreme Kletterer sind, wären zu früheren Zeiten wohl zum großen Teil Krieger und Gladiatoren gewesen.

Große Bergsteiger geraten erst dann so richtig in Fahrt, wenn der »Gegner Berg« sich grimmig und widersetzlich zeigt. Vollends in ihrem Element sind die Extremen, wenn der Ausgang des Ringens mit dem Berg im Ungewissen liegt, wenn die Frage: Wer ist stärker? bis zum Schluß offenbleibt. Der Wille, »stärker zu sein«, aus einer elementaren, wilden Kampfhandlung als Sieger hervorzugehen, bildet bei nicht wenigen Extremen den machtvollsten Stimulus ihres rauhen Tuns. Der Berg ist für sie in erster Linie von Interesse als Herausforderer und als Widerstand. Das haben viele Extreme schon ausgesprochen und ihr Verhalten beweist es mit zwingender Deutlichkeit. Bezeichnend ist eine Episode, die Lionel Terray, einer der großartigsten Männer und Menschen des französischen Alpinismus berichtet: Nach wochenlangen und entbehrungsreichen Bemühungen hatte er mit seinen französischen Expeditionskameraden den Gipfel des Makalu erreicht. Als Terray auf der höchsten Spitze stand, da empfand er nicht so sehr Stolz und Genugtuung über diesen seinen ersten (und einzigen) Achttausendersieg, sondern es erfüllten ihn Trauer und Enttäuschung.

Und aus welchem Grund? Weil der Berg ihn nicht auf die allerletzte Probe gestellt, weil er ihm nicht das Äußerste abgefordert hatte! Erst der totale Kampf auf Sein oder Nichtsein hätte dem großen Franzosen das glanzvolle Gipfelziel wertvoll gemacht.

Die Extremen, diese Gladiatoren der Berge, brauchen Gegner, die das Letzte aus ihnen herausholen. Der erbitterte Kampf vermittelt diesen Männern das tiefste Existenzerlebnis. Kämpfen bedeutet für sie den absoluten Höhepunkt, die Apotheose des Lebendigseins. Je wilder der Kampf, umso heller erglüht ihre Lebensflamme. Deshalb sind viele Extreme geradezu süchtig nach dem Ringen mit schwersten Wänden und Bergen: Hier wächst diesen Kämpfernaturen eine Lebendigkeit zu, die ihnen ihr ganzes übriges Dasein nicht annähernd gewährt. Es ist eine Lebendigkeit, die sich aus dem Körper speist, aus der vollkommenen Anspannung aller Muskeln, Nerven und Sinne. Im ernsten Kampf ist jede Faser des Leibes auf Aktion und höchste Energieentfaltung eingestellt, unser Körper wird zu einer vibrierenden Ballung von Energie. Das schenkt uns ein barbarisch großartiges Lebensgefühl, das Lebensgefühl des Raubtiers, das mit seinesgleichen ringt.

Das Verlangen nach der »Grenzsituation« des äußersten Kampfes zwingt die Extremen, Gipfel und Routen von ständig steigender Schwierigkeit anzugehen. Denn mit wachsender Übung und Erfahrung rückt jene Grenze der existentiellen Gefährdung und Herausforderung, oberhalb welcher der Kampf für die Extremen erst zum ekstatischen Erleben wird, immer weiter hinauf. Wie die Helden der frühen Sagenwelt hasten die großen Eroberer der Berge ungestillt von Kampf zu Kampf, sind sie stets auf der Umschau nach noch gewaltigeren Gegnern. Der Lauf ihres Schicksals ähnelt auch häufig genug demjenigen der Kriegerfiguren der abendländischen Sagen: Viele sterben auf dem rastlosen Zug von Kampf zu Kampf und wenige nur finden schließlich Frieden und innere Erfüllung außerhalb des unsteten Kämpferdaseins.

Vom Essen und vom Trinken

Von nichtbergsteigenden Verwandten und Bekannten werde ich immer wieder gefragt, weshalb ich so oft in die Berge gehe. Manchmal klingt aus dieser Frage eine provokative Absicht heraus, etwa in der Richtung: »Mal sehen, ob er für seine dauernde Bergrennerei überhaupt eine Begründung findet!« Meist gebe ich in einem solchen Fall kurz und wahrheitsgetreu zur

Antwort: »Ich gehe in die Berge, weil es mir Freude macht«. Mitunter sage ich auch: »Ich steige auf die Gipfel, weil mir dann das Essen doppelt so gut schmeckt«. Bei dieser Antwort argwöhnen meine Gesprächspartner dann zumeist, ich wolle sie verulken. Tatsächlich aber ist es mir vollkommen ernst damit. Wenn meine Gedanken sich den Bergen zuwenden, dann ist eine meiner ersten Assoziationen der gewaltige, ja bodenlose Appetit, dem auch das einfachste Eßbare als Delikatesse erscheint. Steil aufgehäufte Teller von pasta asciutta auf einem soliden Hüttentisch tauchen als himmlisches Mahl vor meinem inneren Auge auf. Dazu noch eine kühle Flasche Rotwein, das ist in den Bergen, nach großer Tour, für mich ein Höhepunkt des Lebensgenusses. Den ganzen Körper durchströmt ein lustvolles Sehnen, allein schon bei der bloßen fernen Vorstellung. Der Leser denkt sich an dieser Stelle vielleicht, das seien rechte Trivialitäten, diese gewissermaßen im Magen und Gaumen aufgespeicherten Erinnerungen. Für mich gehören jedoch diese „niederen" Sinnesfreuden des Bergsteigens zu den herrlichsten Erlebnissen, die das Leben am Berg (und überhaupt) gewährt. Kein noch so erlesener Konzertabend (und ich liebe Musik) oder sonst ein hochkultivierter Genuß vermag in mir ein so tiefes, aus der Wurzel des Daseins hervorströmendes Wohlbehagen hervorzurufen wie – pasta asciutta mit Rotwein nach großer Tour.

Wie sieht es im Alltag mit dem Vergnügen des Essens aus? Wir kommen abends abgespannt nach Hause, die Gedanken sind noch ganz bei den Schwierigkeiten und Zwischenfällen am Arbeitsplatz. Die Gattin hat eine schöne Brotzeit hergerichtet. Doch ein Genießen, das den ganzen Körper erfaßt, wird die Mahlzeit nicht. Der Kopf und die Sinne sind nicht recht dabei, wir merken gar nicht richtig, was und wieviel wir essen.

Wie anders erleben wir den »trivialen« Vorgang des Essens im Gebirge: Auch wenn's dabei oft primitiv zugeht und nur Hausmannskost zur Verfügung steht, so ist das Essen nach großen Unternehmungen doch ein wahrhaftiges Fest der Sinne, das jeden Gedanken, jede Körperfaser in Beschlag nimmt. Ja, man kann von regelrechten Orgien der Kauwerkzeuge und der Verdauung sprechen. Jeder Schluck, jeder Bissen ist Lebensfülle und Lebenslust. Wir knüpfen wieder an das verlorengegangene Eßbehagen unserer Vorväter an.

Wo mit allen Sinnen gegessen und getrunken wird, da wird auch mit Hingabe und Hochgenuß verdaut. So viel ungeniertes und sichtlich genußvolles Gepolter von Rülpsern und anderen Winden wie bei einer fröhlichen Gruppenfahrt ins Gebirge hört man im Alltagsleben das ganze Jahr über nicht. Ja, auch das sind vitale Wonnegefühle, nur verbieten wir uns gewöhnlich diese Freuden, gilt die Sache doch als anrüchig und vulgär. Da waren unsere Vorfahren bis in die Barockzeit hinein noch sehr viel freimütiger und körperfreundlicher eingestellt! Sie artikulierten die Verdauungswonnen des Körpers in unschuldiger Freizügigkeit. Offenbar besteht ein enger Zusammenhang zwischen der Geringschätzung der Nahrungsaufnahme und der Tabuisierung der Verdauungsfunktionen.

Außerordentlich vielfältig sind die einfachen Sinnenfreuden beim Bergsteigen. Auch der Schlaf wird hier zur seelentiefen Wohltat. Statt der nervösen Abgespanntheit am Ende eines zermürbenden Berufsalltags bringen wir von einer tüchtigen Tour solide Erschöpfung mit, die den ganzen Körper ergreift und ihn schnell in tiefen Schlaf versinken läßt. Noch viele andere körperliche Funktionen wären zu nennen, die im Gebirge einen ganz neuen Wert bekommen, plötzlich zu intensiven „Lustquellen" werden. Es sind alles triviale Dinge, die nun mit einem Mal eine ganz neue, vitale Qualität annehmen, wie etwa die Sonnenwärme, die nach einem schattigen Eisanstieg den Körper unendlich wohltuend umfängt, oder der erste Schluck Wasser nach langer Kletterfahrt im heißen Fels einer Südroute, der uns erquickt wie das schönste Göttergeschenk.

Das äußerlich besehen so karge und entbehrungsreiche Leben am Berg ist für uns moderne Menschen voll der tiefsten, weil rar gewordenen Sinnengenüsse, es ist unendlich reicher an körperlichen Freuden, als das Alltagsleben mit den schönen Menüs, den weichen Betten, den bequemen Autos, den klimatisierten Räumen . . . Unser Körper, unsere Sinne schenken uns mit einem Mal herrliche Empfindungen von einer elementaren Intensität, wie sie unser gewöhnlicher Alltag nie gewährt. Wir leben wieder ganz und mit Hingabe unsere kreatürliche Existenz, wir bestehen aus Muskelkraft, aus Essen, Trinken, Kampf und Erschöpfung. So setzen wir den Körper im Gebirge gewissermaßen wieder in seine ureigenen Rechte ein, in die Rechte, die er vor zwei, drei Jahrhunderten auch im Alltagsleben der meisten Menschen noch besessen hat, die ihm heutzutage aber unsere moderne Gesellschaftsorganisation im Verein mit einer leibfeindlichen idealistischen Daseinsinterpretation weitgehend genommen hat.

Wir Bergsteiger berufen uns immer auf hohe Werte und Ideale, wenn wir uns zur Begründung unseres Tuns verpflichtet wähnen. Wir beschwören die Liebe zur Natur, die hehre Bergkameradschaft, das Streben nach Freiheit usw. Wir suchen unsere Legitimation fortwährend in den höchsten Sphären, während die überzeugendste und echteste Begründung doch so naheliegt: In den Freuden des Körpers, im Triumph verschütteter Erlebnisse der vitalen Ebene. Aber freilich, das widerstrebt uns, solch »primitive«

Gründe zu nennen. In dieser Hinsicht sind wir noch ganz dem elitär-idealistischen Erbe der deutschsprachigen Pioniere der Alpenerschließung verhaftet, die vor gut hundert Jahren eine offizielle Bergsteigerideologie geschaffen haben, die sich bis heute kaum gewandelt hat. Einige hundert Männer, die damals im AV das Sagen hatten und die allesamt aus den sog. »feineren Kreisen« stammten, befanden im vorigen Jahrhundert, daß die Bergsteigerei höheren, »geistigen« Zwecken zu dienen habe – und das ist uns bis auf den heutigen Tag noch Dogma und Gesetz, mit der Folge einer peinlichen Diskrepanz zwischen unserem tatsächlichen Handeln und Erleben im Gebirge und der „offiziellen" Ideologie bezüglich eben dieses Handelns und Erlebens. Wir sind seit jeher ausgemachte Heuchler, wir Bergsteiger des deutschsprachigen Raumes: Wir führen ein herrlich barbarisches Leben im Gebirg, aber wir glorifizieren es als eine Großtat von Geist und Kultur.
Die Geringschätzung des körperlichen Erlebens im offiziellen Glaubenskanon der Bergsteigerei wird durch das derzeit so populäre Psycho-Rotwelsch

Abb. 6: ». . . das Lebensgefühl des wilden Tieres« (Steinbock im Säntismassiv)

von »Ich-Erweiterung«, »authentischem Erleben«, »Ego-Trip«, „Grenzerleben“ usw. nachhaltig zementiert. In ihrer Auswirkung sind diese scheinbar supermodernen Vokabeln grundkonservativ: Sie suggerieren, unscharf wie sie sind, ein anspruchsvolles geistiges Streben, und in Wirklichkeit geht es doch wesentlich und ganz einfach um das Zurückfinden in den Körper und das vollbewußte Auskosten elementarer, tiefer Wohlgefühle. Es geht schlicht um den Bärenhunger, um den wohligen Rülpser, um den Murmeltierschlaf und das Gefühl, Bäume ausreißen zu können. Das ist meines Erachtens der entscheidende und jedem Bergfreund gleichermaßen zugängliche Beitrag des Bergsteigens zum Punkt „Selbsterfahrung“, und das läßt sich in unserem vertrauten Deutsch ganz tadellos ausdrücken.
Die einfachen sinnlichen Freuden des Bergsteigens so hervorzuheben und zu rühmen, wie ich es im vorausgehenden Kapitel getan habe, das ist in der Alpinliteratur (bisher) nicht üblich. Doch sind die geschilderten Freuden nach meiner Erfahrung und Überzeugung wirklich des allerhöchsten Lobpreises wert. Das Problem besteht nun auch nicht so sehr darin, daß wir Alpinisten nicht um die kreatürlichen Genüsse des Bergsteigens wüßten, sondern in unserem Unvermögen, diesen Aspekt des Selbsterlebens im Gebirge freimütig in seiner vollen Bedeutung anzuerkennen und zu achten. Unser Urteilen und Empfinden ist in dieser Hinsicht schwer belastet, ja geschädigt durch das herkömmliche neuzeitlich-abendländische Persönlichkeitsbild, das in Schichten denkt und die kreatürlichen Erlebnisse der untersten Etage zuordnet, dem »gemeinen« Parterre des Körperlichen. Dieses Schichtenmodell ist, schroff gesagt, eine Barbarei frustrierter Philosophen, es hat bis auf den heutigen Tag herrliche, fundamentale Erfahrungen unseres Menschseins mit dem Odium des Niedrigen und Peinlichen vergiftet.
Angemessener und zugleich humaner ist ein Persönlichkeitsmodell von konzentrisch einander umschließenden Kreisen, wo dann die vitalen körperlichen Erfahrungen das Zentrum bilden, was ihrer tatsächlichen Bedeutung entspricht. Bemerkenswerterweise ist, wie schon erwähnt, ausgerechnet die Ideologie der so naturnahen Gilde der Alpinisten seit jeher ganz nachhaltig geprägt vom leibfeindlichen, bürgerlich-idealistischen Persönlichkeitsverständnis.

Abb. 7: Seilkameraden
(an der SW - Kante der Gehrenspitze in den Allgäuer Bergen)

Defizite im Bereich »höherer« Erlebnisebenen

Das Bergsteigen gleicht nicht nur solche gesellschaftlich bedingte Erlebnisdefizite aus, die dem Bereich der existentiellen Grunderfahrungen angehören. Es verhilft uns auch zur Wiederbegegnung mit einigen »höheren« Erfahrungsbereichen, die in unserer gegenwärtigen gesellschaftlichen Alltagswirklichkeit fehlen oder zu kurz kommen. Im folgenden soll erörtert werden, was das Bergsteigen heutzutage zu den Erfahrungsfeldern »soziale Kontakte«, »Leistungserleben« und »Selbstbestätigung durch besonderes Können« beizusteuern vermag.

»Bergkameradschaft«

Bergkameradschaft – dieses Wort zaubert einen glücklichen Glanz in die Augen des Bergfreundes. In vielen Liedern wird sie besungen, die Verbundenheit der Menschen am Berg, in fast allen Bergbüchern liest man ihr Lob. Insbesondere die Verbundenheit der Seilpartner brachte die Bergsteiger schon immer zum Schwärmen. Über sie schreibt Gaston Rébuffat: »So bleiben auch die Schönheit der Berge, die Freiheit der großen Räume, die herben Freuden des Kletterns klein und ärmlich ohne die Seilkameradschaft«.[10] Und noch pointierter: »Die Anstrengung und die Freundschaft mit den Seilgefährten sind die Grundpfeiler unseres Sports«.[11]
Der Nichtalpinist fragt sich angesichts eines solchen Pathos unwillkürlich: Steckt denn wirklich etwas besonderes hinter dieser vielbeschworenen Bergkameradschaft oder handelt es sich bloß um leere Sentimentalitäten? Ich will hierauf sofort die Antwort geben: Die Verbundenheit der Menschen am Berg ist tatsächlich eine außergewöhnliche Art der Sozialbeziehung. Auf großer Tour, und insbesondere bei schweren Unternehmungen, erlangen sowohl die Beziehungen unter Freunden, wie auch diejenigen unter zuvor Fremden eine besondere, nicht alltägliche Qualität. Das Bergsteigen bringt auf dem Gebiet unseres Verhältnisses zum Mitmenschen Saiten zum Erklingen, die im gewöhnlichen Leben heute stumm bleiben.
Welche Aspekte machen die sozialen Beziehungen unter Bergsteigern zu einer besonderen und als tiefbeglückend empfundenen Gesellungsform? Meiner Erkenntnis nach sind es die folgenden Faktoren:
Das Denken und Wollen eines jeden wird von genau demselben Streben, dem gleichen Ziel beherrscht, nämlich bestimmte Routen und Gipfel zu meistern. Die Tourenkameraden sind rund um die Uhr, während aller Sta-

tionen des Tagesablaufs beisammen, alles tun und erleben sie gemeinsam. Das identische Streben und das ständige Zusammensein erzeugen eine weitgehende Einheit des Fühlens und Denkens. Es ergibt sich daraus wie von selbst ein enges Zusammengehörigkeitsgefühl. Auf großer Tour wirken alle in einer direkten und selbstevidenten Weise zusammen. Der Erfolg des gemeinsamen Tuns ist in jedem Augenblick sichtbar.

Beim Klettern ist man darüberhinaus ständig buchstäblich auf Leben und Tod aufeinander angewiesen. Man legt sein Leben ganz in die Hand des Begleiters, im sicheren Wissen um den vollen und selbstlosen Einsatz des Kameraden. So ist man auf eine ganz existentielle und unmittelbare Weise miteinander verbunden. Die so als lebhaft und beglückend erinnerte gemeinsame Vergangenheit vereint die Beteiligten auf immer.

Trennende soziale Rollen und Statusfaktoren werden am Berg weitgehend hinfällig. Der einzelne gilt vor allem anderen durch seinen Charakter und seinen Beitrag zur gemeinsamen Sache.

Alle eben aufgeführten Merkmale der sozialen Beziehungen unter Bergsteigern haben zweierlei gemeinsam: Einmal stehen die »alpinen« Sozialbeziehungen in den dargestellten Punkten in einem polaren Gegensatz zu der Mehrzahl der Sozialkontakte des Alltagsdaseins in unserer Gesellschaft. Zum anderen laufen die genannten Strukturfaktoren allesamt auf die Herausbildung einer tiefen, sich ganz von selbst ergebenden und direkt erlebten Verbundenheit unter den Beteiligten hinaus. Sie bilden zusammen ein archaisches Beziehungsmuster, das den Kontakt- und Zugehörigkeitswünschen des Menschen unmittelbar Genüge tut.

Große Bergfahrten schenken uns in schönen Augenblicken das Gefühl, mit dem Partner zu einem einzigen Wesen verschmolzen zu sein. Wir erleben im gemeinsamen Ringen um den Gipfel bisweilen einen Zustand des Ineinander-Aufgehens, der im normalen Dasein nicht seinesgleichen hat. So schreibt etwa Peter Habeler über sein Verhältnis zu seinem berühmten Berggefährten Reinhold Messner: Außerhalb ihrer Touren hätten sie eine eher distanzierte Beziehung zueinander, sie seien keine Freunde im eigentlichen Sinn. »Am Berg«, bemerkt Habeler jedoch, »sind wir wie ein Mann. Wir denken wie mit einem Kopf und sind buchstäblich unzertrennlich«.[12] So kommt es im Gebirge bisweilen zu einem elementaren Miteinanderverwachsensein jenseits allen bewußten Wollens und Identifizierens.

Ein paar Zeilen von mehr persönlicher Art sollen das eben Gesagte noch etwas ergänzen und anschaulich machen:

Ich nehme in meiner Alpenvereinssektion öfters an Gemeinschaftstouren teil. Unter den Personen, die sich zu einer Tour zusammenfinden, sind

Abb. 8: Spaß beim Rasten

immer wieder einmal neue Gesichter. Man sagt sich dann gegenseitig den Vornamen und marschiert zusammen los. Im Verlauf des schlichten Miteinandergehens und Miteinanderseins stellt sich bald auch ein Gefühl des Zusammengehörens ein. Das ist für mich stets aufs neue ein kleines Wunder: Dieses gute Verbundensein ohne zu wissen, was und wie der andere sonst im Leben ist. Tagelang kann es so gehen, daß ich vom Lebenshintergrund des anderen fast nichts weiß. Das stört nicht. Ich lerne ja den anderen dennoch sehr gut kennen, auf einer sehr direkten und persönlichen Basis. Den ganzen Tag über sehe und erlebe ich ihn, wie er ist als Person. Das genaue Wissen um sein Wer und Wie würde dieses unverstellte Kennenlernen nur behindern. Irgendwann ergibt es sich dann, daß man über den Beruf, die Familie und das Alltagsleben des anderen spricht. Das erweitert dann das Bild vom anderen, ist aber nicht von sonderlicher Bedeutung. Für mich als Tourenpartner ist wichtig, wie sich der andre als Mensch verhält, und das merke ich recht gut, unterwegs am Berg. Unter den einfachen und harten Bedingungen des Bergdaseins begegnet man einander gewissermaßen hüllenlos. Da zählt, anders als im Alltagsleben, bloß der persönliche Kern. Das Drumherum, als da sind: Titel, Berufsposition, Besitz, Ämter und Herkommen, das bedeutet auf großer Tour herzlich wenig. Eine andere Erfahrung: Wenn ich vor einer schweren Tour zu meinen Kameraden sage: »Morgen packen wir den Gipfel!« dann weckt dieses Wörtlein »wir« in mir ein wunderbares Gefühl von Vertrauen, Zuversicht und Kraft. Angst und Verzagtheit werden durch dieses »wir« gebannt. »Wir« – das ist am Berg für mich die Formel für Geborgensein, Siegeszuversicht und vervielfachte Kraft.

Am Berg komme ich dem anderen zwar sehr nahe, daneben habe ich aber auch das Für-mich-Sein, das reine Eigensein. Morgens und abends, da sitzen wir in dichter Runde beisammen und beim Klettern verbindet uns das Seil. Dazwischen aber, in den vielen Stunden des einfachen Dahinsteigens, da bin ich auch ganz für mich und bei mir. Ich bin für mich und bin doch nicht allein. Ich sehe ja die anderen vor mir oder hinter mir. Sie sehen mich und achten auf mich. Ich fühle mich eingebettet und zugleich ungestört bei mir. Dieses lockere Steigen miteinander, wo jeder seinen eigenen Schritt geht und seinen eigenen Gedanken nachhängt und wo man dennoch aufeinander acht gibt, ist für mich eine herrlich-erholsame Verbindung von Ich-Sein und Miteinander Sein.

Halten wir noch einmal fest: Beim Bergsteigen stellt sich gleichsam ganz von selbst eine Form der mitmenschlichen Beziehung ein, nach der wir ein tiefes Bedürfnis in uns tragen, die aber mit den Funktionsgesetzen unserer Gesellschaft nicht vereinbar ist. Unsere Verbundenheit mit dem Bergkameraden ist ein direktes, selbstverständliches und vital notwendiges Aufeinanderbezogensein. Wir tauchen ein in die urtümliche Stallwärme des schrankenlosen Miteinander.

Wie sieht es im Alltagsleben mit unseren Gruppenbeziehungen aus? Unsere Gesellschaft bringt auf der einen Seite die raffiniertesten technischen Hilfsmittel der Kommunikation hervor, sie verhindert dabei aber gleichzeitig auf mannigfache Weise das Zustandekommen innerer Nähe zwischen ihren Mitgliedern:

Die sozialen Beziehungen des Alltags werden zum großen Teil von feststehenden Normen und Ritualen bestimmt. Wir begegnen einander so, wie es sich der jeweiligen Position oder Situation entsprechend »gehört« und nicht, wie wir tatsächlich wollen und empfinden. Wir treten nicht als Individuen, sondern als Ausführende allgemeiner Verhaltensregeln miteinander in Beziehung. So »gehört es sich« beispielsweise, daß man sich im Beruf immer sachlich und gescheit gibt und daß man über private Sorgen nicht spricht. Es gehört sich, daß man manche Leute in bestimmten Zeitabständen einlädt, sie in einer bestimmten Weise bewirtet und eine »vernünftige« Unterhaltung mit ihnen führt. Es gehört sich, mit dem Nachbarn über die Straße ab und an eine kurze Konversation über das Wetter, den Garten oder den Hund zu führen und darüberhinaus ja nichts Persönliches zu fragen. Es gehört sich, sehen zu lassen, »wer man ist« und was man hat. Es gehört sich, freundlich zu andern zu sein, auch wenn man sie gar nicht ausstehen kann. Ja, im Alltagsleben gehört sich so vieles, und alles, was sich so gehört, verbirgt und überdeckt ein Stück unserer Individualität. Unser persönliches Ich verschwindet hinter der Fassade des »richtigen« Benehmens und wird dadurch für den andern unsichtbar. Am nachhaltigsten verhindert wohl das Gebot, immer sachlich und beherrscht zu erscheinen – eine zentrale Norm unserer industriellen Gesellschaft – die echte menschliche Begegnung. Für einen anderen werden wir zum Menschen ja erst dann, wenn er unsere Gefühle merkt und sieht.

Das gesellschaftliche »Höher« und »Tiefer«, der Statusunterschied, erschwert ebenfalls die offene Begegnung und schafft innere Distanz. Zwar wird unsere Gesellschaft als »nivellierte Mittelstandsgesellschaft« bezeichnet, doch besteht dennoch ein fein gewobenes Netz an Statusunterschieden. Das schafft Hemmungen und Voreingenommenheiten, auch wenn es heute üblich ist, sich nach außen hin egalitär-verbindlich zu geben.

Im Berufsleben speziell baut die Konkurrenz um Postionen massive Trennwände zwischen uns auf. Wer beruflich hochkommen will, kann es nicht riskieren, offen zu seinen Kollegen zu sein. Er befindet sich in ständiger, angespannter Lauerstellung den anderen gegenüber. Bei Freundlichkeit nach außen herrschen Mißtrauen und Feindseligkeit im Innern.

An sich sind wir in unserer hochdifferenzierten Gesellschaft hochgradig aufeinander angewiesen und voneinander abhängig. Die so geschaffene Verbundenheit ist indes von sehr abstrakter Art. Sie erfüllt sich wesentlich darin, daß wir, jeder für sich allein, einen atomisierten Beitrag zum Funktionieren des Ganzen erbringen. Wir stehen mit den anderen Menschen oft nur durch das unpersönliche Resultat individualisierter Leistung in Beziehung. Wirtschaftlich und sozial sind wir total voneinander abhängig, innerlich aber sind wir gerade im Dienste an der funktionalen Vernetzung isoliert. Unsere Gesellschaft produziert de facto Einzelkämpfer, materiell bestens versorgte Funktionsspezialisten, die ihr äußeres Wohlergehen bezahlen mit dem hohen Preis der psychischen Vereinzelung.

In einigen flüchtigen Strichen habe ich nunmehr den Hintergrund skizziert, von dem sich die sozialen Beziehungen im Gebirge als eine tiefbefriedigen-

Abb. 9: Bergkameradinnen anno dazumal

de, leuchtende Enklave der menschlichen Nähe und Gemeinsamkeit abheben. Die zuletzt beschriebenen Isolierungstendenzen sind besonders mächtig im Bereich des Arbeitslebens, sie wirken jedoch bis in den privaten Raum der Familie hinein. Nicht einmal in der intensivsten menschlichen Gruppierung sind wir frei von der Zwangsjacke der sozialen Rollen, selbst hier wird Gemeinsamkeit und Nähe erschwert durch funktionale Segmentierung der Lebenswelten. Das Bergsteigen in Gemeinschaft mit Gleichgesinnten bildet eine ebenso einfache wie wirkungsvolle Möglichkeit, die gesellschaftsspezifischen Tendenzen zur seelischen Isolierung zeitenweise zu kompensieren.

Leistungserleben

Das Bergsteigen als Ausgleich von Defiziten existentiellen Erlebens – diese Formel gilt auch für den nunmehr zu besprechenden und in unserer Zeit persönlichkeitszentralen Bereich des Leistungsbewußtseins.

In unserem Leben und Denken nimmt die Arbeit, verstanden als die Gesamtheit unserer Bemühungen zur Erzeugung materiellen Wohlstands, eine beherrschende Stellung ein. (Was übrigens keineswegs so natürlich ist, wie es uns aufgrund unserer anerzogenen Einstellungen erscheint!) Der eherne Anspruch, dem unser Arbeiten unterliegt, ist der Imperativ der Effizienz, der Leistung. Wir Menschen der westlichen Hemisphäre haben es infolge unserer besonderen Arbeitseinstellung in wirtschaftlicher Hinsicht auch tatsächlich ungeheuer weit gebracht: Auf die einzelne Arbeitskraft bezogen, produziert unsere Wirtschaft das zig-fache dessen, was zu Beginn des vorigen Jahrhunderts ein Erwerbstätiger erwirtschaften konnte. Unser durchschnittlicher persönlicher Besitz verhält sich zu dem unserer weniger produktiven Vorfahren des beginnenden 18. Jahrhunderts etwa so, wie der Besitzstand eines mittleren Industriebosses zu dem eines einfachen Arbeiters. Die Effizienz der Arbeit, die bis vor 150 Jahren nur in geringem Tempo zunahm, steigt seitdem in einer fortwährend steiler werdenden Kurve an.

Während so die Menge der Güter und Dienstleistungen, die wir als Kollektiv hervorbringen, in einem Ausmaß zugenommen hat, das in der Menschheitsgeschichte einzigartig ist, wird vom einzelnen her gesehen das Ergebnis des beruflichen Schaffens auf eine eigenartige Weise immer ungreifbarer und unattraktiver. Die Mehrzahl der Arbeitskräfte ist heutzutage in Schreibtisch- und »Kopfberufen« beschäftigt. Hier manifestiert sich das Resultat eines ermüdenden Arbeitstages vielfach nur in einigen Berichtbögen oder Zahlenkolonnen. Oft ist überhaupt kein unmittelbar sichtbares Arbeitsergebnis mehr vorhanden. So sehen all jene – inzwischen recht zahlreichen – Menschen, die an einem Computer oder an einem Kontrollpult sitzen, keinerlei materielles Resultat ihrer oft außerordentlich intensiven und nervenverschleißenden Tagesleistung. Im Produktionsbereich gehen zwar meist große Mengen oder Stückzahlen von Produkten durch die Hände des einzelnen Arbeiters, doch trägt hier der einzelne in der Regel nur noch eine ganz spezielle, winzige Verrichtung zum Produktionsergebnis bei, diese allerdings in hundert- oder tausendfacher Wiederholung. Abends ist der Bandarbeiter todmüde und verbraucht von der Monotonie eines ständig gleichen Handgriffs an einem Gegenstand, dessen Zweck er oft nicht einmal kennt.

So kommen die meisten Erwerbstätigen Tag für Tag abgespannt von der Arbeit nach Hause, ohne etwas Sichtbares oder etwas abgeschlossenes Ganzes geschaffen zu haben. In unserem modernen Arbeitsleben stehen, aus dem Gesichtswinkel des Individuums betrachtet, der Arbeitseinsatz und die Sichtbarkeit des Ergebnisses in einem bedrückenden Mißverhältnis. Die hochgradige Differenzierung unserer Arbeitswelt und ihre strenge Leistungsnorm bringen es mit sich, daß der einzelne sich in atomisierten Tätigkeiten verausgabt, deren Beitrag zum Ganzen kaum mehr erkennbar ist. Zudem werden der Körper, der Verstand und die Sinne während des Arbeitsvorganges nur noch ganz speziell und einseitig beansprucht. Bei der Arbeit ist lediglich ein winziger Bruchteil unserer geistigen und körperlichen Möglichkeiten gefordert, dieser jedoch im Übermaß. Der Rest verödet gewissermaßen. Die Sozialwissenschaft faßt diese ganzen Zusammenhänge in den Begriff der »Entfremdung«.

Das stolze und zufriedene Gefühl, am Abend auf ein rundes Tagwerk zurückblicken zu können, das sich im buchstäblichen Sinne »sehen lassen« kann, dieses Erlebnis, das für unsere Vorfahren noch alltäglich war, kennen heute die wenigsten Menschen aus ihrem Arbeitsleben. Nur einem kleinen Bruchteil der Erwerbstätigen ist es noch als der Regelfall vergönnt, abends einzuschlafen im Bewußtsein einer Arbeitsleistung, die ebenso konkret und handfest ist, wie die Müdigkeit am Ende des Arbeitstages.

Dieses direkte und wohltuende Leistungsgefühl müssen wir uns heute zumeist außerhalb des Alltages suchen, in frei gewählten Beschäftigungen, in »Hobbies«, wie wir es verniedlichend-abwertend nennen. Das »Hobby« des Bergsteigens nun ist in einem ganz besonderen Maße dazu angetan, ein unmittelbares und erhebendes Leistungsbewußtsein zu vermitteln:

Jede Anstrengung findet hier einen direkt sichtbaren Niederschlag in Gestalt erklommener Gipfel oder in Form zurückgelegter Wegstrecken und Seillängen. Wir können es in jedem Moment klar überschauen, was wir geleistet haben.

Großer Einsatz führt in den Bergen unmittelbar zu einem erkennbar großen Ergebnis, hohes Können verwandelt sich im Moment in bestaunenswerte Leistung. Daraus erwächst uns ein naturhaft-herrliches Schaffens- und Machtempfinden.

Bergsteigerische Leistung ist nicht nur sichtbar und meßbar groß, sie ist vor allem auch intensiv spürbar. Diese außerordentliche Gefühlsintensität des Bergsteigens ist es vor allem, die dem alpinen Leistungserlebnis seine seelische Brillianz und Gewichtigkeit gibt. Unser Leisten im Gebirge ist von einer wuchtigen Symphonie stärkster Affekte begleitet: Wir zerspringen manchmal vor Hitze und manchmal schüttelt uns eisiger Sturm, der Rucksack drückt uns zuzeiten fast das Kreuz ab und die Füße schmerzen uns nach langer Tour, daß wir sie kaum mehr heben wollen; in heißen Wänden leiden wir Durst bis zum Verschmachten. Jede dieser drastischen Körperempfindungen sagt es uns, wie immens wir arbeiten. Dazu kommen dann die urtümlich machtvollen seelischen Begleittöne alpinen Tuns: Die existentielle Angst in den Steinschlagzonen einer schweren Wand oder im Unwetter, die tiefe Entspannung nach »kitzligen« Passagen, der königliche Stolz auf dem Gipfel, das wütende Anrennen gegen den Sturm oder die eigene Schwäche.

Alle diese machtvollen körperlichen und seelischen Empfindungen sind Leistungsbestätigungen von unüberbietbarer Eindringlichkeit. Auf Gefühlen basiert unser Lebensempfinden und unser Selbstgefühl. Man kann sagen: Eine Erfahrung ist so stark, wie die Gefühle, die mit ihr verbunden sind. Vor allem deswegen erscheinen uns die Taten des Berufslebens gegenüber unseren bergsteigerischen Leistungen oft so karg und blaß.

Für Hunderttausende von Menschen in unserer Gesellschaft bildet das Bergsteigen das bevorzugte Leistungsfeld, jenes Gebiet, auf dem mit dem größten Engagement persönliche Leistungsbedürfnisse befriedigt werden. Daß es dazu kam, liegt nicht zuletzt auch an der Voraussetzungslosigkeit bergsteigerischen Leistens. Die Bergsteigerei erfordert keinerlei besondere geistige Anstrengung und in sportlicher Hinsicht ist keine spezielle Befähigung vonnöten. Die wichtigsten „Arbeitsmittel" des Bergsteigers sind: Ein gesunder Körper, wache Sinne und ein wenig grundlegendes Wissen. Das sind sehr einfache Voraussetzungen. Die ersten beiden gibt uns die Natur und die dritte ist leicht zu erwerben. Mit diesen simplen Voraussetzungen nun – und das ist der entscheidende Punkt – können wir im Gebirge zu einem Leistungserlebnis gelangen, das in jeder Hinsicht gewaltig ist. Es ist spürbar, sichtbar und meßbar gewaltig. Die Leistungen des Berufslebens erfordern im Gegensatz dazu einen viel größeren Aufwand an Können und Wissen, ohne aber zu einer vergleichsweise ebenso starken und konkreten Leistungserfahrung zu führen.

Die Lust des Könnens

Beim anspruchsvolleren Alpinismus, beim Klettern also oder bei Fahrten im schwierigen Gelände, kommt zu dem geschilderten Vergnügen an der klaren, harten Leistung noch das Hochgefühl des Könnens hinzu. Das Erleben souveränen Könnens zählt für manchen Alpinisten zu den schönsten Gefühlen, die das Bergsteigen zu vermitteln vermag. So geriet beispielsweise der sonst so nüchterne Hermann Buhl jedesmal ins Schwärmen, wenn er auf die Empfindung des absoluten Könnens zu sprechen kam, die ihn auf extremen Kletterfahrten bisweilen in einen wahren Rausch der Glückseligkeit versetzte: »Vorsichtig schiebe ich mich unter den Überhang hinaus, ein Spiel mit dem Gleichgewicht. Ich strecke mich, taste darüber, während der Körper fast waagrecht nach rückwärts hängt, spüre ich einen Griff. Die zweite Hand langt nach. Wunderbar ist die Kletterei. Ich empfinde kein Grauen, nur maßlose Freude.«[13] Aus diesen Sätzen spricht das unbändige Selbstgefühl dessen, der sich großen Schwierigkeiten souverän gewachsen sieht. Immer aufs neue artikuliert Buhl dieses fast ekstatische Erleben: »Ich winde, schiebe und spreize mich immer weiter empor, Meter um Meter, wobei das freie Seilende mir wie ein treuer Begleiter stets hinterdrein folgt. Es gibt kaum etwas schöneres, als so frei von jedem Kletterwerkzeug, unbeschwert und leichten Fußes höher zu turnen. . . . Nichts als natürliches, stilreines Gehen und technisches Können hilft hier weiter. Jauchzen könnte ich vor Freude.«[14] Das Aperçu des Schweizer Philosophen und Bergfreundes Joachim Schumacher »Ihr großen Bergsteiger liebt nicht so sehr die Berge, sondern eure Kunst und Ausdauer am Berge«,[15] trifft ganz sicherlich für einen großen Teil der ambitionierten Berggänger zu. Die von Schumacher leicht ironisch thematisierte »Kunst am Berge« ist für jene, die ihrer mächtig sind, wirklich etwas so Faszinierendes und Berückendes, daß darob leicht alle anderen Reize des Gebirges vergessen werden können.

Eine jede gut beherrschte Fertigkeit erfüllt den, der sie besitzt, mit Selbstbewußtsein und Stolz. Für das extremere Bergsteigen nun gilt diese generelle Tatsache in einer ganz besonderen, gesteigerten Weise. Warum?

Beim Ringen um einen schweren Anstieg sind alle unsere Fähigkeiten und physischen Möglichkeiten aufs Äußerste gefordert: Der Leib, der Verstand, die Sinne, alles ist gleichzeitig in Aktion. Wenn alle Komponenten optimal zusammenwirken, dann kommt schließlich »Musik« ins Steigen, eine eigentümliche, schwerelose Beschwingtheit stellt sich ein, begleitet von einem unvergleichlichen Gefühl der Leichtigkeit und Leistungskraft. Souverän beherrschtes Steigen – das ist Kraftsport und schwereloser Tanz zugleich. In seinen besten Momenten hat ein virtuoser Kletterer das Empfinden, frei zu sein von aller Erdenschwere. Er ist dann nur noch Rhythmus und Kraft. Lionel Terray, der große französische Bergsteiger, findet einprägsame Worte für dieses Gefühl: »Was wir beim Klettern so liebten, war das Gefühl, Herr über die Schwere zu sein, über dem Abgrund zu tanzen, senkrecht emporzulaufen. In diesen Momenten fühlt sich der Mensch wie der Flieger im Raum. Er ist kein erdgebundener Wurm mehr, sondern wird zur Gemse, fast zum Vogel.«[16] Und an anderer Stelle, als er seine Begehung des Walkerpfeilers schildert: »Unser Fortkommen gleicht mehr einem wohleinstudierten Ballett als einer schwierigen Kletterei.«[17] In Terrays Worten klingt es an, mit welcher etablierten Kunst das virtuose Klettern die meiste Ähnlichkeit hat: Mit dem Tanz, und zwar mit dem Ausdruckstanz hoher Vollkommenheit.

Das Charakteristische des virtuosen Kletterns und des meisterhaften Tanzes besteht darin, daß der Mensch bei der Ausübung dieser »Künste« total mit Leib und Seele gefordert ist. Sehen wir uns doch den Kletterer in Aktion einmal an! Der ganze Körper arbeitet und ist auf schnelle, geschmeidige Reaktion eingestellt. Arme, Beine, Finger, Füße, Atmung wirken in einem komplexen Ablauf zusammen und bringen ein scheinbar müheloses Höhersteigen hervor. Das Auge sucht flink nach sicheren Haltepunkten und nach dem besten Routenverlauf. Zugleich registriert es die zu erwartenden Schwierigkeiten und erfaßt im voraus die Beschaffenheit des Gesteins. Das Ohr horcht beständig auf eventuellen Steinfall und auf die Geräusche des Felsens beim Vorandringen. Klingt er morsch? Singen die Haken beim prüfenden Anschlagen? Der Tastsinn der Hände und Füße erspürt die Rauhigkeit und die Verläßlichkeit des Geländes. Der Gleichgewichtssinn, der beim anspruchsvollen Klettern eine ganz wesentliche Rolle spielt, sorgt in jedem Augenblick für die richtige Austarierung des Körperschwerpunktes. Der Verstand schließlich kombiniert und verwertet blitzschnell alle diese vielfältigen Sinnesdaten und setzt sie um in die richtige Bewegung, die geeignete Technik, die ideale Linie.

Der ganze Mensch ist beim artistischen Klettern Rhythmus, Aktion und Hingabe. Welche von den Fertigkeiten, die uns im Alltag normalerweise abverlangt werden, so ist nun zu fragen, sprechen in einer derart umfassenden Weise alle unsere körperlichen und intellektuellen Fähigkeiten an und bringen ein derart beschwingtes Hochgefühl hervor? Ich zumindest weiß in meiner Alltagserfahrung nichts Vergleichbares.

Bei diesen ganzheitlichen Fertigkeiten, wie das gekonnte Bergsteigen eine darstellt, handelt es sich um großartige Erlebnispotentiale, für die innerhalb der Strukturen unserer Gesellschaft gewöhnlich kein Raum mehr ist, die nur noch in selbstgesuchten »Rückzugsbereichen« zur Entfaltung kommen.

Im Augenblick leben

Ist Ihnen schon einmal aufgegangen, wie wenig Bewußtsein und Aufmerksamkeit wir im Alltag für den Augenblick, für die je konkrete Situation übrighaben? Wir leben mit unserem Bewußtsein oft mehr »in Gedanken« als in der unmittelbaren Realität. Unser Kopf plant und spekuliert fast ständig voraus, oder die Gedanken hängen noch an der Vergangenheit. Häufig beschäftigt die nähere und die fernere Zukunft unsere Aufmerksamkeit mehr als die Gegenwart: Unternehme ich am Wochenende eine Bergtour oder besuche ich die Eltern? Welches Auto werde ich mir als nächstes anschaffen und wie finanziere ich es am besten? Wo führt die Urlaubsreise hin? Soll ich meinen Sohn fürs Gymnasium oder für die Realschule anmelden? Was machen wir, wenn der alte Onkel Karl sich nicht mehr selbst versorgen kann? Soll ich an dem Lehrgang zum Industriefachwirt teilnehmen? Erhöhe ich meinen Bausparvertrag?

Dutzende von Plänen und Sorgen, die alle in die Zukunft zielen, kreisen auf diese Weise täglich und stündlich in unserem Gehirn herum. So verfließen weite Zeiträume des Tages mit Räsonieren. Das aktuelle Leben läuft dabei unbemerkt an uns vorbei. Selbst jene vergleichsweise seltenen Zeitabschnitte, in denen wir bewußt dem Augenblick zugewandt sind, werden vielfach durchkreuzt vom Denken an Kommendes und Zurückliegendes.

Dieses stete In-der-Zukunft-sein mit den Gedanken ist eine unabdingbare Notwendigkeit unserer Zeit. Sie ergibt sich aus der Kompliziertheit und der individuellen Gestaltbarkeit unserer materiellen und sozialen Lebensbedingungen.

Vor zwei Jahrhunderten noch konnten und brauchten sich die Menschen über die Ausgestaltung ihres Daseins kaum Gedanken zu machen. Denn einmal waren in bezug auf die Einrichtung des eigenen Lebens nur wenige objektive Wahlmöglichkeiten vorhanden. So konnte man noch nicht zwischen verschiedenen Bildungswegen wählen; anstelle der vielen hundert Berufe, die wir heute haben, gab es nur einige Dutzend; die wichtigsten Gerätschaften, die man fürs Leben brauchte, waren einheitlich und wurden nur einmal angeschafft; man war durch Besitz und Gesetz an den Geburtsort gebunden, und so fort.

Die geringe Zahl der vorhandenen Alternativen wurde in drastischer Weise noch weiter eingeengt durch strikte und starre Gruppentraditionen. Die Gruppe, der man zugehörte, diktierte jedem Mitglied bis in die Einzelheiten, wie sein Verhalten in jeder denkbaren Situation und in jedem Lebensalter auszusehen hatte. Da war es müßig, sich Gedanken über die Gestal-

tung des eigenen Lebens zu machen. Der enge materielle und normative Rahmen enthob einen dazumal der Notwendigkeit des ständigen Vorwegplanens der eigenen Zukunft.
Im Gegensatz zu diesen vorindustriellen Lebensverhältnissen verfügen wir heute über weitgehende individuelle Verhaltensfreiräume und es stehen uns bei der Ausübung dieser Freiheiten außerordentlich viele Alternativen materieller und geistiger Art zu Gebote. Diese Entwicklung stellt aus der Perspektive unseres individualistisch ausgerichteten Persönlichkeitsideals einen wertvollen Fortschritt dar, sie bedeutet jedoch für den einzelnen in Wahrheit oft genug auch eine Last: Da wir uns bei der Einrichtung unseres Daseins nur noch selten an absolut verbindliche und präzise Gruppentraditionen halten können, haben wir gar keine andere Wahl, als unser Leben selbst zu planen und uns zu überlegen, was für uns persönlich gut und richtig ist. Die Chance der individuellen Lebensgestaltung ist zugleich auch eine Aufgabe, die angesichts des schnellen Wandels der Lebensbedingungen und der unübersehbaren Vielfalt von Entscheidungsalternativen in unserer Zeit sehr schwer und bedrückend sein kann.
Die Lebensklarheit, die unsere Vorfahren uneingeschränkt aus den Traditionen des Kollektivs bezogen, muß sich heute jeder einzelne in »eigener Regie« erwerben. Diese individuelle Gewißheit ist stets bedroht und muß immer aufs neue wiederhergestellt werden, es ist eine wahre Sisyphusarbeit. Tradition muß heute durch »Denken« kompensiert werden. Wir sind zu einem ständigen In-die-Zukunft-Hineinblicken verurteilt.
So investieren wir notwendig einen großen Teil unseres Bewußtseins in das Vorausdenken. Für die Gegenwart, für das tatsächliche Leben, verbleibt nur noch ein mehr oder minder großer Rest an geistiger Zugewandtheit. Problematisch ist, daß wir auch in Zeiten, in denen wir ganz dem Augenblick zugetan sein möchten, nicht mehr das Gehirn »abschalten« können. Das Denken im Sinne eines geistigen Vorwegnehmens der Zukunft ist für uns Heutige in einem hohen Maße zum Zwang geworden. Unterschwellig, manchmal auch bewußt, ist uns diese zwanghafte innere Fixierung auf die Nicht-Gegenwart oftmals eine schwere Last.
Angesichts dieses Zwanges zum »Vorausleben« (R. Messner) gewinnt eine spezifische seelische Begleiterscheinung des Hochgebirgsalpinismus herausragende Bedeutung: Ich meine die Tatsache, daß wir beim ambitionierten Bergsteigen das Denken (das Voraus-Denken) loswerden. Vielleicht erinnern Sie sich an irgendeine schöne, mehrtägige Tour, die Sie in der letzten Zeit unternommen haben. Wie war es da mit dem Sinnieren und den sorgenvollen Zukunftsgedanken? Wahrscheinlich konnten Sie die an-

genehme Erfahrung machen, daß nach zwei, drei Tagen das chronische Bohren und Rumoren der Gedanken abgeebbt ist. Auf großen Bergtouren gibt der Kopf recht bald Ruhe. Das Problemewälzen und Räsonieren, diese ständige Begleitmusik des Alltagslebens, verstummt. Unsere Aufmerksamkeit wendet sich ungeteilt dem Gegenwärtigen und Naheliegenden zu. Wir erleben es als einen herrlichen Zuwachs an Lebendigkeit, wenn unser Bewußtsein aus der schemenhaften Welt der Zukunftserwägung zurückströmt in die konkrete Gegenwart. Wie unter dem gebündelten Strahl eines Brennglases leuchtet dann unser unmittelbares Leben mit einem Male auf. Die einfache Welt des momentanen Daseins füllt nunmehr unser Denken völlig aus: Der Pfad, auf dem wir gehen, die Landschaft, die wir durchschreiten, das Wetter, das uns begleitet, der Gipfel, der vor uns steht – diese einfachen sinnlichen Eindrücke genügen unserem Kopf nun über viele Stunden hinweg voll und ganz. Steigend fragen wir kaum einmal über die nächste Stunde hinaus, der Augenblick ist unserem Kopf genug. Nach längerem Steigen stellt sich häufig gar ein Zustand ein, in dem das Denken völlig einschläft und wir nurmehr instinktmäßig gehen und reagieren. Von extremen Bergsteigern wird dieser Zustand der gedankenfreien intensiven Lebendigkeit besonders oft berichtet. Er stellt für uns moderne Menschen, in deren Kopf gewöhnlich die Gedanken rastlos herumschwirren wie die Bienen in ihrem Korb, eine wahre seelische Erlösung dar. Für jene Menschen, die über das gesellschafts-typische Maß hinaus unter der Last des Denken-Müssens leiden, was beispielsweise bei einer unglücklichen Kindheitsbiographie häufig vorkommt, ist das Bergsteigen nicht selten ein Mittel, ständiger innerer Not zu entrinnen. Hier gilt die Formel: Wenn das Denken schweigt, schweigt auch das Leiden. Im Fall extremer Bergsteiger spielt dieses Motiv ziemlich häufig eine Rolle; darauf werde ich später noch näher eingehen.

Halten wir fest: In den Bergen haben wir unsere gesamten Bewußtseinskräfte für den konkreten Augenblick zur Verfügung. Daraus entsteht uns ein potenziertes Realitätsempfinden, das großartig ist angesichts der Flüchtigkeit, mit der wir sonst die Welt wahrnehmen.

Unser Gehirn arbeitet auch auf einer Bergtour fortwährend sehr intensiv, doch ist unser »Denken« im Gebirge, im Gegensatz zur abstrakten Gedankentätigkeit des Alltags, ein instinktnaher und ganz und gar sinnes- und körperbezogener Intelligenzprozeß. In der lebensfeindlichen Wüstenlandschaft des Hochgebirgs wird das blitzschnelle Koordinieren von Sinneseindrücken und Bewegungsvorgängen zur wichtigsten Leistung unseres Kopfes. Am Berg ist die »konkrete Intelligenz« gefordert, die vor allem die

Stärke der wildlebenden Tiere ist. Wenn ich also sage, das Gebirge mache uns frei von der Bürde des Denkens, so heißt das keineswegs, daß dort droben unser Gehirn außer Kraft tritt. Es wird nur eine andere Art von »Denktätigkeit«, eine viel elementarere, aktuell, die sich weitgehend außerhalb unseres Bewußtseins abspielt und die – dies ist im vorliegenden Zusammenhang das Entscheidende – als Wohltat und nicht als Last empfunden wird.

Bei der Gedankenbefreiung, die uns das schwere Bergsteigen beschert, handelt es sich übrigens nicht um das, was man mit der Redewendung »einfach mal abschalten« umschreibt. Abschalten heißt, sich durch einen einfachen Willensakt, durch ein bloßes Loslassen vom Gesumme der Gedanken freimachen. Beim Bergsteigen ist das anders. Da räumen wir die Gedanken vermittels schwerster Arbeit beiseite. Durch die harte Anstrengung des Steigens und die angespannte Konzentration auf den Augenblick würgen wir nach und nach den Gedankenstrom ab. Wir merzen den Gedankenschwarm gleichsam mit dem Knüppel aus. So ist das schwere Bergsteigen eine Vergessensmethode für alle die, die eben nicht »einfach mal abschalten« können. Die Gedankenerlösung des Bergsteigens ist ein mit hohem Energieeinsatz verbundenes Vergessen.

Der Nomade in uns*

Die Wissenschaftler streiten sich darüber, seit wann es den Menschen gibt. Sind es eineinhalb Millionen Jahre? Oder vier Millionen? Oder »nur« vierhunderttausend? Eines jedenfalls ist gewiß: Die Geschichte unserer Gattung ist lang, und zum allerwenigsten neun Zehntel davon haben wir als herumziehende Jäger und Nomaden verbracht. Die Zeit unserer Seßhaftigkeit ist verschwindend kurz gegenüber den riesigen Zeiträumen, die wir frei und unstet streifend gelebt haben. Und unsere unmittelbaren Vorfahren in der Abstammungsreihe waren bekanntlich auch eine sehr unruhige Gesellschaft. Sollten, so ist nun die Frage, die riesigen Zeiträume der Jäger- und Nomadenexistenz in jenem vergleichsweise kurzen Zeitraum unserer sog. zivilisierten Daseinsweise ganz aus unserem genetischen Programm verschwunden sein? Das widerspräche jeder Vorstellung von Wahrscheinlichkeit. Wir haben den Nomaden in uns durch unsere Kultur der tausendfältigen Daseinsregulierungen angekettet, vielleicht auch geschwächt, aus-

*Dieser Abschnitt ist in der Zeitschrift *Bergwelt*, Heft 8, 1983 veröffentlicht.

gelöscht haben wir ihn nicht. Er lebt weiter in unseren Sehnsüchten nach Freiheit, Weite und Regellosigkeit, die manchmal in uns mächtig werden bis zur Schmerzhaftigkeit.
Vom Nomaden in uns und von seiner Wiederauferstehung im Gebirge handeln die nachfolgenden Betrachtungen.

Freier Raum

Zunächst möchte ich von einem Merkmal des Bergsteigens sprechen, das so trivial ist, daß wir es gerne für unbedeutend halten, überhaupt nicht der Erwähnung wert. Ich meine die Tatsache, daß wir uns im Ödland des Gebirges völlig frei bewegen können, ohne Schranken und Gebote. Zumal als Kletterer haben wir eine nahezu vollkommene Verfügungsmacht über den Raum. Wir beherrschen ihn ganz handgreiflich und zwar in beiden Dimensionen, in der Vertikalen wie in der Horizontalen. Wohl nirgends ist auch das Erlebnis räumlicher Weite so stark, wie auf einem Bergesgipfel, weil die Weite dort oben besonders fühlbar wird durch den Kontrast zur Enge der Täler, aus denen wir heraussteigen und in die wir wieder hinabtauchen. So erleben wir aufsteigend ganz besonders eindringlich die Weite des Raumes und gleichzeitig steht all der geschaute Raum zu unserer ungehinderten Inbesitznahme zur Verfügung. Dieses elementare Raum-Verfügungserlebnis, das ich persönlich vor allem bei Skitouren sehr nachhaltig habe, bildet meines Erachtens ein ganz wesentliches Stück des großartigen Freiheitsgefühls, das wir in den Bergen empfinden. Im Alltag sind uns die Bahnen unseres Bewegens starr und eng vorgeschrieben. Wir denken uns aber normalerweise gar nichts dabei, daß unsere Verfügungsmacht über den Raum so drastisch beschnitten ist. Und doch macht es uns etwas aus. Sonst würden nicht so viele von uns es als eine herrliche Wohltat empfinden, in den Ödländern des Hochgebirges ungehemmt herumstreifen zu können. Angesichts des einschränkungslosen »Raumangebots«, das die Berglandschaft darstellt, fühlen wir, was wir sonst entbehren.

Abb. 10: »Wir können es in jedem Moment klar überschauen, was wir geleistet haben.« (beim Abstieg von der Dent Blanche in den Walliser Bergen)

Herrschergefühle

Eng verbunden mit dem Raumerlebnis beim Bergsteigen, von dem eben die Rede gewesen war, sind Empfindungen des Herrschens und des Besitzens. In alten Sagengeschichten ist manchmal von Königen die Rede, die treue Vasallen auf Bergeshöhen führten und zu ihnen sagten: »Soweit dein Auge blickt, soll das Land dir gehören!« Der Vorgang des Erschauens und des Überschauens ist schon seit jeher in einer ganz besonderen Weise mit dem Gefühl des Besitzens verknüpft. Auch wir Bergsteiger werden oft von Besitz- und Herrschergefühlen erfaßt, wenn wir von hoher Warte aus in die weite Runde schauen.

Die Berge gehören niemand. Genausogut kann man sagen: Sie gehören jedem, jedem, der sich darin befindet. Weil sie niemandes Eigentum sind, kann ich sie, solange ich darin bin, als »mein Land« ansehen. Besonders dann, wenn ich allein durch eine weite Gipfelflur streife, dann ist in einem sehr unmittelbaren Sinn alle diese weite, leere Landschaft mein Eigentum. Nirgends habe ich so sehr das Gefühl, schauend zugleich Herr und Besitzer der Landschaft zu sein, wie als einsamer Wanderer im Gebirg. Nirgends umschließt mein Auge so viel Weite, mir zugehörige Weite, wie auf einem hohen und mir vertrauten Berg. Wenn ich abends oder im späten Herbst alleine auf einem großen Gipfel stehe, dann bin ich ein Fürst, ein Herrscher über alle tausend Spitzen bis an den fernen Horizont. Weil ich allein im weiten Raume bin und weil mein Auge das einzige ist, das alles umfaßt, sind die unzähligen Kare und Gipfelketten für einige herrliche Stunden mein Reich. Dieses Besitzgefühl reagiert sehr sensibel auf die Anwesenheit anderer. Sobald mir eine weitere Person ins Gesichtsfeld tritt, bricht es zusammen.

In den Städten kommt dieses herrscherliche Raumbesitzgefühl nicht auf. Da sagt mir auf Schritt und Tritt jedes Haus, jede Mauer, jeder Zaun, jeder meinen Weg kreuzende Mensch: Das ist nicht dein Land. Das gehört anderen. Das gehört nicht dir. Meine Besitzergefühle enden an der Haustür oder am Gartenzaun. Halt, das Büro gehört auch noch zu »meinem« Terrain. Wieviele Quadratmeter sind das schon? Und wieviele Quadratmeter sind im einsamen Gebirge mein!

Bei Tieren ist es bekanntermaßen ein starker Impuls, möglichst viel Territorium zu beherrschen. Ein Stück von diesem Triebimpuls unserer stammesgeschichtlichen Vorfahren steckt ganz gewiß auch noch in uns Menschen. Im Gebirge kann dieses uralte und fast verdrängte Bedürfnis noch richtig ins volle gehen.

Wenn ich von den Erlebnissen der Ungebundenheit und des Raum-Aneignens beim Bergsteigen spreche, dann fällt mir auch das Fliegen ein. Ein Segelflieger oder ein Drachenflieger, die haben ja noch viel mehr offenen Raum um sich herum und noch viel mehr unverstellte Weite, als ein Bergsteiger. Das könnte einen veranlassen, die Raum-Erfahrung des Alpinisten lediglich als eine schwächere Form des Flieger-Erlebnisses zu betrachten. Das würde indessen nicht zutreffen. Zwar bestehen unzweifelhaft viele Ähnlichkeiten zwischen der Raum-Lust des Fliegers und derjenigen des Alpinisten, doch es gibt auch einen ganz gewichtigen Unterschied. Ich will versuchen, diese besondere Komponente des bersteigerischen Raumerlebnisses zu beschreiben: Als Flieger bin ich weit weg von der Erde. Ich schwebe im buchstäblichen Sinn hoch über den Dingen. Ich sehe weit hinaus und ich sehe sehr viel. Ich sehe viel, aber ich habe nur eine ganz schwache Verbindung zu dem Geschauten, die Verbindung durch die Augen. Im Grunde bin ich sehr fern von den Dingen, die ich sehe und die Weite ist mir

Abb. 11: Der selbsterarbeitete Raum (auf der Parrotspitze des Monte Rosa; im Hintergrund Matterhorn und Dent Blanche)

ziemlich abstrakt. Beim Bergsteigen sehe ich nicht so weit wie beim Fliegen und ich bin auch nicht so vogelfrei ungebunden. Dafür aber habe ich ein viel intensiveres, ein viel spürbareres Raumerlebnis. Auf einem vielstündigen Aufstieg werden mir Raum und Weite ganz handfest erfahrbar und körperlich gegenwärtig. Wenn ich beim Höhersteigen ganz allmählich freieren Blick bekomme, wenn ich schließlich über die nächste Bergkette wegsehe, dann noch weiter, über die übernächste hinweg und dieses alles mit viel Zeit und mit viel Geduld und Mühsal verbunden ist, dann habe ich ein viel stärkeres Empfinden für die Höhe, die mich von den Tälern trennt und für die Entfernung zu den Berggipfeln um mich herum. Die Anstrengung des Raum-Gewinnens macht den errungenen Raum viel gewichtiger und »persönlicher«. Das ist schon ein ganz gewaltiger Unterschied, ob ich mich im Flugzeug in einer Viertelstunde an der Großen Zinne hinaufschraube und über ihren Gipfel schwebe, oder ob ich mich Tritt um Tritt und Griff um Griff an der Dibonakante hinaufarbeite, vier Stunden lang, und danach vom Gipfel herunterschaue. Beide Male sehe ich dasselbe, aber ich sehe es mit ganz anderen Augen und mit ganz anderem Gefühl. Kletternd habe ich mir den Raum viel inniger angeeignet und er hat für mich dann auch eine ganz andere Dimension.

Landschaftshunger

Es befällt mich, wenn ich auf Bergwanderung bin, bisweilen ein geradezu körperlicher Appetit auf Landschaft. Ich werde regelrecht »landschaftsgefräßig«. Was mein Auge erblickt, das möchte ich mir gehend oder kletternd einverleiben: Den nächsten Gipfel dort drüben, jenen Felsklotz am Wege, die Gratlinie, die sich vor mir so schön hinaufschwingt. Alles »stopfe« ich mit lustvoller Unersättlichkeit in mich hinein, bis ich nicht mehr kann. Ich bin ein Vielfraß im Schlaraffenland der Landschaftskulinaritäten. Und nirgends ist ja das Landschaftsmenü so vielfältig und abwechslungsreich gedeckt, wie im Gebirge.

»Orale Gier« nennt der Psychologe eine solche Gefräßigkeitshaltung und er belehrt uns, daß dies die typische Form des Weltbezuges beim Kleinkind ist. Eine derartige Interpretation vernimmt man natürlich als ernsthafter Bergsteiger nicht gern. Doch die Deutung hat etwas für sich und genau besehen finde ich sie auch nicht ehrenrührig. Tatsächlich trägt ein jeder Mensch tief in der Seele noch ein Stück von dem Kleinkind in sich, das er einmal gewesen war – hoffentlich, so möchte ich sagen. Denn dieser Kleinkindteil in uns, der verkörpert ja auch die wilde, die spontane und lustvolle Seite unseres Ich. In der Hochgebirgsnatur, da taucht das ungezähmte und urtümlich-lusthafte Kleinkind in mir aus den tiefen Winkeln der Seele wieder auf. Nach Herzenslust darf es dann seine wilde Unersättlichkeit entfalten und hemmungslos raffen und in sich hineinstopfen: Landschaft, Gipfel, Kilometer, Höhenmeter, Seillängen, Skischwünge und natürlich auch Essen und Trinken. Es ist eine Schlaraffiade des hemmungslosen Einverleibens. In der Tat – so herrlich fast wie seinerzeit an der Mutterbrust.

Bergsteigen als Abenteuer oder: Die beherrschbare Ungewißheit

Vor einer großen Bergfahrt steht nur dies eine mit Sicherheit fest: Daß man nicht genau vorhersehen kann, wie es kommen wird. Eine Bergtour ist ein von vielzähligen Ungewißheiten durchsetztes Unternehmen. Das ist es, was wir meinen, wenn wir vom Bergsteigen als von einem »Abenteuer« sprechen. Insbesondere zu Beginn einer Tour sind wir uns dieses Elementes der Unvorhersehbarkeit sehr stark bewußt. Wir sind voller Fragen, deren Antwort offen bleibt: Wird der Sonnenschein anhalten? Wie sehen die großen Spalten im Gletscher aus? Wird der Firn bald weich werden? Sind die Felsen trocken? Wie wird mir die Schlüsselstelle diesmal vorkommen? Reicht meine Kondition? Wird ein Biwak nötig sein? . . .

Manche dieser Ungewißheitsmomente sind von lebensentscheidender Bedeutung. Bergsteigen, das extremere zumal, ist zum guten Teil ein Umgehen mit lebensentscheidenden Unwägbarkeiten. Im Gebirge sind wir in einem ungleich höheren und fühlbareren Maße von bedeutungsschweren Unwägbarkeiten umgeben als im Alltag normalerweise. Genau darin liegt für viele von uns ein Hauptanreiz der Bergsteigerei. Eine bestimmte Dosis an existentieller Ungewißheit scheint zu den ursprünglichen Bedürfnissen des Menschen zu gehören. Nun weiß jeder, daß Ungewißheit auch als bedrückend empfunden werden kann, das ist sogar die Regel. Woher kommt es dann, daß wir Alpinisten die Ungewißheiten und Risiken einer Hochgebirgstour zumeist als lustvollen Ansporn empfinden?

Die Hauptursache dafür ist, daß wir als geübte Berggänger die grundsätzliche Gewißheit haben, daß wir mit den Ereignissen, gleich wie sie nun kommen mögen, fertigzuwerden imstande sind. Was im einzelnen alles eintreten wird, vermögen wir nicht zu sagen, wir besitzen aber aus Übung

und Erfahrung die Gewißheit, das Ungewisse meistern zu können. Die Ungewißheit der Berge ist eine (weitestgehend) beherrschbare Ungewißheit. Das ist die Hauptbedingung eines lustvoll getönten Abenteuergefühls. Ein weiterer Punkt besteht darin, daß wir beim Bergsteigen durch eine entsprechende Wahl der Touren immer das individuell optimale »Mischungsverhältnis« zwischen Ungewißheit und Kontrolle, zwischen Risiko und Bewältigungsfähigkeit herstellen können.
So ist im Gebirge für den erfahrenen Alpinisten die Unvorhersehbarkeit des konkreten Geschehens durchweg eingebettet in die grundlegende Sicherheit: Was auch kommen mag, ich bin den Dingen gewachsen. Am Berg gelingt das Kunststück, Ungewißheit und Berechenbarkeit ins ideale, lustvolle Gleichgewicht zu bringen. Darum erzeugt die Ungewißheit am Berg ein frohes Abenteuergefühl und nicht Bedrückung und Angst.
Im Alltag haben wir nicht die Möglichkeit, eine derart optimale Balance zwischen Ungewißheit und Kontrolle herzustellen. Wo im Alltag Ungewißheiten auftreten, da sind sie so oft bedrohlich, weil wir ihnen nicht mit der grundlegenden Bewältigungszuversicht des Experten begegnen können, wie wir sie den Unberechenbarkeiten des Gebirges gegenüber haben. Die großen Ungewißheitsmomente des Alltags, wie etwa die Sorge um den Völkerfrieden, die Sorge um den Arbeitsplatz oder unsere Gesundheitsprobleme, diese Ungewißheiten sind bedrückend, weil sie zu wenig beherrschbar sind. Meist aber ist unser alltägliches Leben in seiner stets gleichen Routine zu arm an Elementen der Ungewißheit, und das ist auch wieder nichts. So sind wir im Alltag hin und hergeworfen zwischen einem Mangel oder einem Zuviel an Ungewißheit. Das eine ist langweilig und das andre macht Angst.
Am Berg hingegen bringen wir Ungewißheit und Kontrolle in jenes optimale Gleichgewicht, das sich als frohes Abenteuergefühl manifestiert.

Das ungebremste Leben

Wie aufgezeigt, erweckt das Gebirge eine Vielzahl starker und elementarer Gefühle in uns. Wir hätten indes wenig von diesen herrlich starken Gefühlserlebnissen, wenn wir sie so niederhalten müßten, wie wir es mit unseren Affekten im Alltag zumeist tun.
Im Gebirge haben die Affekte größtenteils freie Bahn. Wenn uns bei einem morgendlichen Anstieg sauwohl ist, dann dürfen wir uns mit Herzenslust in diesem Wohlsein aalen und es jedermann mit lauten Juchzern kundtun.

Bringt uns der Anblick einer wilden Wand in Kampf- und Angriffslaune, dürfen wir diese Kampfgelüste austoben, soviel wir dazu lustig sind. Packt uns der Bärenhunger, dann steht es uns frei, auf der Stelle die Köstlichkeiten des Rucksacks in uns hineinzuexpedieren, ohne dabei jemandes Anstandsgefühle zu verletzen. Sind wir wütend über einen Kameraden – im Gebirge dürfen wir es ihm direkt sagen und ohne lange unsre Worte zu wählen. Der sogenannte rauhe Ton beim Bergsteigen ist ein sehr affektfreundlicher Ton.

Von einem starken Gefühlserleben erfüllt zu sein hilft wenig, wenn man es nicht in die entsprechenden Abfuhrreaktionen umsetzen darf. Blockierte Gefühlsenergie wirkt sogar zerstörerisch, und das ist leider allzuoft unsere Situation im Alltag. Das für unser Normaldasein typische Gefühleunterdrücken und Gefühleschlucken rächt sich in den ungeheuer verbreiteten vegetativen Störungen und nervösen Leiden.

Die Berge rufen einen ganzen Chorus vitaler, intensivster Gefühle in uns hervor und sie erlauben uns gleichzeitig, diese Gefühle auch »auszutoben«. Das Gebirge gibt starke Gefühlsimpulse und es gestattet uns starke Reaktionen. In den Bergen brauchen wir unsere Affektbremsen nicht. Wir finden zu einer Einheit von Erleben und Reagieren zurück, wie sie uns sonst nur in der Kindheit erfahrbar war. Kleine Kinder stellen noch keine Mauern zwischen Affekt und Affektäußerung. Unser Gefühlsleben im Gebirge kommt in zweierlei Hinsicht dem der Kinderzeit nahe: Es ist sehr intensiv und es hat freien Auslauf. Das spielt ganz gewiß dabei mit, wenn wir uns bergsteigend wie die Kinder fühlen.

Schlußbetrachtung zum vorhergehenden Kapitel

Zu den gängigen Angeboten des Freizeit- und Reisemarktes gehören seit einigen Jahren sogenannte »Wildnis-« oder »Überlebenstrainings«. Offenbar erfreuen sich diese Veranstaltungen eines guten und stetig wachsenden Zulaufs. Stark gefragt sind in der jüngsten Zeit auch Abenteuerfahrten und Trekkings in zivilisationsferne Erdregionen. Faktisch sind diese Reiseformen weitgehend dasselbe wie die »Überlebenstrainings«. Die Entwicklung, die in diesen kommerziellen Aktivitäten zum Ausdruck kommt, ist wahrhaft absurd: Da lassen sich Menschen freiwillig und gegen Entrichtung beträchtlicher Honorare in jene mühselige und bedrohte Daseinsform zurückversetzen, zu welcher unsere Urahnen aus der Zeit der Sammler und

Jäger verurteilt waren. Jenes gnadenlos harte Existieren in der vollständigen Abhängigkeit von der Natur, aus dem sich die westliche Menschheit mit jahrtausendelanger, zäher Zielstrebigkeit herausgearbeitet hat, wird nun mit einem Mal als Vergnügen betrachtet! Ein ehernes Geschichtsgesetz wird spielerisch auf den Kopf gestellt.
Meines Erachtens sind die Motive, die den erwähnten spektakulären Aktionen der Rückführung des Homo sapiens in die freie Wildbahn regen Zustrom verschaffen ziemlich identisch mit den Gründen, die hinter der massenhaften Ausbreitung des Alpinismus stehen. Die Überlebenstrainings speisen sich aus denselben sozialstrukturellen Sachverhalten, die ich als die globalen Triebkräfte des Bergsteigens dargestellt habe. Man kann das Bergsteigen als ein individuell veranstaltetes, persönlich abgestuftes und gebührenfreies Wildnistraining apostrophieren. Was Alpinisten und kommerzielle Wildniskonsumenten in derselben Weise suchen (und brauchen), das ist die Wiederbegegnung mit den urtümlich starken Gefühlen und Erfahrungen, die aus der unmittelbaren Konfrontation unserer körperlichen Existenz mit einer harten Natur hervorgehen.
So machen wir uns in einer bisweilen grotesk anmutenden Gegenbewegung zum historischen Prozeß unserer Domestizierung und Kultivierung auf die Suche nach jenen intensiven Daseins- und Erlebensweisen, die auf dem Wege des zivilisatorischen Fortschritts verlorengegangen sind. Bergsteigend oder abenteuernd unter Anleitung eignen wir uns jene Aspekte der Existenzweise der Primitiven wieder an, die großartig sind und die in unserem Kulturleben fehlen. Es handelt sich dabei, wie beschrieben, um Regungen und Empfindungen im Umfeld der »animalischen« Mitte unserer Person. Hier liegen die Wurzeln auch unserer Lebensfreude und Lebensenergie, das wird uns Anbetern des »Geistes« und des Intellekts allmählich wieder klar.
Das bergsteigerische Dasein basiert auf einer grundsätzlich anderen Art der Auseinandersetzung mit der Welt, als sie für das Alltagsleben kennzeichnend ist. Im Bergsteigen geschieht der Weltkontakt über den Körper, die Sinne und unsere instinktnahen Gefühle und Affekte. Der Kopf, das Hauptorgan des Weltbezuges im Alltagsleben, wird relativ unbedeutend. Die »Wüste Berg« zwingt uns wieder hinein in die vorzivilisatorische Hälfte unserer Person. Unser uraltes Instinkt- und Affekterbe, das uns über Hunderttausende von Jahren gedient und geleitet hatte, kommt wieder zu seinem Recht. Aus der entwicklungsgeschichtlichen Perspektive ist die sogenannte zivilisierte Epoche der Menschheit ja nur die letzte Sekunde in einem langen Tag. Über diese Sekunde springen wir bergsteigend zurück

in den langen Tag unseres menschlichen Werdegangs, der nach wie vor in uns lebendig ist.
Es geht bei dieser Hinwendung zu einem ursprünglichen Selbsterleben, wie es nur die kreatürliche Einbindung in eine harte Natur zu gewähren vermag, nicht um eine Flucht aus der Zivilisation, das muß man ganz genau sehen. Es geht auch nicht um Rebellion. Von der »Großen Weigerung« der studentischen Protestbewegung der sechziger Jahre oder den Zielen der radikalen Alternativbewegung trennen uns mehrheitlich immer noch Welten. Auch jene neuerdings immer zahlreicher werdenden Nur-Alpinisten, die sich scheinbar außerhalb unserer Gesellschaft bewegen, wie Chris Bonington, Reinhard Karl oder Reinhold Messner bestreiten ihre Freiluftexistenz aus der systemgerechten Vermarktung ihrer Taten und ihrer Person.
Wir, die wir bisweilen die »Rohkost« des rauhen Naturlebens in den Einöden des Globus aufsuchen, tun dies nur selten im Gedanken an einen grundsätzlichen Wechsel der Lebensweise. Wir sind weder »Aussteiger« noch Rebellen. Was wir in Wahrheit tun ist dies: Wir eignen uns jene ursprünglichen und machtvollen Potentiale unserer kreatürlichen Existenz sporadisch und in geballter Form wieder an, die im heutigen Normalleben zum Schweigen verurteilt sind. Wir runden unser gewöhnliches Dasein ab, aber wir flüchten nicht. Das gelegentliche Hinausgehen aus der gesellschaftlichen Normalität stärkt uns für eben diese Alltagsexistenz. Insofern ist Bergsteigen, sind Abenteuerreisen sogar »funktionale« Verhaltensweisen, d. h. Verhaltensformen, die die bestehende Gesellschaftsstruktur stützen und festigen. Außerhalb unserer Gesellschaft holen wir uns gelegentlich das zurück, was wir in ihr entbehren. Das liegt ganz im Sinne unserer sozialen Strukturen, sie liefern uns sogar die Mittel zu diesem sporadischen »Aussteigen«. Die Mittel: Das sind vor allem Geld, Freizeit und Verkehrsmöglichkeiten.

Alpinismus und Leistungsorientierung *

Spiegelungen der Alltagsexistenz im Bergsteigerverhalten

Wie oft fühlen wir uns im Gebirge gänzlich verwandelt: freier, stärker, lebendiger, glücklicher als im normalen Leben.
Unser Dasein und unser Lebensgefühl im Gebirge erscheinen uns bisweilen so vollständig von unserem Alltagszustand verschieden, daß wir das Bergsteigerdasein geradezu als ein Gegenbild der Alltagswelt empfinden. Sagen wir nicht, wenn wir auf Bergtour gehen, »wir lassen den Alltag zurück«, so, als beträten wir nun eine gänzlich andere Sphäre? Machen wir in den glücklichen Momenten am Berg nicht immer wieder die Bemerkung, wir fühlten uns ganz herausgehoben aus der Welt der alltäglichen Sorgen und Plagen?
Das glücksbetonte Anderssein ist unbestreitbar eine herausragende Komponente des seelischen Erlebnisses »Bergsteigen«. Wie weit aber unterscheidet sich unser seelischer Zustand im Gebirge, unsere »Bergpersönlichkeit« nun tatsächlich von unserem Alltagszustand, unserer »Alltagspersönlichkeit«? Hierzu ist grundsätzlich folgendes zu sagen:
Unser bergsteigerisches Empfinden des Heraustretens aus der Alltagsnormalität ist zwar begründet, doch es übertreibt gewissermaßen die Unterschiede unserer seelischen Konstitution in Alltag und Gebirge. Von unserer Alltagspersönlichkeit wandert sehr viel mehr, als uns bewußt wird, ins Gebirge mit. Den Alltagsmenschen in uns spüren wir im Gebirge nur deswegen so wenig, weil er, unscheinbar und altgewohnt, wie er ist, von den unalltäglichen, glückhaften Erfahrungen des Gebirges einfach überstrahlt wird. Er ist da, aber er fällt uns angesichts der zunächst dominierenden Erfahrungen des Anderssein nicht auf. Der Alltagsmensch in uns, dieser

*Teile dieses Kapitels sind in der Zeitschrift *Die Alpen,* Heft 4, 1982 veröffentlicht worden.

unauffällige, hartnäckige Geselle, bleibt immer derselbe, und was sich stets gleichbleibt, wird bekanntlich leicht übersehen und vergessen. Ich möchte meine Behauptungen im einzelnen belegen, indem ich aufzeige, wo und in welcher Weise das Kernprinzip unserer Gesellschaftsordnung – das Leistungsprinzip – unser Verhalten auch im Gebirge bestimmt. Ein kleiner Erlebnisbericht soll in die Problematik einführen.

»Herzlichen Glückwunsch!«

Ich bin erleichtert, als meine beiden Kameraden zum vereinbarten Zeitpunkt in Pontresina zurück sind. Sie sehen müde und verwettert aus, doch an ihrem Gesichtsausdruck erkenne ich sofort: Sie haben es geschafft. Es – das ist eine Tour, die sie fortan berechtigt, sich dem Kreise der »besseren« Alpinisten zugehörig zu fühlen.
Florian erzählt:

> *Du weißt, wir haben hoch oben an der Bergflanke biwakiert, um uns das nächtliche Gestolper durch die Moräne zu ersparen und einen Vorsprung vor dem großen Pulk aus der Hütte zu haben. Es hat uns allerdings nicht viel gebracht. Bereits um zwei Uhr nachts, als wir noch in den Schlafsäcken steckten, zog die erste Kolonne an uns vorbei und als wir dann um drei Uhr den Eishang angingen, da waren wir schon hoffnungslos eingekeilt in die große Prozession von der Tschiervahütte her. Es herrschte von Anfang an eine nervöse, explosive Stimmung in der Kolonne. Alle hetzten ungeduldig und verbissen voran, von hinten wurden wir ziemlich gewalttätig gedrängt. Kleine Stockungen führten zu wüsten Schimpfereien. Man muß da einfach mithalten, sonst würde man über den Haufen gerannt. Vor uns stiegen drei fahrlässige Gesellen. Ohne Steigeisen, mit Plastikschuhen plagten sie sich den Hang hinauf, der in seiner steilsten Zone Blankeis zeigte. Wir hatten ständig Angst, daß uns einer der drei entgegenfliegen könnte. In den Felsen über der Scharte brach dann der totale Kampf aus. Ein Dutzend Seilschaften lieferte sich erbitterte Duelle um die vordersten Positionen. Es war haarsträubend, wie sie einander über die Seile stiegen und sich um die Standplätze rauften. An den unmöglichsten Stellen versuchten Seilschaften, uns zu überholen, ein reguläres Sichern war unter diesen Umständen nicht möglich. Jeder kämpfte rücksichtslos um seinen Vorteil und das in einem Gelände, das vollste Vorsicht verlangte.*
>
> *Am Beginn des eigentlichen Firngrates war dann der große Haufen an uns vorbei. Endlich konnten wir unseren eigenen Rhythmus gehen. Viel umherschauen konnten wir aber trotzdem nicht. Man muß sich an dem schmalen Grat auf jeden Schritt konzentrieren und außerdem waren wir wegen der Behinderungen am Felsgrat in zeitlichem Verzug. Wenn ich ehrlich sein will: Uns trieb auch die Ungewißheit über*

die Felspassagen am Schluß, von deren Schwierigkeit wir so viel gehört hatten, zur Eile an. Auf dem Piz Bianco angelangt, hatten wir das Gefühl: Jetzt wäre es vollauf genug. Es ist ja bis dahin schon eine Mordstour. Doch dann stand uns noch die lange Kletterei bevor. Die ging uns ganz schön an die Knochen und auch an die Nerven. Wenn man diese Kletterpassagen mit frischen Kräften und ohne Zeitnot angehen könnte, dann wären sie ein echter Genuß. Aber so – wir hätten gern darauf verzichten können.

Als das gefährlichste Stück der ganzen Tour entpuppte sich dann der Normalabstieg an der Spalla. Absolut spitz war die Gratschneide und der Schnee war naß und schmierig. Da mußten wir uns, abgekämpft wie wir waren, noch einmal aufs äußerste zusammenreißen. Wenn du bei diesem Eiertanz zu sehr erschöpft bist, na dann ade!

Die Marco-e-Rosa war zum Bersten voll. Wir wußten nicht, sollten wir drinnen oder draußen übernachten. Drinnen erdrückten sie sich gegenseitig und außenherum war alles versch . . . Den Rückmarsch über die Fortezza empfanden wir trotz Hagel und Gewitter als erholsam.

Ich sage: »Schön, daß ihr es geschafft habt. Herzlichen Glückwunsch.« Ich selbst war an jenem Tag auf dem Piz Morteratsch gewesen. Unbeschwert bin ich über sein wuchtiges Eishaupt hinweggestiegen. Die anderen Bergsteiger, wiewohl zahlreich, störten mich nicht, es ist ja dort oben Raum genug. Beim Gang über den Gipfelgrat hielt ich immer wieder inne und ließ den Blick über die gleißenden Eisburgen der Bernina schweifen: hinüber zum grimmig auffahrenden Roseg und auf der anderen Seite zur blitzenden Gratlinie von Bellavista und Palü. Der Firn war gut und ich hatte viel Zeit. Es war ein köstliches, frohes Dahinschlendern, das gerade Gegenteil vom Streß meiner Kameraden am Biancograt. Und trotzdem – ich bin den beiden neidisch über ihren Bianco. Warum eigentlich? Der Biancograt, der zählt nämlich. Der ist ein alpiner Erfolg. Den muß man als Alpinist meines Fähigkeitsniveaus unbedingt gemacht haben. Ich habe ihn aber noch nicht gemacht, obwohl ich gut dafür bin. Da fehlt mir ein wichtiger Leistungsnachweis und das bohrt in meiner Bergsteigerseele.

Es würde nichts bohren, wenn ich frei wäre von dem, was man das Leistungsdenken nennt. Aber das ist leicht gesagt. Als passionierter Alpinist ist man automatisch ein beflissener Diener des Leistungsprinzips, ob man nun dazu steht oder nicht. Das Leistungsdenken regiert uns mit eherner Faust. Seine Herrschaft ist perfekt: Wir merken gar nicht mehr, daß wir im Joch gehen. Wir reden in aller Unschuld vom Bergsteigen als Spiel und gehorchen doch unablässig einem kategorischen »du mußt«:

»Ein Mann mit meinem alpinistischen Können *muß* auf dem Matterhorn gewesen sein . . .«, »ich *muß* endlich auch mal einen Sechstausender machen . . .«, »ich *muß* die Hütte in wenigstens fünfundsechzig Minuten geschafft haben (wie der Erwin neulich) . . .«, »ich *muß* auf den höchsten Punkt hinauf, Schneesturm hin oder her . . .«, »ich *muß* bei dieser Hochtour wenigstens zehn Gipfel packen . . .« und so fort. Der innere Drang zum Leistenmüssen ist im Gebirge oft ganz besonders stark, zugleich sind wir in den Bergen mit diesem verstärkten Leistungsgebot innerlich vollständig eins. Das Freiheitsgefühl der Berge beruht nicht auf einer Abwesenheit von Leistungsmomenten, sondern darauf, daß wir mit dem Müssen hier gänzlich einig sind. Die Paradoxie unseres Leistungsverhaltens im Gebirge wird besonders deutlich, wenn wir uns einmal ausdenken, wie wir reagieren würden, verlangte man im Berufsleben von uns ähnliche Strapazen, wie wir sie in den Bergen uns selber auferlegen. Zwölf Stunden oder mehr unter äußerstem Krafteinsatz arbeiten, ohne nennenswerte Pause, bei ungemütlichsten physischen Bedingungen und mit der strikten Anweisung, das hochgesteckte Soll unbedingt und bis aufs letzte zu erfüllen – das würden wir im Berufsleben als eine ungeheuerliche Zumutung empfinden. Am Berg ist solche Zumutung glatte Selbstverständlichkeit und *freie* Selbstverwirklichung.

Das Gebirge als Leistungsort

Wie man auch die Bedeutung der Berge für uns, die wir mit Begeisterung darin herumsteigen, auffassen mag, sie sind nicht zuletzt auch dies: Ein Hauptexerzierplatz unserer Leistungsbedürfnisse. Für nicht wenige von uns besitzen die alpinen Leistungen einen höheren Stellenwert in der persönlichen Seelenökonomie, als das berufliche Schaffen.

Unverkennbar bildet das Bergsteigen eine Tätigkeit, die Leistungsgelüste geradezu anheizt. Die Berge sind ein idealer Tummelplatz für Leistungsambitionen. Daraus folgt: Wir können Leistungsbestrebungen im Gebirge nicht als eine bedauerliche Abweichung vom rechten alpinistischen Geist abtun. Das wäre gerade so, als würde man sich moralisch darüber entrüsten, wenn jemand in einem Weinlokal Lust zum Trinken bekommt. Auch die Exzesse des Leistungsstrebens sind in den Bergen so gesehen normal, zumindest ebenso normal wie ein Rausch im Weinlokal.

Moralisierende Appelle gegen das Leistungsstreben im Alpinismus sind unsinnig. Da müßte man schon das Bergsteigen überhaupt abschaffen.

Es ist nun einmal so, daß im Gebirge unsere offenen und unsere geheimen Leistungsambitionen, unsere frohen ebenso wie unsere frustrationsbedingten Leistungsbedürfnisse ein ideales Betätigungsfeld finden. Wir sollten

Abb. 12: Wer ist der Schnellste? Das übliche Wettrennen am Klettersteig. (hier am Pisciadusteig in den Dolomiten)

uns dazu bekennen. Sonst bleiben bloß Schuldgefühle und der Weg der doppelten Moral. Es ist üblich, sich über jene zahlreichen bergsteigenden Zeitgenossen zu erbosen, die im Dauerlauf die Gipfel hinauf- und wieder hinabhasten mit dem einzigen Ziel, sich und anderen Stärke und Leistungskraft zu bescheinigen. Bevor man über diese alpinistischen Rennsportler den Stab bricht, sollte man sich fragen: Ist bloß die vielzitierte Freude an der »schönen Natur« eine gute Freude, und der Spaß am Schnellsein und am Nochschnellersein hingegen eine schlechte Freude? Ich bin in dieser Hinsicht tolerant geworden. Wenn einer die Berge deswegen schätzt, weil sie für ihn die beste Kulisse zur Verwirklichung radikaler

Leistungsambitionen sind, warum nicht? Das Gebirge ist nun einmal für die Verwirklichung von Leistungsbedürfnissen genauso hervorragend geeignet wie ein Konzertsaal für Musik. Und das Leistenmüssen, das haben wir in unserer Gesellschaft gewissermaßen schon mit der Muttermilch eingesogen; das werden wir nicht los, wir können es höchstens verleugnen. So kommt das Paradox zustande, daß wir Kinder der modernen Industriegesellschaft uns in der freien Welt der Berge vielfach genauso leistungsbesessen gebärden, wie im Alltag, und manchmal noch viel mehr. Hier muß allerdings sogleich hinzugesetzt werden, daß das Leisten im Gebirge einen anderen, einen befriedigerenden Charakter besitzt, als im Alltag. Am Berg machen uns stramme Leistungen Spaß. Woran das liegt, das möchte ich in einigen knappen Strichen aufzeigen:

Ich kann im Gebirge mein Leistungsziel ganz exakt mit meinem Fähigkeitsstand abstimmen. Es gibt Wanderberge, Klettergipfel, Eisgipfel und Skiberge und innerhalb dieser Gruppen wiederum die verschiedensten Abstufungen in Schwierigkeit und Charakter. Das Gebirge ist ein Angebot der tausendfältig verschiedenen Leistungsmöglichkeiten. Ich finde hier zu jedem Zeitpunkt präzise das, was meinem Können und Wollen optimal entspricht.

Im Gegensatz zu vielen Tätigkeiten des Berufslebens ist das Bergsteigen eine großartig einfache Tätigkeit (den Extremalpinismus einmal ausgeklammert). Ein gesunder Körper und klare Sinne sind das wichtigste Kapital. Etwas Routine und Anleitung dazu – und schon ist man in der Lage, sichtbar große Taten in Gestalt imponierender Gipfel zu vollbringen.

Wenn ich beim Bergsteigen Ehrgeiz habe, dann kann ich auch verhältnismäßig leicht einen Leistungsstandard erreichen, der mir innerhalb der breiten Schar der Bergbesteiger einen höheren Rang garantiert. Das seelensalbende Gefühl, besser zu sein als viele andere, ist im Gebirge mit vergleichsweise einfachen Mitteln zu erlangen.

Im Gebirge sehe ich klipp und klar, was ich geschafft habe. Die Zeugnisse meiner Taten sind riesengroß, für jedermann und auf ewig sichtbar. Gleichzeitig spüre ich im ganzen Körper mit Macht den Nachhall meines Tuns, als satte Müdigkeit, als Brennen der Fußsohlen und als Schmerz in den Waden, als Bärenhunger und als unendlichen Durst.

So geben uns die Berge ein außerordentlich klares, intensives und großes Leistungserlebnis bei relativ einfachen Voraussetzungen.

Nicht zu vergessen ist auch der soziale Aspekt alpiner Leistungen: Gipfel und Anstiegsrouten sind sehr einfach vergleichbare Leistungsgradmesser und sie eignen sich deshalb bestens zum gegenseitigen Vergleich der Leistungsfähigkeit. Wenn mir ein anderer Bergsteiger seine wichtigsten Touren nennt, weiß ich sofort, ob er besser oder schlechter ist als ich. Das schafft klare Verhältnisse (und stimuliert natürlich ganz ganz besonders zur Leistungskonkurrenz).

Summa summarum: Ohne das bestimmende Prinzip unserer Gesellschaft, das Leistungsprinzip, gäbe es den Alpinismus als Breitenbewegung nicht. Am Berg finden unsere Leistungsbedürfnisse umfassende und tief befriedigende Erfüllung. Sagen wir ja dazu.

Bergsteigen und Angst

Wir Bergsteiger haben eine eigene und in mancherlei Hinsicht ziemlich rigorose Ideologie vom »richtigen« Berggeher. Sie tritt unter anderem darin in Erscheinung, daß wir einige offenkundige Aspekte der Bergsteigerei aus unserem Reden und Denken weitgehend ausklammern. Eines dieser tabuisierten Phänomene ist die Angst beim Bergsteigen. Alpinisten haben häufig Angst, nur sprechen sie selten davon. Besagt doch die traditionelle Anschauung, Bergsteiger seien eine Auslese der Furchtlosen und Unerschrokkenen. Angesichts dieser ehernen Norm wird Angst am Berg, sofern sie außerhalb spektakulärer »Grenzsituationen« auftritt, zur Schande. In der zeitgenössischen Alpinliteratur deuten sich inzwischen Tendenzen an, von den erkenntnistrübenden Klischees vom »rechten Bergsteiger« wegzukommen. Angst darf beim Namen genannt werden.

In diesem Abschnitt möchte ich einen Überblick darüber geben, welche Beziehungen zwischen den Empfindungen der Angst und dem Bergsteigen bestehen können und welche Bedeutung das Bergsteigen hinsichtlich des Umgangs mit der Angst besitzt. Ich unterstelle dabei nicht, daß Angst bei allen Alpinisten eine wesentliche Komponente der emotionalen Grundlagen des Bergsteigens darstellt. Vielfältige Erfahrung und gezielte Beobachtung brachten mich jedoch zu der Überzeugung, daß die Auseinandersetzung mit der Angst in irgendeiner Form für die Mehrheit der oberhalb der Könnensstufe des Bergwanderers angesiedelten Alpinisten eine Bedeutung besitzt, die weit hinausgeht über die Erwähnung des Phänomens in Gespräch und Literatur.

Kühn aus Angst

In meiner Gymnasialzeit hatte ich einige Mitschüler, die von ihren Turnlehrern als hoffnungslose Fälle abgeschrieben worden waren. Sie wichen aus Ängstlichkeit vor vielen Übungen aus. Ausgerechnet nun aus dem Kreis dieser »Angsthasen« gingen später vier leidenschaftliche Bergsteiger hervor, die vor allem beim Klettern großen Ehrgeiz an den Tag legten. Der Fortgeschrittenste versucht sich inzwischen an Unternehmungen des VI. Grades.

Wo, so fragt man sich angesichts dieser erstaunlichen Entwicklung, ist bei den Vieren die große Angst vor Situationen äußerer Gefahr geblieben?

Die Antwort ist einfach: Die Angst ist immer noch in ihnen und sie stellt sich auch stets aufs neue wieder ein. Was sich jedoch geändert hat, das ist die Schwelle, bei der diese Angst einsetzt. Sie liegt nun sehr viel höher. Die Grenze der Angst ist indes nicht von selbst nach oben gewandert. Sie wurde von den Betreffenden mit einer ungeheuren Hartnäckigkeit in vielen kleinen Schritten nach oben gedrückt. Am Berg tritt nun die alte, große Angst erst bei relativ hoher objektiver Gefahr und Schwierigkeit auf.

Für die vier war Angst von klein an ein zentrales und schmerzhaft bewußtes Thema. Sie litten als Buben heftig unter dem Makel ihrer übergroßen Ängstlichkeit. Sie kamen sich feige und minderwertig vor. Sie wollten mutig sein wie die anderen auch, aber sie schafften es nie so recht. Das Bergsteigen erwies sich für diese Buben als ein besonders günstiges Trainingsfeld für die Bekämpfung der Angst. Im Gebirge rangen sie ihrer Ängstlichkeit und Unbeholfenheit ganz allmählich und stetig immer mehr Terrain ab. So gelangten sie bis zur Beherrschung höherer Schwierigkeitsgrade. Sie haben äußerlich das Stigma ihrer früheren »Feigheit« durch die sichtbaren bergsteigerischen »Mutproben« tilgen können. Deswegen sind sie aber keine völlig anderen Menschen geworden. Sie neigen immer noch zur Ängstlichkeit und auch ihr Bergsteigen ist im oberen Könnensbereich durchsetzt von Angst. Diese noch bestehende Angst im Bergsteigen ist ihnen Ansporn zu ständiger weiterer Auseinandersetzung. Der noch vorhandenen Angst immer wieder ein Stückchen größerer Schwierigkeit abzutrotzen, bildet für diese Männer eines der stärksten Glückserlebnisse ihres Bergsteigerdaseins. Der Berg erlaubt eine ganz individuelle Abstufung des Angsterlebens und außerdem ist das Klettern schon seit jeher mit der Aura der Kühnheit umgeben. Das sind zwei Gründe dafür, weshalb gerade das Klettern sich ausgezeichnet eignet zur Selbst-Therapie von Ängstlichkeit.

Auffällig ist, daß bei den vieren die Entschlossenheit zum Kampf gegen die

eigene Ängstlichkeit und die Hinwendung zum Bergsteigen genau mit dem Einsetzen der Pubertät den entscheidenden Auftrieb erhielt. Dieses zeitliche Zusammenfallen von ernsthaften bergsteigerischen Bestrebungen und Pubertät ist uns auch von sehr vielen berühmten Extrembergsteigern bekannt. Wie läßt sich der Dreieckszusammenhang Angst – Pubertät – verstärkte bergsteigerische Ambitionen erklären?
Meine vier Bekannten waren Mädchen gegenüber sehr unsicher. Sie hatten ganz einfach Angst vor Mädchen. Man kann auch sagen: Sie hatten Angst vor ihrer aufkeimenden Sexualität. Somit überlagerten sich bei ihnen in der Pubertät zwei starke Ängste: Sportangst und Sexualangst. Jetzt wurde es gewissermaßen Zeit, gegen das innere Angstpotential etwas zu unternehmen. Das Bergsteigen nun wurde für diese doppelt verängstigten Jungen zur idealen Methode, beide Ängste gleichzeitig anzugehen: Beim Bergsteigen kann man die pubertäre Unruhe in Aktivität umsetzen, ohne dabei in Konflikt mit Mädchen und Sex zu kommen. Gleichzeitig kann man beim Bergsteigen etwas gegen seine Sportangst tun, indem man allmählich, Zug um Zug, die subjektive Leistungsgrenze hinaufschiebt.
Der Impuls, sich in sportlicher Hinsicht mutig zu zeigen, ist teilweise auch wieder bedingt durch den Sexualkonflikt. Sportliche Kühnheit gibt einen Anstrich von Männlichkeit. Dieser Männlichkeitsbeweis erlangt gerade in solchen Fällen besondere Wichtigkeit, wo es mit dem eigentlichen Mannsein (noch) hapert.
Auf die skizzierte Weise können sich Sportangst und pubertäre Sexualangst zu einem starken Impuls zu bergsteigerischer Kühnheit verbinden. Dabei erfüllt das Bergsteigen den beiden Ängsten gegenüber ganz verschiedene Funktionen. In bezug auf die Sexualangst stellt die Bergsteigerei ein Ausweichen dar, hinsichtlich der Sportangst bildet es einen echten, aktiven Bewältigungsversuch.

Angst und Lust

Meine großen Bergtouren halte ich zumeist im Film oder im Dia fest. Gelegentlich führe ich die Aufnahmen meinen nichtbergsteigenden Freunden und Verwandten vor. Dann fallen mit Regelmäßigkeit Äußerungen wie diese: »Auf solchen Touren würde ich sterben vor Angst!« »Nein, das wäre mir viel zu gefährlich«. »Das wäre nichts für mich!« Derlei Bemerkungen tun mir – ich muß es gestehen – in der Seele wohl. Ich bin auch sicherlich nicht der einzige Bergfreund, der solche Kommentare genüßlich einsteckt.

Abb. 13: Die wilde Höfats (Allgäuer Alpen), einer meiner frühen Angst- und Sehnsuchtsberge

Wir leidenschaftlichen Alpinisten fühlen uns allemal geschmeichelt, wenn uns bergsteigerische Laien für furchtlos oder gar tollkühn halten. Diese Einschätzung entspricht ja auch unserem traditionellen bergsteigerischen Selbstideal. Und im Vergleich zu einem Nichtbergsteiger sind wir im Gebirge tatsächlich vergleichsweise unerschrocken. Doch wirklich angstfrei sind wir in den meisten Fällen nicht. Das fände ich, um es gleich vorweg zu sagen, auch gar nicht erstrebenswert. Denn nicht bloß, daß uns die Angst als Warnsignal nützlich ist: Ohne die Angst wäre die Bergsteigerei für viele von uns ganz einfach uninteressant. So uninteressant wie Brot ohne Salz.
Zur Illustration eine Episode aus meiner frühen Bergsteigerzeit:
Es ist ein schöner Augusttag, an dem ich einen langgehegten Tourenplan in die Zat umsetze: Ich gehe zur Höfats. Für mich, den Sechzehnjährigen, ist die Höfats das größte Ziel meines Wollens und Könnens. Immer wieder habe ich sie umwandert, ihr Bild studiert, die Anstiegsbeschreibungen gelesen. Die eindrucksvollen Erzählungen und Warnungen vom Großvater, der diesen Berg so sehr geliebt und respektiert hat, klingen mir noch im Ohr. Jetzt bin ich auf dem Wege, mir meinen Angst- und Sehnsuchtstraum zu erfüllen. Ich äuge immer wieder hinauf zum Ostgrat. Ist er wirklich so scharf und schmal? Oh ja, er ist es. Da wird mir die Kehle trocken und der Atem kurz. Ich schaue mich nicht mehr um. Meine Beine zittern. Meine Angst ist groß, doch ich kehre nicht um. Denn ich fühle: Noch bin ich ihr Herr. Und was wäre auch mein Sehnsuchtsberg ohne die Angst? Die ganze leuchtende Herrlichkeit »meiner« Höfats wäre dahin. Oben dann sitze ich triumphierend vor überstandener Angst.
Blicke ich aus heutiger Sicht zurück auf die zwanzig Jahre meiner bergsteigerischen Aktivität, dann leuchten aus meiner Erinnerung stets jene Ersteigungen besonders strahlend hervor, die für mich zu ihrer Zeit die äußersten Grenzen meiner Hoffnungen und das heißt auch, meiner Ängste gewesen waren: Höfats, Trettach, Zimba, Große Zinne . . . Immer war da jene Verquickung von unbedingtem Wollen und fast ebenso großer Furcht. Stets auch erlebte ich während dieser Besteigungen unsägliches Glück, wenn ich spürte: Ich habe die Angst im Griff, mein Können ist größer als die Furcht. Die gefühlte und gebändigte Angst war das Maß für Sehnsucht und Glück.
Viele Bergsteiger halten es für eine normale menschliche Reaktion, daß man sich gerade zu jenen Gipfeln besonders hingezogen fühlt, die Furcht, Ehr-Furcht, einflößen. Je abschreckender der Berg, desto heftiger der Besteigungsdrang. Die schweren Gipfel empfinden wir als Herausforderung zur Tat. Dieses Angezogensein durch Risiko und Schwierigkeit erscheint

uns völlig natürlich. Nichtbergsteiger sehen das aber meist ganz anders (und sie vertreten die große Mehrzahl der Menschheit). Sie halten uns oft genug für unnormal. Ihre Einstellung lautet: »Wenn ich von vornherein weiß, daß ein Unternehmen mit Risiken und Ängsten verbunden ist, dann lasse ich doch die Finger davon.« Diese Haltung verkörpert in Wahrheit die normale menschliche Reaktion. Vermeidung ist die natürlichere Verhaltensweise.

So gelangen wir nun zu der Frage, weshalb manche Menschen, wie zum Beispiel wir passionierten Kletterer, mit Begeisterung auf Risiko- und Angstsituationen zugehen, während doch die mehrheitliche Reaktion auf derartige Situationen die Vermeidung ist?

Ich glaube, hier spielt ein bestimmter Charakterzug eine wichtige Rolle, nämlich eine Art von grundlegender Trotz- und Widerstandshaltung, die in Redewendungen zum Ausdruck kommt, wie: »Mit mir nicht!« »Jetzt erst recht!« Neben diesem rebellischen, kämpferischen Ich existiert aber tief im Seelenhintergrund gleichzeitig ein ganz andersgearteter Ich-Aspekt, nämlich ein furchtsames, ein »feiges« Ich. Die beiden Ich-Anteile stehen im Konflikt. Der kämpferische Teil in uns haßt das ängstliche Ich. Seine Existenz stört ihn zutiefst. Der harte Teil in uns sucht Schlachtfelder, auf denen er sichtbare Überlegenheit über das ängstliche Ich erfahren kann. Ein idealer Kampfplatz für derartige innere Zwistigkeiten sind die schweren Berge. Mit jedem Sieg über die äußeren Schwierigkeiten und Gefahren geht für uns ein innerer Sieg einher, der der eigentlich bedeutsame ist: Unser »mutiges« Ich feiert die Überlegenheit über das ängstliche Ich. Selbst so ein radikaler Extremer wie Reinhold Messner wird durch diesen inneren Zweikampf motiviert: »Ich will das Gefühl haben, stärker als meine Angst zu sein, deshalb begebe ich mich immer wieder in Situationen, in denen ich ihr begegne, um sie zu überwinden.«[18] Im Klartext: Auch Messner hat einen »Feigling« in sich, den er haßt. Wir passionierten Alpinisten unterscheiden uns von den »normalen« Menschen neben anderem darin, daß wir den ängstlichen Anteil unserer Seele besonders verachten oder fürchten. Dieser Konflikt hat seine Problematik. Er beschert uns aber auch ein ganz tiefes Glückserlebnis, wenn der Kämpfer in uns die Angstseite für den Moment besiegt. So machen wir Angst zu Lust. Im Hochgefühl dieser Siegeslust versöhnt sich der harte Kämpfer in uns für einige herrliche Augenblicke lang mit dem ungeliebten ängstlichen Ich.

Gestaltbare Bedrohungen

Seit einem Jahr beobachte ich sehr aufmerksam die Bäume, wenn ich draußen unterwegs bin. Was ich dabei sehe, sticht mir ins Herz: Ich sehe, daß das Nadelkleid der Fichten dünn und durchsichtig geworden ist. Als hagere Gerippe ragen die älteren Bäume in den Himmel. Es wird viel abgeholzt, wohl oder übel. Auch bei den Birken und bei den Eschen sieht das Laub oft beängstigend schütter aus. Glücklich bin ich über jeden Baum, der noch seine volle, kräftige Krone hat. Doch auch in diese Freude fällt ein Wermutstropfen: Unwillkürlich stelle ich mir immer die Frage: Wie lange noch wird dieser Baum so gesund aussehen? Der Verfall geht ja so erschreckend schnell voran. Ich möchte das Sterben der Bäume aufhalten. Es lastet auf mir als eine schwere Bedrückung und Bedrohung. Ich möchte sofort etwas gegen dieses Bedrückende tun. Aber ohnmächtig weiß ich: das kann ich nicht. Das Sterben wird noch lange weitergehen, auch wenn ich mich noch so sehr anstrenge und engagiere.

In der Zeitung lese ich, durch die Veröffentlichung von Geheimdokumenten sei folgendes bekannt geworden: Wir sind in den vergangenen beiden Jahrzehnten über ein Dutzendmal ganz knapp um einen Atomkrieg herumgekommen, ohne daß die Bevölkerung davon wußte. Die kritischen Situationen sind entstanden durch technische und menschliche Pannen bei den Kontrollorganen. Derlei kritische Situationen, so lese ich weiter, seien auch weiterhin nicht auszuschließen, da die Reaktionszeiten auf einen möglichen feindlichen Raketenangriff so kurz seien, daß die Verantwortlichen nicht mehr zu einer sorgfältigen Überprüfung der Informationsgrundlagen imstande seien. Aus einer übereilten Reaktion kann blitzschnell ein Krieg entstehen, den niemand wollte. Solches zu wissen, das macht mir Angst. Über unserer Existenz schweben ständig solche Bedrohungen, an denen wir so gut wie nichts ändern können, zumindest nicht auf kurze Sicht. Neben den erwähnten politischen und ökologischen Gefährdungen gibt es zum Beispiel noch das Risiko, unheilbar krank zu werden oder das Problem, im Zuge der wirtschaftlichen Umbrüche den Arbeitsplatz zu verlieren. Das sind sehr reale Verhängnisse, vor denen wir uns schwer schützen können.

Was geschieht mit diesen Bedrohungen, wenn wir dem Alltag entfliehen und in die Berge gehen? Da werden wir die geschilderten Gefährdungen natürlich keineswegs los. Im Gegenteil, es kommen zahlreiche neue Bedrohungen hinzu. Wir müssen uns vor Steinschlag und Lawinen vorsehen. Ein Wetterumschlag kann uns in Bedrängnis bringen. Im Gletscher lauert

die Spaltengefahr und beim Klettern haben wir das Risiko, zu stürzen. Diese Bedrohungen des Bergsteigerdaseins sind ernst, todernst und dennoch – im Vergleich zu den zuvor geschilderten Daseinsgefährdungen sind sie eine wahre Erholung. Wie komme ich zu dieser Behauptung?
Den Bedrohungen der Berge gegenüber bin ich nicht ohnmächtig. Im Gegenteil, hier kann ich mich weitgehend schützen durch die eigene Fähigkeit und die eigene Kraft. Hier erlebe ich mich die meiste Zeit über als der Herr der Dinge. Zwar habe ich am Berg auch immer wieder einmal Angst, doch gegen die Ursachen dieser Angst kann ich aus eigenem Vermögen fast immer etwas tun. Am Berg kann ich regelrecht spielen mit dem Maß der Bedrohung und der Angst. Ich habe freie Wahl bei der Schwierigkeit meiner Touren und ich habe – Erfahrung vorausgesetzt – immer auch die Möglichkeit des Rückzugs, falls mir die Gefahr übermächtig zu werden droht. In diesem bewußten Ausprobieren und Ausmessen der Angsttoleranz liegt für mich ein großer Reiz der Bergsteigerei. Auf diese Weise, wenn man sie selber handhaben kann, werden Gefahr und Angst etwas sehr Schönes. Man kann geradezu süchtig werden nach diesem souverän-gestaltenden Umgang mit der Bedrohung und der Angst. Die Berge sind ein Reich der gestaltbaren Gefahren und Ängste und ich glaube, wir holen uns dort so etwas wie Entlastung vom permanenten Druck der unbeeinflußbaren Bedrohungen unserer Existenz. Vielleicht machen uns die Erfolgserlebnisse, die wir am Berg im Umgang mit Gefahr und Angst einheimsen, gelassener und stärker im Hinblick auf die schwer zu beeinflussenden Bedrohungen des Lebens. Sicherlich setzen wir durch unsere bergsteigerischen Angsterfolge auch ein Gegengewicht gegen seelisch bedingte, ganz persönliche Ängste, die unterschwellig in uns wirksam sind.
Den Aussagen der Verhaltensbiologen zufolge wohnt in uns Menschen ein Elementarbedürfnis nach der gelegentlichen Aktivierung von Angstgefühlen. Diesem Naturbedürfnis kommen die konkreten und klar umgrenzten Angstmomente des Bergsteigens in idealer Weise entgegen, nicht aber die diffusen und globalen Daseinsbedrohungen, die ich anfangs erwähnt hatte. Gemessen an unserer genetischen Angstveranlagung sind die letzteren Angstquellen unnatürlich. Sie führen zu einem belastenden inneren Dauerdruck, während die faßbaren und meisterbaren Ängste, die uns im Gebirge begegnen, belebend wirken. Es besteht demzufolge auch so etwas wie ein biologisches Argument für die Angsterfahrungen des Bergsteigens.

Die Angst des Extrembergsteigers*

Über den Almweiden der Kleinen Scheidegg im Berner Oberland erhebt sich in riesiger Höhe die berüchtigte Nordwand des Eiger. Einen normalen Sterblichen erfaßt das Grausen, wenn er diese Wand hinaufblickt und sich vorstellt, er müßte dort hinaufsteigen. Düstere schwarze Felsfluchten wechseln sich ab mit unheimlich jähen Eisfeldern. Ständig lösen sich Steinlawinen aus der Wand und krachen zur Tiefe. Dem Gipel zu sind die schweren Felsen meist mit Schnee und Eis überkrustet. Das Wetter kann am Eiger in kürzester Zeit umschlagen.

Nun gibt es Männer und Frauen, die machen sich ohne größere Angstgefühle an solche objektiv sehr gefahrvollen und schweren Wände wie die des Eiger heran. Sind diese Menschen einfach von Natur aus furchtlos oder kommt ihre Kühnheit dadurch zustande, daß sie vorhandene Angst wirksam blockieren? Es gibt einige Beobachtungen, die die letztere Annahme wahrscheinlich machen.

Einen sehr aussagestarken Hinweis auf die Existenz eines unterschwelligen Angstpotentials in der Psyche der Extremen bildet die Tatsache, daß diese Männer ab und zu ganz unvermittelt von schweren Angstgefühlen heimgesucht werden und zwar in Situationen, die aus den Augen des Normalmenschen wenig Furchterregendes an sich haben. Die Extrembergsteiger zeigen gewissermaßen deplazierte, »verschobene Angstanfälle«.

Einige Beispiele mögen diesen bemerkenswerten Sachverhalt untermalen: Der italienische Extrembergsteiger Andrea Oggioni verbrachte einmal mit einem Gefährten ein objektiv problemloses Biwak in einer Dolomitenwand. Als die Nacht hereinbrach, wurde Oggioni ohne erkennbaren Anlaß von einer bedrückenden, unbestimmten Angst erfaßt. Ihm wurde plötzlich alles unheimlich und erschreckend, wie einem verängstigten, alleingelassenen Kind: »Das Wetter ist schön. Unser Biwakplatz ist einigermaßen bequem. Morgen werden wir absteigen. Somit können die Schwierigkeiten der Wand meine Moral nicht mehr belasten; trotzdem habe ich Angst . . . Obschon alles taghell beleuchtet ist, habe ich den Eindruck, an einem düsteren Ort zu weilen, einem Ort der Gnomen und Hexen«.[19] Es ist schon merkwürdig: der unerschrockene Oggioni, verwegener Durchsteiger der wildesten Wände, wird in gefahrloser Situation von panischer Furcht vor eingebildeten Geistern und Hexen befallen.

*Ein Teil dieses Abschnitts ist in der Zeitschrift *Bergwelt,* Heft 10, 1983 erschienen.

Abb. 14: Die Nordwand des Eiger (links, im Schatten), wegen der vielen Todesopfer, die sie schon gefordert hat, auch »Mordwand« genannt.

Noch bemerkenswerter ist ein Erlebnis, das der große Walter Bonatti berichtet. Bonatti, bekannt als ein Mann von einem bisweilen geradezu vemessenen bergsteigerischen Selbstvertrauen, brach einmal bei idealen Verhältnissen zu einer Tour am Pilier d'Angle des Montblanc auf. Bonatti hatte diese Besteigung von langer Hand geplant und vorbereitet. Am Einstieg angelangt, wurde der sonst so kühne Alleingänger buchstäblich aus dem heitersten Himmel heraus von einer solchen heftigen, unbezwingbaren Angst erfaßt, daß ihm nichts anderes übrigblieb, als umzukehren.[20]
Hans Ertl, der unverwüstliche Bergvagabund, konnte durch irgendeinen unbedeutenden Umstand, den er als böses Omen wertete, vollkommen mutlos gemacht werden. Der Schrei einer Dohle oder ein Streifen Morgenrot am Himmel ließ diesem Draufgänger das starke Herz in die Hosen sinken.
Eugen Guido Lammer, zur Jahrhundertwende berühmt und verschrien wegen seiner alpinen Wagestücke, traf beim Klettern einmal auf eine Viper. In der ersten Schreckreaktion erschlug er das Tier; die Gefahr war damit beseitigt. Kurz darauf wurde Lammer von einer gräßlichen Horrorvision erfaßt und geschüttelt: Ihm war, als starrten ihn tausende feindseliger Vipernaugen an. Er bebte in unsäglichem Entsetzen. Der kühnste Alleingänger seiner Zeit wurde von einer Angsthalluzination buchstäblich zermalmt.[21]
Solche anfallartige und von der objektiven Situation her nur ungenügend begründete Angsterlebnisse bei ansonsten furchtlosen Personen bilden nach gesicherter tiefenpsychologischer Erkenntnis ein nahezu untrügliches Kennzeichen für das Vorhandensein sehr starker, verdrängter Ängste, deren Wurzeln in der frühen Kindheit liegen. Ich bin mir sicher: Mancher »unerschrockene« Extreme, und das trifft gewiß nicht bloß für Alpin-Extreme zu, hat unbewußt eine große Angst vor der Angst – vor der gewaltigen, verleugneten Angst in seinem Innern. Die auffällige Furchtlosigkeit vieler Extrembergsteiger in offenkundigen Gefahrensituationen wäre demnach als Ergebnis einer besonders wirksamen Anstrengung zur Angstverdrängung aufzufassen. Wo die äußeren Umstände Angst als normale Reaktion nahelegen, da geht in der Seele dieser Männer gewissermaßen ein Riegel zu, eine ganz massive Tür, die Angst vom Bewußtsein fernhält. Diese innere Angstsperre erlahmt jedoch ab und zu, und zwar bezeichnenderweise zumeist in friedlichen Situationen. Dann bricht sturzartig etwas durch von der ständig anstehenden inneren Angst, die da tief in der Seele einzementiert ist.
Die Art und Erscheinungsweise der eruptionsartig aufschießenden, irrationalen Angst läßt manchmal etwas von dem frühkindlichen Hintergrund

ihrer Entstehung durchschimmern. Sehen wir uns die oben aufgeführten Angstanfälle einmal unter diesem Aspekt an:
Andrea Oggioni halluzinierte in seinem Angstanfall das Vorhandensein von Gnomen und Hexen. Intensive Angst vor Geisterwesen und unsichtbaren Kräften tritt aber als häufige und normale entwicklungstypische Erscheinung im dritten und vierten Lebensjahr des Menschen auf. Für die Vorstellungswelt der Kinder in diesem Alter ist der feste Glaube an magische Geschehnisse kennzeichnend. Oft sind diese magischen Phantasien angstvoll gefärbt, etwa, wenn ein Kind im dunklen Zimmer den Wolf oder den Teufel »sieht«. In den Bereich irrationaler kindlicher Angstvorstellungen gehört auch ein übertriebenes Reagieren auf »böse Vorzeichen« irgendwelcher Art. Dieses Erbe früher Angstbereitschaft wird in Ertls auffälliger Abhängigkeit von irgendwelchen »Vorbedeutungen« sichtbar. Unrealistische Ängste vor bestimmten Tieren und vor der Rache getöteter Tiere sind ebenfalls typisch für das dritte und vierte Lebensjahr. Diese Tierphobie scheint in dem Erlebnis von Lammer auf.
Viele Extreme haben wohl schon in frühen Lebensjahren eine außerordentliche Fähigkeit entwickelt, den Affekt der Angst vom Bewußtsein auszuschließen, eine Fähigkeit, die vor allem im Verhalten angesichts objektiv gefährlicher Lagen sehr augenfällig in Erscheinung tritt und die sich dort auch besonders bewährt. Die vom normalen Fühlen ausgesperrte Angst rächt sich jedoch bisweilen, indem sie zur Unzeit durchbricht, nämlich exakt dann, wenn die inneren Wächter nicht auf Posten sind, weil kein äußerer Angstanlaß besteht, oder weil der Angstanlaß zu überraschend eintritt. Dann stellt sich unvermittelt ein Angsterlebnis ein, das peinlich und sinnlos erscheint, weil kein begründeter Anlaß vorhanden ist.
Typisch ist, daß Extreme am häufigsten und am heftigsten im Schlaf von Angst heimgesucht werden, in Form von Angst- und Alpträumen. Das ist leicht verständlich, sind doch im Schlaf die Verdrängungsmechanismen des Ich teilweise außer Kraft gesetzt. Einige Beispiele:

> *Verwirrte Träume begleiten die letzte unruhige Nacht in diesem Lager. Schneemassen wälzen sich mir entgegen, immer neue; ich trete, trete und kann doch nicht entweichen. (Günter Hauser)*[22]

> *Oft noch stürzte ich in der folgenden Nacht träumend über endlose Wände. (Eugen Guido Lammer)*[23]
>
> *Ich rannte um mein Leben. Keuchend sprang ich über Eisblöcke und Spalten. Ich versuchte der ungeheuren Sturzwelle zu entrinnen, die hinter mir her krachte. Sie kam näher und näher, es gab kein Ausweichen. Plötzlich öffnete eine Spalte den gierigen Rachen. Ich war verloren. (Edmund Hillary)*[24]

Ich sah mich verstiegen an unzugänglichen Felsen, aus denen es keine Rückkehr gab. Der Schneesturm fauchte heran. Mein Fuß glitt aus den vereisten Tritten. Ich verlor den Halt. Das Grauen drückte mir die Kehle zu und erstickte den letzten Schrei. Und dann fiel ich, fiel endlos lang, ins Bodenlose. Ewigkeiten dauerte der Flug und lähmender Schreck, unsagbare Hilflosigkeit, der Alpdruck aller Bergsteigernerven, trieben mir kalten Schweiß auf die Stirn. (Paul Hübel)[25]

Seit einiger Zeit halten wir uns nun schon im Basislager auf, doch alles erscheint uns noch unwirklich . . . Erst nach einigen Tagen können wir wieder einigermaßen schlafen. Nachts beobachte ich, wie Bruno sich in Alpträumen windet, und auch er sagt von mir dasselbe. (G. Giongo)[26]

Diese Alpträume erfolgten im Anschluß an gefahrvolle Unternehmungen. Während der riskanten Aktionen selbst hatten die Autoren wenig bewußte Angst erlebt. Die Tatsache, daß im Traum danach ganz dramatische Ängste ausbrachen, beweist, daß nicht wirkliche Furchtlosigkeit vorlag, sondern massive Angstverdrängung am Werke war. Daraus ist zu schließen: Die Extremen haben oft viel mehr Angst, als sie bewußt registrieren. Unbewußte Mechanismen halten die Angst vom Bewußtsein fern. Die Neigung zum Abwehren von Angst ist vermutlich schon sehr früh, unter dem Eindruck allzu angsterregender Umstände in den Kinderjahren, erworben und eingeschliffen worden.
Die offenliegenden Hauptthemen der oben wiedergegebenen (und übrigens ganz zufällig zusammengestellten) Alpträume heißen: Fallen und Hilflossein. Zwischen den Zeilen kommt noch ein drittes Angstthema zum Ausdruck: Alleinsein, Verlassenheit. Es steht zu vermuten, daß die großen, unbewußten Ängste der Extremen mit den besagten Traumthemata in engem Zusammenhang stehen. Diesen Gedanken werde ich an späterem Ort, in meinen Ausführungen über die seeliche Bedeutung des Risikos, nochmals aufgreifen und ausführlich erörtern.
Nicht alle Extrembergsteiger sind solche ausgesprochenen »Angstverdränger«, wie sie soeben geschildert worden sind. Wir registrieren im Hinblick auf die Wahrnehmung von Angstempfindungen unter den Extrembergsteigern zwei schroff voneinander verschiedene Reaktionsmuster. Da sind auf der einen Seite die (scheinbar) vollkommen Angstfreien, von denen oben die Rede war; dann aber begegnen wir immer wieder auch Extremkletterern mit einer sehr sensiblen Angstreaktion. Für diese »Sensiblen« stehen Männer wie Lionel Terray, Reinhard Karl und – mit Einschränkung – Reinhold Messner. Die »Sensiblen« werden auf ihren Fahrten beständig begleitet von der Angst. Ihre großen Unternehmungen sind für sie immer auch schwere Kämpfe gegen die Angst.

Man könnte meinen, die »Furchtlosen« einerseits und die »Sensiblen« andererseits hätten eine vollkommen unterschiedliche Beziehung zur Angst. Dem ist jedoch nicht so. Hinter der äußeren Gegensätzlichkeit verbergen sich starke Gemeinsamkeiten: Bei beiden Klarterertypen spielt das Thema »Angst« eine schmerzhaft große Rolle im Lebensverlauf. Beide haben oftmals frühzeitig lernen müssen, mit schweren, mit allzu schweren Ängsten irgendwie zu leben und zurechtzukommen. Dieses Zurechtkommen sah dann bei den einen, den späteren »Furchtlosen«, so aus, daß sie Angst wirksam verdrängten, während die »Sensiblen« vollbewußt mit der Angst umgingen. Das gefahrenhaltige und schwere Klettern ist für beide Personengruppen ein Ringen mit den Nachwirkungen eines Leidens an der Angst. Das möchte ich im zweiten Teil dieses Buches genauer nachweisen. Der Vollständigkeit halber sei noch erwähnt, daß es tatsächlich auch Menschen gibt, die wirklich kaum Angst empfinden, weder bewußt noch unbewußt. Ihnen fehlt gewissermaßen von vornherein ein Teil der Gefühlsskala. Bestimmt finden sich auch unter Extremen aller Sportarten ab und zu solche echte Furchtfreie. Nach meiner Erkenntnis ist dies jedoch sehr selten der Fall, viel seltener jedenfalls, als man gewöhnlich meint. (Zum Glück, so möchte ich hinzufügen, denn hier handelt es sich um einen gravierenden seelischen Defekt, um eine Erscheinung der Psychopathologie.)[27]

Bergsteigercharaktere

Eine kleine Typologie

Bergsteiger sind kein einheitlicher Menschenschlag. Unter denen, die die Berge oder den Bergsport lieben, gibt es die verschiedenartigsten Persönlichkeiten. Genauso verschieden wie die Menschen, die in die Berge gehen, sind auch die individuellen Motive der Bergbegeisterung. Es wäre aus diesen Gründen wenig sinnvoll, eine systematische Charakterologie des Bergsteigers konstruieren zu wollen.
Die kleine Typologie, die ich nachfolgend präsentieren will, erhebt keinerlei Anspruch auf Vollständigkeit. Ich beschreibe darin einige Bergsteigerfiguren, die in ihrer Art besonders eindeutig und herausstechend sind.
Die Charakterskizzen heben sich insofern von den übrigen Kapiteln meines Buches ab, als ich ihnen die Form von anekdotischen Lesestücken gegeben habe. Meine »Charaktere« möchten ein auflockerndes Zwischenspiel sein in der Abfolge der nicht immer ganz leicht zu lesenden übrigen Ausführungen. Der Leser sollte aber wissen, daß die Typologie trotz aller Leichtigkeit der äußeren Form eines der intensivsten Kapitel dieses Buches darstellt. Vieles, was an anderen Stellen meines Buches in einer nüchternen und »ernsthaften« Sprache abgehandelt wird, das findet in den Charakterstudien einen brennpunktartigen Ausdruck. Dies gilt vor allem für die Typen des Leistungsfetischisten und des Extrembergsteigers.

Der Technokrat

Mein Freund Peppi ist ein vollkommen wetterunabhängiger Alpinist. Fällt einmal eine Tour wegen schlechter Witterung aus, dann ficht das den Peppi nicht im geringsten an. Er verlegt seine Bergbegeisterung einfach ins heimische Wohnzimmer. Dort baut er dann zwischen Tür und Fensterkreuz mit

Hingabe komplizierte Rettungsflaschenzüge. Oder er poliert seine Schlosserei, in der die ausgefallensten Stifte vertreten sind. Zur Zeit bastelt er an einem Mini-Notstromaggregat für seine Stirnlampe, das automatisch in Funktion tritt, wenn einmal die Batterie ausfallen sollte. Das köstlichste geistige Labsal sind für Peppi die Kataloge der Bergausrüster und die Untersuchungsberichte der alpinen Materialprüfungskommissionen. So weiß Peppi bis aufs Gramm genau die Bruchlast aller Seilfabrikate anzugeben, er kennt die chemische Zusammensetzung der Steigeisenlegierungen und er ist exakt darüber informiert, wieviel rote Blutkörperchen der Mensch auf dem Montblanc pro Minute produziert.

Peppi beherrscht so manches alpintechnische Kunststück. Unter den Bergsteigern, die mir begegnet sind, ist er der einzige, der es fertigbringt, im Dunkeln einhändig den vierfach quergeschlungenen Achterknoten zu knüpfen. Und das in sechs Sekunden.

Peppi macht mit Feuereifer alle Lehrgänge mit, die ihm irgendwie zugänglich sind. Vergangenes Jahr war er siebenundzwanzig Tage auf Ausbildung. Zum Bergsteigen blieb ihm gar keine Zeit mehr. Aber das hat er nicht vermißt.

Auch auf einfachen Fußwanderungen hat Peppi immer einen Riesenrucksack dabei. Da ist lauter absolut notwendige Ausrüstung drin. Zum Beispiel ein Mini-Zelt, ein Kurzwellensender mit Solarbatterie, ein Spezialeispickel, den man auch als Regenschirm, als Angel oder als Schaufel verwenden kann, außerdem Notproviant für vier Tage, natürlich auch immer ein Seil samt Haken, Klemmkeilen, Rurps' und Firnankern (kann man doch nie wissen, ob der Weg einmal abgerutscht ist oder vereiste Stellen vorkommen).

Touren mit Peppi zusammen sind außerordentlich lehrreich. Auf Schritt und Tritt erfährt man, wie leichtsinnig man ist, wie rückständig und wie miserabel ausgerüstet. Man kommt schließlich zu der Einsicht, daß es ein unwahrscheinlicher Glücksfall ist, daß man noch unter den Lebenden weilt.

Peppi ist stolz darauf, daß auf den von ihm ausgeschriebenen Führungstouren noch nie das Kleinste passiert ist. Es kann da aber auch gar nichts passieren. Die Touren finden nämlich niemals statt. Da ist immer ein Umstand, der zu ernsthaftesten Bedenken Anlaß gibt: Das Azorenhoch ist noch nicht hundertprozentig aufgebaut, die Wege sind feucht vom tags zuvor gefallenen Regen, der letzte Schnee ist noch nicht ganz abgetaut . . .

An einer Wochenendklettertour hat Peppi vierzehn Tage lang den intensivsten Genuß. Zehn Tage lang studiert er jeden erreichbaren Kletterführer,

jeden verfügbaren Bildband. Dementsprechend exakt vermag er seine Kletterausrüstung zu planen: Für jenen Quergang einen 12-Zentimeter V-Profil-Haken, für den Riß einen Klemmkeil (Hexentric) 22 mm, für das Abseilköpfl eine Bandschlinge, 37 cm Durchmesser, und so fort. Der Nahrungsmittelbedarf wird präzise ermittelt (natürlich in Joule) und optimal aufgeteilt in Kohlehydrate, Eiweiß und Fette. Als Getränk kommt nur Elektrolyt in Frage, doppelt mineralisiert. Für diese Materialvorbereitungen setzt Peppi zwei Tage an. Einen Tag benötigt er für die Erstellung einer präzisen Anstiegsskizze. Man könnte ja in den totalen Nebel kommen! Wegdistanzen werden auf den Meter exakt berechnet, Marschzahlen ermittelt, Neigungswinkel errechnet, Anstiegsminuten addiert und Höhenprofile maßstabsgerecht angefertigt.
Über diesen theoretischen Vorbereitungen vergißt Peppi keineswegs das körperliche Training. Täglich absolviert er einen Waldlauf, wobei er eine Bleiweste trägt, deren Gewicht genau dem vorausberechneten Rucksackgewicht entspricht. Natürlich läuft er in Bergschuhen. Abends und morgens macht er Muskelübungen, in denen er die Bewegungen simuliert, die an den Schlüsselstellen der jeweiligen Tour zu vollziehen sind.
Der Tag der Tour ist schließlich da. Es gießt in Strömen. Peppi ist heiter: Kann er sich doch nunmehr an jenem Bericht über die Transpirationseigenschaften von Bergsocken erfreuen, der ihm gestern in die Hände gekommen ist.

Der Leistungsfetischist

Helmut ist eine stramme Erscheinung: Sehnig, immer braungebrannt und mit muskelstrotzenden Waden. Ja diese Waden! Denen sieht man es an, daß sie ein strategisches Körperteil ihres Besitzers darstellen.
Der Helmut ist ein leidenschaftlicher Sammler. Ein Gipfelsammler. Seine Bergfahrten plant Helmut immer so, daß pro Tour möglichst viele Gipfel mitgenommen werden können. Ohne Zugabe tut er es nicht. Eines Tages berichtete mir Helmut ganz euphorisch: »Du, ich habe am Wochenende die Tour meines Lebens gemacht! Denk dir, in eineinhalb Tagen fünf Viertausender!« »Wie hast du denn das gemacht?« Ich vernahm nun, daß Helmut den Monte-Rosa-Stock überschritten hatte. Dabei werden tatsächlich fünf benannte Punkte über der Viertausendergrenze berührt. Einfach sagenhaft.
Für jede längere Bergfahrt setzt sich Helmut vorweg ein Mindestgipfelsoll. Das wenigste sind zehn Gipfel in sechs Tagen. Dieser Sollwert ist aber

eigentlich nur dazu da, um möglichst hoch überschritten zu werden. Nur im Übersoll liegt für Helmut das Glück.
Ich habe mit Helmut bislang nur eine einzige Tour unternommen. Um es richtig zu sagen: Es war nur der Anfang einer Tour. Vom Parkplatz weg zischte Helmut im Sturmschritt los, ich wollte mich nicht blamieren und hielt mit. Als ich einmal ein Foto machte, war er mir im Nu zweihundert Meter voraus, meine Bitte um einen kurzen Halt hatte er geflissentlich überhört. Und als ich dann etwas später wegen eines menschlichen Bedürfnisses das Rennen abermals kurz unterbrach, da war Helmut verschwunden. Ich traf ihn erst abends zuhause wieder. Er entschuldigte sich, er sei heute so prächtig in Form gewesen. Er habe auch tatsächlich den sektionsinternen Rekord für jenen Gipfel um volle elf Minuten unterboten. Dies wäre natürlich mit Fotografieren, Landschaftbetrachten, Vespern und Zeitversäumnis wegen menschlicher Bedürfnisse niemals möglich gewesen. Ich sah es ein und gratulierte zum Erfolg. Das Dumme an der ganzen Geschichte ist nur, daß Helmut seitdem in der Sektion verbreitet, ich sei ein hoffnungsloser Lahmian. »Stellt euch vor, der kam erst auf dem Gipfel an, als ich schon längst wieder auf der Heimfahrt war!« Daß es mir einfach Spaß macht, mich zwischendurch umzusehen und gemütlich Brotzeit zu machen, glaubt mir der Helmut nicht. Er hält das für die faule Ausrede eines Schwächlings. Im Stillen denkt er sich: Der kann halt nicht schneller! und er ist stolz darauf, daß er diese Herumsteherei und Herumsitzerei unterwegs nicht nötig hat.
Die Berge sind für Helmut vor allem dazu da, um offizielle Gehzeiten zu unterbieten. Er wandert immerfort mit Blick auf die Uhr. Eines seiner liebsten Spiele in den lichten Höhen heißt: Um wieviel war ich heute schneller als die offizielle Zeit?
Helmut ist ein sehr wählerischer Alpinist. Er besteigt keineswegs jeden Berg. Ein Gipfel muß schon einen bekannten Namen haben, damit ihm Helmut die Ehre antut. Der Helmut legt nämlich großen Wert darauf, daß auch andere seine Spitzenleistungen zu würdigen wissen und dazu eignen sich eben nur bekannte (und möglichst hohe) Bergziele. Eigentlich ist es verwunderlich, daß der Helmut so sehr auf bergsteigerische Selbstbestätigung aus ist. Er hat es beruflich weit gebracht, hat eine fesche Frau und ist Besitzer eines schönes Hauses. Irgendwie muß er in allem, was er tut, vorne dran sein.
Wenn Helmut von seinen Touren erzählt, dann hört man fast nur Zahlen. Etwa so: »Sind im Wallis gewesen. In sechseinhalb Tagen drei Viertausender und sieben Dreieinhalbtausender gemacht. Insgesamt fünfzehntau-

sendzweihunderteinunddreißig Höhenmeter geschafft. Am Weißhorn haben wir eine Superzeit von drei Stunden und siebzehn Minuten hingelegt. Die Gruppe mit Schorsch letztes Jahr hat eine Stunde mehr gebraucht. Das wird denen stinken!«

Helmut betrachtet alle anderen Menschen im Gebirg als Konkurrenten, seine Kameraden eingeschlossen. Jedem, der mit ihm geht, muß er es »zeigen«. Helmuts größte alpine Lustbarkeit ist das Überholen. Sobald er am Berg irgendwen vor sich sieht, schießt er ab wie eine Rakete. Nach einer Tour präsentiert er die Zahl der jeweils »Kassierten« wie ein siegreicher Sioux die Skalps seiner Feinde nach ergiebiger Schlacht.

Ich möchte den Helmut nicht erleben, wenn der einmal vor dem Gipfel umkehren muß. Bisher ist er jedenfalls noch niemals umgekehrt. Gewitter, Schneestrum und verstauchte Knöchel halten ihn nicht ab. Das sind für ihn Kleinigkeiten gegenüber dem Frust, nicht oben gewesen zu sein.

So eilig es Helmut unterwegs stets hat, *ein* Foto macht er immer. Das Gipfelfoto. Als Beweisdokument. Für alle Fälle.

Seit ein paar Tagen ist der Helmut unglaublich grantig. Was ist passiert? Bei der Tour am letzten Sonntag hat sein Ältester den Gipfel fünf Schritte vor ihm erreicht. Das erste Mal . . .

Der Extreme

Hugo ist ein wortkarger und in sich gewandter Mensch. Es ist schwer, mit ihm warm zu werden. Das einzige Thema, über das Hugo von sich aus mehr als drei Sätze verliert, das sind die Berge. Die Berge sind Hugos Lebensthema, die Achse seiner Existenz.

Von Beruf ist Hugo Lehrer, Fachlehrer für Werken und Sport. Er mag seinen Beruf nicht. Schon als er zu studieren anfing war es ihm bewußt, daß ihm das Lehrersein nicht liegen würde. Trotzdem hat er diesen Beruf gewählt, weil er drei Monate Urlaub gewährt: Drei Monate für die Berge!

Der Hugo hat schon zwei schwere Abstürze hinter sich, eigentlich kein Wunder bei den mehr als tausend Bergfahrten, die er in zehn Jahren zusammengebracht hat. Das letzte Mal lag er ein halbes Jahr mit schweren Brüchen im Krankenhaus. Die lange Zeit im Bett hat sich der Hugo damit verkürzt, daß er eine große Andenfahrt ausheckte, mit diversen schwierigen Neubegehungen. Noch auf dem Krankenlager begann er mit dem Krafttraining. Sechs Wochen nach seiner Entlassung turnte er trotz grimmiger Schmerzen über die Eisgrate der Cordillera Blanca.

Seit vier Jahren trägt der Hugo einen ätzenden Gram in der Seele. Nein, keine Frauengeschichte. Es ist wegen der Matterhornnordwand. Genauer: Wegen der letzten sechzig Meter der Matterhornnordwand. Die hat der Hugo nämlich seinerzeit wegen eines verheerenden Wettersturzes nicht mehr hinter sich gebracht. Er mußte zum Hörnligrat hinüberqueren und schleunigst hinab. Es war eine Winterbegehung, im Sommer ist ja die Matterhornwand heute eine Allerweltstour. Der Hugo ist seitdem Winter für Winter auf dem Sprung, um die Wand noch einmal und diesmal vollständig zu packen. Die Verhältnisse waren jedoch immer schlecht. Inzwischen geht es dem Hugo ans seelische Mark, daß er, der erprobte Sechsermann, noch nicht sagen kann: »Ich habe die Matterhornnordwand gemacht, natürlich im Winter.« Ohne die letzten Meter gilt es halt nicht. Und wenn nur der letzte Schritt zum Gipfel gefehlt hätte, es hätte nicht richtig gegolten.
Der Hugo verdient ganz gut. Das sieht man ihm aber nicht an. Er kommt immer etwas schäbig daher. Er hat auch nur eine ganz winzige Wohnung und er fährt immer noch den zerkratzten VW aus seiner Studentenzeit. Der Hugo kann sich tatsächlich fast nichts leisten – außer seiner Bergsteigerei. Die verschlingt nämlich ein Heidengeld. Für einen Alpin-Topmann wie Hugo ist das Bergsteigen heute eine unheimlich kostspielige Sache. Yosemite, die Anden, Patagonien, Kilimandscharo, Pakistan, nein, da kommt keiner, dem sein bergsteigerischer Ruf etwas bedeutet, drum herum. Und dem Hugo bedeutet sein bergsteigerisches Renommée bei aller sonstigen Bescheidenheit sehr viel. Wenn ihn im Beruf die Kollegen überflügeln, macht ihm das wenig aus. Aber als Bergsteiger, da will er unbedingt ganz vorne sein, ein Elitemann.
Hugo steht bestimmt hundertmal im Jahr auf einem bedeutenderen Gipfel. Das reicht ihm aber nicht. Wenn er nach mehrwöchiger Bergfahrt in der Nacht des letzten Urlaubstages heimbraust, dann denkt er schon wieder ans kommende Wochenende und was er da unternehmen will.
Auch wochentags sind die Berge in Hugos Dasein allgegenwärtig. Am Morgen: spezielles Muskeltraining. Mittags: ein Zehnkilometerlauf bei jedem Wetter. Abends: abermals Fitneßtraining, zur Entspannung dann: Führer- und Kartenstudium. Jede zweite Nacht verbringt Hugo im Schlafsack auf der Steinterasse vor dem Haus, auch im Winter. Vor schweren Touren nächtigt er mehrmals biwakmäßig in den Ästen des Tannenbaums im Garten. Hugos Speiseplan ist karg und ganz auf die Erhaltung seiner Leistungsfähigkeit ausgerichtet. Alkohol lehnt er ab. Manchmal stelle ich mir Hugo in einem Mönchsgewand vor. Er würde gut hineinpassen, der unbeirrbare Asket. Ein ganz strenger Orden müßte es aber sein, der dem

Hugo das Allerletzte abverlangt und noch etwas mehr. So einen strengen Orden gibts vielleicht gar nicht. Der Hugo ist schon sehr einschichtig, bergeinschichtig. Doch irgendwie bewundere und beneide ich ihn auch wegen der immensen Energie und Zielstrebigkeit, die er in dieser Einschichtigkeit an den Tag legt.
Eine Zeitlang hatte Hugo eine Freundin, ein gestandenes Bergsteigermädel selbstverständlich. Die Leni war wirklich eine gute und begeisterte Bergsteigerin, aber auf Hugos A-3-Touren konnte sie einfach nicht mithalten. Weil aber der Hugo ausschließlich ganz schwere Touren macht, mußte die Leni am Wochenende immer alleine daheimbleiben. Das gefiel ihr auf die Dauer nicht und sie sagte dem Hugo ade. Der Hugo hat das damals wirklich schwergenommen. Aber beim Bergsteigen zurückstecken? Im Leben nie!
Die Berge gehen beim Hugo einfach über alles. Über Liebschaften und auch über Kameradschaften. Wenn ein Kamerad ihm bei seinen oft sehr ehrgeizigen Plänen nicht mehr folgen kann oder mag, dann sucht sich der Hugo einen neuen Partner oder er geht allein.
Hugo ist nicht der urige Naturbursche, als der er bei flüchtigem Hinsehen erscheint. Es ist eine eigenartige, versteckte Nervosität in ihm. Seine Bewegungen sind oft etwas hastig. Er kann schlecht längere Zeit stillsitzen. In seiner Sprechweise ist etwas Gepreßtes, Gehetztes. Am Berg jedoch ist Hugo die Gelassenheit in Person. Da ist er ganz anders. Mit großer Sicherheit und Eleganz bewegt er sich die Wände hinauf. Am Berg, das spürt man, ist er mit sich und der Welt ganz und gar eins.

Der gute Kumpel

Wo bleibt denn der Edi? Was ist mit dem Edi los? Warum ist der Edi nicht da? Jeder, der zum Sektionsstammtisch kommt, fragt nach dem Verbleib von Eduard, genannt Edi. Wer ist Eduard? Bei dem Träger dieses Namens handelt es sich um eine gänzlich unauffällige Person mittleren Alters. Eduard hat nur die eine nicht alltägliche Eigenschaft: Er ist immer da, bei jedem Treffen, bei jeder Tour. Mit Edis Anwesenheit kann man rechnen wie mit einem Naturgesetz. Darum die allgemeine Verwunderung, wenn er einmal fehlt. Das ist beinahe so, als wäre die Eckbank am Stammtisch plötzlich weg.
Edi ist ein angenehmer und friedlicher Kumpan. Die meiste Zeit ist er einfach still-freundlich dabei. Ab und zu überrascht er durch eine unver-

mutete Schlagfertigkeit. Wenn er grade seine aufgeweckte Stunde hat, erzählt er hochkarätige Witze, lauter absolute Volltreffer. Er weiß immer neue, weil er ständig unter Leuten ist.
Mit Edi gibt es unterwegs nie Schwierigkeiten. Er funktioniert wie ein gut gepflegter Traktor. Meist marschiert er irgendwo im vorderen Drittel. Nie an der Spitze, aber auch nie ganz hinten. Edi macht auch bei den Kletterfahrten mit, die zum Programm gehören. Dabei hat er zum Klettern keinerlei Neigung und auch kein Talent. Doch er möchte halt mit seinen Spezln zusammensein, und wenn er sich dafür schinden muß bis zum Herzinfarkt.
Edi drängt sich nie vor, auf Tour nicht und auch nicht, wenn es Aufgaben zu übernehmen gilt. Edi hat die beneidenswerte Begabung, bei der Vergabe von Pflichten immer am besten wegzukommen. Wenn man ihn indes direkt um etwas bittet, so ist er stets gefällig. Edi erfreut sich rundum großer Beliebtheit, ohne daß er dafür einen Finger krumm machen muß.
Niemals würde es Edi in den Sinn kommen, alleine ins Gebirge zu gehen. Er hat mich neulich ganz konsterniert angeschaut, als ich ihm erzählte, ich sei übers Wochenende allein im Gebirge gewesen. »Was, ganz alleine!« sagte er nur und sah mich dabei an, als wäre mit mir etwas Grundlegendes nicht in Ordnung. Damit Edi sich auf einer Tour wohlfühlt, müssen es wenigstens vier Mann sein. Sonst bleibt er lieber zu Hause.
Edi gerät unterwegs schnell ins Schwitzen. Schon nach der ersten Viertelstunde läuft ihm der Schweiß in wahren Rinnsalen die Stirn und den Nakken hinab. Er setzt sich jedoch nie einen Sonnenhut auf, auch eine kurze Hose zieht er nicht an. Das kommt für ihn überhaupt nicht in Frage. Seine Kameraden tun es ja auch nicht!
Übrigens, in diesem Sommer wird Edi keinen Berg besteigen. Seine Kameraden haben sich nämlich in der Mehrzahl aufs Kajakfahren verlegt. Ganz klar, daß Edi sich auch ein Kajak anschafft. Im Augenblick absolviert er einen Wildwasserkurs, damit er in drei Wochen auf dem Verdon mit dabei sein kann. Unauffällig im vorderen Drittel, so wie immer.

Der Führer

Von Theo kann man ohne Übertreibung sagen: Er ist der personifizierte Lebensgeist seiner Ortsgruppe. Theo hat, wenn man von seiner Tourenführertätigkeit einmal absieht, keine offizielle Funktion in der Vereinshierarchie. Dennoch ist er der Motor, der alles in Gang hält. Wo immer in der Ortsgruppe etwas geschieht, laufen die Fäden über Theo. Theo ist allgegenwärtig, im übertragenen wie auch im wörtlichen Sinn. Wann immer ein paar Leute aus dem engeren Kreis der Ortsgruppe zusammenkommen, ist Theo mit zugegen. Er weiß einfach alles, was im Verein so läuft, fast so wie der Große Bruder in George Orwells bekanntem Roman.

Theo weiß nicht nur am besten Bescheid, er tut auch am meisten. Er entwirft das Tourenprogramm und leitet selbst einen Großteil der Ausfahrten. Er besucht laufend Fortbildungen und führt selbst Kurse durch. Er ist sich für keine Arbeit zu gut. Wenn auf dem jährlichen Sektionsfest hinterher niemand zusammenkehren will, dann tut's der Theo. Wenn der Bücherwart krank ist, wer springt dann ein? Natürlich der Theo.

Unterwegs im Gebirge ist man bei Theo in den allerbesten Händen. Da weiß man: Wenn etwas passiert, der tut alles für mich. So hat der Theo, wie weiland der heilige Christophorus, kürzlich einen verunglückten Tourenteilnehmer auf seinem Rücken den halben Weg von der Wildspitze herabgetragen. Er ist auch schon einmal eine ganze Nacht bei einem Verletzten in einer Gletscherspalte gesessen bis anderen Tags die Rettungsmannschaft kam.

Manchmal, wenn er recht viel am Hals hat, brummelt der Theo: »Ich bin doch der Dackel für jeden!« So ganz ernst ist das freilich nicht gemeint. Denn Theo weiß sehr gut, daß er gerade wegen seines Engagements der ungekrönte Herrscher der Ortsgruppe ist. Er ist der fleißigste Diener und Arbeiter des Vereins und deswegen die Hauptfigur, der mächtigste Mann. Er betrachtet dementsprechend die Ortsgruppe als »seinen« Betrieb und einen Großteil der Mitglieder kann man füglich als Theos Gemeinde, um nicht zu sagen: Untertanenschar, titulieren.

Aus seinem aufopfernden Engagement leitet Theo einen Anspruch auf absoluten Gehorsam ab. Widerspruch verträgt er außerordentlich schlecht, etwa nach der Devise: Ich tu am meisten für euch, also seid ihr dafür wenigstens still! Solche Erfindungen wie Demokratie und Gruppenentscheidung hält der Theo im Bergsteigerbereich für einen totalen Schmarren (was er allerdings nur im engsten Kameradenkreis laut ausspricht). Wozu gibt es denn – so Theos Ansicht – Experten wie ihn, die einfach einen besseren Durchblick haben als die anderen? Und überhaupt im Gebirge, da kann es doch nur einen einzigen Willen geben! Selbstverständlich ist dieser Einheitswille Theos Wille, wenn er mit von der Partie ist. Wer das nicht begreift, bekommt den Laufpaß.

Auch wenn er an der Führungstour eines anderen teilnimmt, gibt Theo alsbald den Ton an. Er kann einfach nicht anders.

Ein Wörtlein darf man in Theos Gegenwart nicht aussprechen. Das Wört-

lein ist ein Name und heißt »Sepp«. Wenn Theo diesen Namen hört, wird er fuchsteufelswild. Wer ist Sepp? Das ist die vereinsinterne Konkurrenz von Theo. Auch einer, der sehr viel tut und eine Anhängerschar hat. Auch so ein Diener-Fürst wie Theo. Die beiden sind einander spinnefeind. Glücklicherweise meiden sie einander wie die Pest, sonst könnte es sein, daß die Fetzen fliegen. Der Kampf wird indirekt ausgetragen: Wer hat bei seinen Führungstouren die meisten Leute? Wem gelingen die besten Gipfel? Wer setzt bei den Vorstandswahlen seine Leute durch?
Wo solche Führer wie Theo sind, da ist was los. Im guten und manchmal auch im problematischen Sinn.

Teil II:

Über die Extremformen der Bergleidenschaft

Zur Einführung

Ich erinnere mich an eine Fernsehsendung, in der ein französischer Extremkletterer vorgestellt wurde. Die Sendung begann mit einem Interview, in dem der junge Mann mehrmals und mit Nachdruck hervorhob, er sei ein Mensch wie jeder andere auch. Auf das Interview folgten Filmaufnahmen, die den jungen Mann in Aktion zeigten: Man sah ihn eine zweihundert Meter hohe, lotrechte Wand besteigen, die stellenweise überhängend war. Mit bizarrer Akrobatik arbeitete sich der Extreme an kleinsten Rauhigkeiten über die schwindelnde Vertikale hinauf. Oft waren die Füße höher oben als der Kopf. An einem Überhang baumelte er vollkommen frei über dem Abgrund, nur noch an den Fingerspitzen einer Hand hängend. Alles das vollzog sich ohne jede Sicherung. Danach sah man den Kletterer bei seinem mehrstündigen täglichen Spezialtrainig, wie er die ausgefallensten Bewegungen und Kraftübungen ausführte. Diese Bilder widersprachen allesamt in einer geradezu grotesken Weise der anfangs gemachten Beteuerung des Kletterers, er sei ein ganz gewöhnlicher Mensch. Nein, da war wirklich nichts Gewöhnliches mehr dran. Das war in jeder Hinsicht un-normal: Im Hinblick auf die Anstrengung, in Bezug auf die Akrobatik und in Bezug auf die Gefährlichkeit. Die Taten des jungen Mannes sprachen eine ganz andere Sprache als seine Worte. Das war kein Mensch wie jeder andere, sondern eben ein »Extremer«. Das Wörtlein »extrem« besagt ja, daß jemand sich weit von einer Norm, einer Mitte des Verhaltens entfernt und insofern unnormal ist. Man muß schon ganz spezielle Wesenseigenschaften besitzen, um jene immensen Strapazen, jene hohen Risiken und jenes daseinsbeherrschende Trainieren auf sich zu nehmen, wie es Extrembergsteiger tun – freiwillig und mit höchster Leidenschaft.
Manchmal ist das Auffällige von Extrembergsteigern nur auf den Bereich ihrer Bergleidenschaft begrenzt. Das ist indessen der seltenere Fall. Viel öfter sind Extremalpinisten in ihrer ganzen Lebensart und vom ganzen

Charakter her »besondere« Menschen. Sie verkörpern oft in einem ausgeprägten Maße das, was man gemeinhin einen »Individualisten« nennt. Man trifft unter Extrembergsteigern auffallend viele eigenwillige und auch eigensinnige Menschen. Sie leben sehr kompromißlos ihren persönlichen Lebensstil und machen sich nichts daraus, wenn sie in vielem querliegen zur gesellschaftlichen Norm. Ihre ganze Existenz wird durch ihre bergsteigerischen Pläne und Taten bestimmt. Dagegen zählt ihnen alles andere wenig.

Ich habe soeben einige häufig zu beobachtende Gemeinsamkeiten im Charakter und Verhalten von Extrembergsteigern angesprochen. Natürlich gibt es auch vielzählige Unterschiede. Man kann bei genauer Betrachtung unter Extremalpinisten verschiedene Charaktertypen feststellen. Da gibt es zum Beispiel den Typus des fidelen Burschen, der Heiterkeit und Lebenslust um sich verbreitet und alle die schönen Dinge des Lebens mit vollen Zügen genießt. Hans Ertl, Kurt Diemberger oder Luis Trenker verkörpern diesen Typus. Diese fröhlichen und sinnenfrohen Burschen haben die öffentliche Vorstellung von einem Bergsteiger nachhaltig geprägt; sie stellen indes eine Minderheit unter den Extremalpinisten dar. Die weitaus meisten Extremen besitzen ein anderes und sehr viel weniger auffälliges Naturell. Sie sind eher ernst, in sich gewandt und still. Oft hat ihr Wesen einen Einschlag ins Düstere und Undurchschaubare. Wenn man sich mit ihnen befaßt, wird man unwillkürlich an die Figuren strenger Einsiedlermönche des Mittelalters erinnert. Sehr hervorstechend ist an diesen Männern und Frauen ein scharfer asketischer Zug, der sich verbindet mit einer grimmig-unerbittlichen Willensbetontheit. An markanten und prominenten Vertretern dieser Gruppe wären zu nennen Edward Whymper, Hermann von Barth, Hermann Buhl, Walter Bonatti, Reinhard Karl und Chris Bonington. Die Mehrheit der ganz extremen Alpinisten tendiert zu diesem ernsten Erscheinungstypus.

Die Gruppe der »Ernsten« unter den Extremen wird in meinen Ausführungen über den Charakter und die Motive von Extrembergsteigern im Mittelpunkt stehen. Diesen Männern und Frauen fühle ich mich persönlich auch am ehesten verwandt; ihre innere Welt kann ich am ehesten mitempfinden. Ich selber klettere auch sehr gerne, kann mich aber, was die objektive Schwierigkeit meiner Touren anbelangt, nicht den Extremen zurechnen. Mein Kletterkönnen hat seine Grenzen beim vierten Schwierigkeitsgrad, während ich den Bereich des Extremkletterns oberhalb des fünften Grades (im alpinen Gelände) ansetzen würde. Doch Extremsein, wie ich es verstehe, ist ja nicht allein eine Sache objektiver Schwierigkeitsziffern, sondern ganz wesentlich auch eine Frage von Lebenshaltung und Charakter, und in dieser Hinsicht erkenne ich zwischen Extremalpinisten und mir viele Ähnlichkeiten. Vieles von dem, was ich nachfolgend über die Eigenschaften und Beweggründe von Extrembergsteigern sage, das trifft auch auf extreme Vertreter anderer Natursportarten zu, wobei ich vor allem an die Wildwasserfahrer, die Drachenflieger und die Sporttaucher denke. Eine umfassende Bedeutung und Gültigkeit haben insbesondere meine Ausführungen in den Kapiteln »Lebendigkeitshunger«, »Auf der Suche nach der Harmonie des Ich«, »Aggression« und »Schatten auf unserer Seele«. Ich glaube, daß es so etwas wie einen Extremcharakter gibt, worunter ich ein typisches Geflecht von grundlegenden Strebungen und Persönlichkeitseigenschaften verstehe, das bei Extremsportlern verschiedener Sparten gleichermaßen vorhanden ist.

Extrembergsteiger, auf die im Text Bezug genommen wird:

Edward Whymper (England), 1840-1911
Hermann von Barth (Deutschland), 1845-1886
Emil Zsigmondy (Österreich), 1861-1885
Eugen Guido Lammer (Österreich), 1862-1945
Georg Winkler (Deutschland), 1870-1889
Paul Hübel (Deutschland), 1881-1960
Luis Trenker (Südtirol), geb. 1892
Willo Welzenbach (Deutschland), 1900-1934
Anderl Heckmair (Deutschland), geb. 1906
Leo Maduschka (Deutschland), 1908-1932
Hans Ertl (Deutschland), geb. 1908
Mathias Rebitsch (Österreich), geb. 1911
Edmund Hillary (Neuseeland), geb. 1919
Lionel Terray (Frankreich), 1921-1965
Gaston Rébuffat (Frankreich), geb. 1921
Hermann Buhl (Österreich), 1924-1957
Günter Hauser (Deutschland), 1928-1981
Andrea Oggioni (Italien), 1930-1961
Walter Bonatti (Italien), geb. 1930
Kurt Diemberger (Österreich), geb. 1932
Chris Bonington (England), geb. 1934
Felix Kuen (Österreich), 1936-1974
Peter Habeler (Österreich), geb. 1942
Reinhold Messner (Italien), geb. 1944
Reinhard Karl (Deutschland), 1946-1982

Abb. 15: Edward Whymper (1840-1911)

Abb. 16: Jean-Antoine Carrel (sitzend; 1828-1890)
So waren die Extremen im vorigen Jahrhundert ausgerüstet. (Carell war zunächst der Gefährte, dann der Kontrahent Edward Whympers beim Kampf um das Matterhorn)

Abb. 17: Eugen Guido Lammer (1862-1945)

Abb. 18: Willo Welzenbach (1900-1934)

Abb. 19: Lionel Terray (1921-1965)

Abb. 20: Gaston Rébuffat (geb. 1921)

Abb. 21: Chris Bonington (geb. 1934)

Abb. 22: Eine Extremtour im letzten Jahrhundert

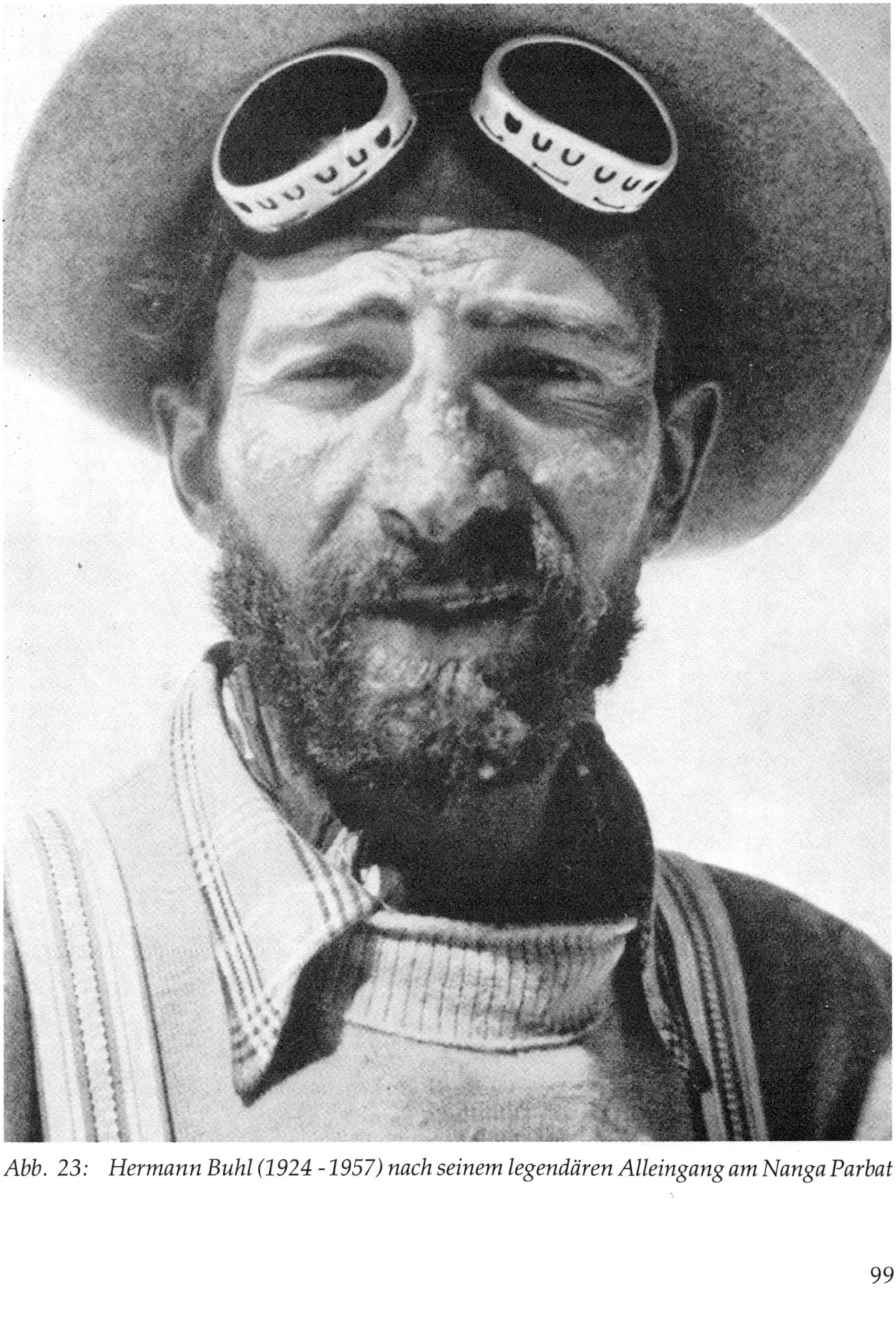

Abb. 23: Hermann Buhl (1924 - 1957) nach seinem legendären Alleingang am Nanga Parbat

Abb. 24: Walter Bonatti (geb. 1930) in der Nordwand des Matterhorns

Abb. 25: Peter Habeler (geb. 1942)

Abb. 26: Reinhold Messner (geb. 1944)

Die unverständliche Leidenschaft

Ebenso wie andere Extrembergsteiger, so war auch der Italiener Walter Bonatti auf dem Höhepunkt seiner Bergsteigerlaufbahn beständig auf der Suche nach »deftigen« Neutouren. Ein Projekt, das buchstäblich jahrelang sein Denken und Streben beherrschte, war die Direktdurchsteigung des Pilier d'Angle am Montblanc. Hören wir, wie Bonatti seinen großen alpinistischen Sehnsuchtstraum beschreibt:

> *... die düsterste, wildeste und gefährlichste Wand aus Eis und Fels, die man in den Alpen antreffen kann. Anhäufungen von glatten und überhängenden, völlig von Eis und Lockerschnee verkrusteten Felsplatten wechseln mit unerhört abschüssigen Eishängen, auf denen die hoch oben abbrechenden Eistürme und Wächten nach ihrem Absturz zerschellen. Diese etwa tausend Meter hohe »Hölle« in Form eines riesigen Trichters erweckt bares Grausen ... Wer über dem ersten Drittel des Aufstiegs von Schneesturm oder Tauwetter überrascht wird, kann nicht mehr umkehren.*[1]

Das ist die Schilderung eines Alpdrucks, einer apokalyptischen Schreckensvision. Und genau in diese «Hölle« (wie Bonatti es selber ja nennt), da zog es ihn mit der äußersten Sehnsuchtsmacht hin. Bonatti führte die Tour schließlich durch. Sie war der Gipfel an Anstrengung, Leiden und Gefahr – genauso, wie es von Bonatti vorausgesehen worden war.
Ähnliche Geschichten lesen wir in den Büchern von nahezu allen namhaften Extrembergsteigern, früheren wie gegenwärtigen. Da ist irgend ein Berg oder eine Wand, wie man sie in der Phantasie sich nicht infernalischer und brutaler ausdenken könnte, und gerade da treibt es den Extremen mit unwiderstehlicher Gewalt hin. Hierzu noch ein Beispiel von Lionel Terray: Eben erst zurückgekehrt von der entbehrungsreichen Eroberung des Makalu schaute sich der Franzose nach neuen »schönen« Zielen um. In den Alpen gab es nichts mehr, was ihn reizen konnte. Terray war mißmutig und gedrückt. In dieser Situation wurde er von seinem Freunde Ferlet auf

den Fitz Roy in Patagonien aufmerksam gemacht. Terray zog Erkundigungen ein über diesen Gipfel und was er hörte, erfüllte ihn sofort mit flammender Begeisterung. Welcher Art waren die Informationen, die Terray über den Fitz Roy bekommen hatte?

> *Den Berichten zufolge stellte die Gipfelwand, in ihrer geringsten Höhe auf 750 Meter geschätzt, den Ersteiger vor Schwierigkeiten, die den härtesten Unternehmen in den Alpen zumindest gleichkamen. Aber alle waren sich darin einig, daß diese Schwierigkeiten durch das Klima Patagoniens verzehnfacht wurden. Infolge des ständig schlechten Sommerwetters blieben nur wenige Tage, um den Berg anzugehen; die Kälte, weitaus stärker als in unseren Zonen, das die Wand überziehende Wassereis, vor allem aber die jähen und unerhört heftigen Sturmstöße machen die Besteigung sehr heikel. Diese unmenschlichen atmosphärischen Verhältnisse hatten alle bisherigen Expeditionen erschöpft und entmutigt, bevor noch der eigentliche Kampf aufgenommen worden war. Von allem Anfang an begeisterte mich der Plan Ferlets. War dieser Fitz Roy nicht das Urbild des idealen Gipfels . . .?*[2]

Auch hier wird eine Hölle geschildert – und im gleichen Atemzug begeistert als das höchste Ziel aller Wünsche gepriesen. Auch hier ein spontanes, übermächtiges Hingezogensein zum Inferno. Dieses merkwürdige, dämonische Verfallensein an vorsätzliche Exkursionen in die Hölle unterstreicht besonders eindringlich den »unnormalen« Aspekt der Extremformen der Bergleidenschaft.

Mit den (scheinbaren) Abnormitäten und Ungereimtheiten der extremen Bergleidenschaft möchte ich mich im folgenden befassen.

Ich bin mir dabei der Tatsache bewußt, daß die Mehrheit der leidenschaftlichen Bergsteiger es als eine Art von Entweihung empfindet, wenn ihr Tun mit nüchternem, vielleicht gar mit kritischem Blick betrachtet wird. Die meisten von uns Passionierten hegen eine ausgeprägte Abneigung gegen psychologische Fremd- oder auch Selbsterforschung. Ich meine, auf dem tiefsten Grunde dieses Nicht-Nachfragenwollens sitzt die – begründete – Befürchtung, es könnten Dinge ans Tageslicht kommen, die mit unserer idealisierenden Selbstauffassung im Widerstreit stehen. Wollen Sie sich trotzdem mit mir auf das Risiko einlassen, das in der Betrachtung des Tatsächlichen liegt? Ich sollte an dieser Stelle vielleicht noch einmal wiederholen, daß in fast allem, was ich nachfolgend zu sagen habe, meine eigene Person mit eingeschlossen ist.

Begründungsprobleme

Die einfachen Spielarten des Bergsteigens werden von den meisten Menschen unseres Kulturkreises als eine normale und verständliche Freizeitbetätigung angesehen. Der Bergwanderer und der nicht-extreme Kletterer, sie können beide eine Vielzahl von »guten Gründen« für ihr Tun anführen. Das Repertoire dieser guten Gründe ist uns allen wohlbekannt: Liebe zur Natur, Entspannung, sich fithalten, Kameradschaft, Selbstbestätigung und anderes mehr. Ob diese plausiblen Formulierungen auch tatsächlich die wahren Motive unseres Handelns wiedergeben, das ist eine eher zweitrangige Frage. Hauptsache, unser Tun wird dadurch als sinnvoll und nützlich, sprich: als normal, ausgewiesen.

Wie sieht es nun aber mit der öffentlichen Begründbarkeit der härtesten und intensivsten Formen des Bergsteigens aus?

Der Extremalpinist treibt die Tätigkeit »Bergsteigen« in zweierlei Weise auf die Spitze: Er steigert die objektiven Schwierigkeiten und Anforderungen seiner Touren aufs äußerstmögliche und er bringt seinem Bergsteigen ein außerordentliches Maß an Hingabe entgegen; oft stellt er es ins Zentrum seiner Existenz.

Durch diese beiden »Übertreibungen« erhält die an sich als normal empfundene Aktivität des Bergsteigens nunmehr Aspekte der Abnormität, der Unverständlichkeit. An seinen extremen Rändern entfernt sich das Bergsteigen in mehrerlei Hinsicht erheblich von der allgemeinen Vorstellung eines sinnhaften Verhaltens. Vor allem die folgenden drei Merkmale des extremen Bergsteigens sind es, die ihm aus der Sicht des »normalen« Denkens einen Anstrich der Unsinnigkeit und Unverständlichkeit verleihen: Das vergleichsweise hohe Risiko für Leib und Leben; die oftmals folterähnlichen Strapazen und Entbehrungen und schließlich die Intensität der Hingabe, die bis zur Besessenheit reicht. Diese drei Eigenschaften des extremen Bergsteigens lassen sich nicht hinreichend mit verständlichen und anerkannten Begründungen abdecken.

Ein Extrembergsteiger tut sich somit sehr schwer, sein Verhalten nach außen hin befriedigend zu begründen. Nun kann man fragen, ob sich Extremalpinisten wenigstens für ihre eigene Person darüber im klaren sind, weshalb sie einer Tätigkeit nachgehen, die mit viel Strapaze, Leiden und Gefahr verbunden ist und die im üblichen Sinne nichts einbringt. Wenn man sich die ganz spärlichen Äußerungen von Extremen anschaut, die sich auf diese Fragestellung beziehen, so merkt man bald, daß so ziemlich alle Extrembergsteiger dasselbe Problem haben, wie Reinhold Messner es einmal beklagte: »Die Unfähigkeit meine Handlungen zu erklären macht mich in gewisser Weise hilflos.«[3] Es heißt schon viel, wenn Messner eine solche Äußerung macht, ist er doch gewissermaßen ein Hauptideologe des modernen Alpinismus. Wenn Extreme sich über die Beweggründe ihres Handelns äußern – was, wie schon gesagt, auffallend selten geschieht – dann kommen phrasenhaft-nebulose Formulierungen zustande, die in ihrer aussagelosen Angestrengtheit die Hilflosigkeit ihrer Urheber wiederspiegeln:

Die Frage, warum ich überhaupt auf Berge steige, kann ich nicht so einfach beantworten. . . . Klingt es zu sentimental, wenn ich sage, daß mir die Berge im Blut liegen? (Peter Habeler)[4]

Mein Sinnen und Trachten galt den Bergen, das ist die tief in der Seele schlummernde Leidenschaft, die durch nichts zu erklären ist. Sie kann zu den höchsten Höhen führen, aber auch zum tiefsten Verderben. (Anderl Heckmair)[5]

Wie die Liebe zweier Menschen jedem Mitfühlen und Mitwissen, jedem Eingriff und jeder Kritik eines Dritten entrückt ist, so ist es auch mit dieser Liebe, die aufs Ganze geht, die alles fordert, alles einsetzt und alles auf sich nimmt. (Hans Ertl)[6]

Sofern in Zitaten wie den eben genannten überhaupt eine greifbare Aussage enthalten ist, dann die, daß das Extrembergsteigen für seine Vertreter ein ganz starkes Bedürfnis darstellt. Ein solch starkes Bedürfnis hat auch machtvolle seelische Wurzeln, doch deutet alles darauf hin, daß diese im Falle der extremen Bergsteigerei weitgehend im Unbewußten liegen. Ich möchte versuchen, einige dieser verborgenen Wurzeln freizulegen.
Zunächst will ich eine Bestandsaufnahme der augenfälligsten »Abnormitäten« des Extrembergsteigens vornehmen. Hierbei sollen jene Eigenarten des extremen Bergsteigens näher unter die Lupe genommen werden, die für den Außenstehenden am auffallendsten und befremdlichsten sind: Risiko, Leiden und Besessenheit.
Mein Vorgehen wird durch die grundlegende Annahme bestimmt, daß die verborgenen Motive des extremen Bergsteigens am ehesten über die genaue Betrachtung der genannten »Abnormitäten« im Verhalten von Extremalpinisten zugänglich werden.

Gefahr

Wie gefährlich ist das extreme Bergsteigen klassischen Stils? Werden Extremalpinisten mit dieser Frage konfrontiert, so wiegeln sie nach meiner Erfahrung in den meisten Fällen ab. Sie versuchen mit den verschiedensten

Argumenten glaubhaft zu machen, daß ihr Tun keinerlei besonderes Risiko beinhalte. Oft zu hören bekommt man in diesem Zusammenhang den Hinweis auf das Autofahren. Das extreme Bergsteigen, so heißt es, sei nicht gefährlicher als eine Überlandfahrt im Auto.
Aus den Fahrtenschilderungen der großen Extremen ergibt sich indes ein anderes Bild. Wo die Extremen frei von der Leber weg erzählen, da wird das Risiko ihres Tuns in einer Vielzahl von dramatischen Episoden deutlich.

> *Plötzlich rutscht mir der Boden unter den Füßen weg – der Block ist ausgebrochen! Blitzartig habe ich noch die Situation erfaßt, instinktiv stoße ich mich von der Wand, und was nun folgt, spielt sich in Sekunden ab. Sekunden – in denen ich über die Grenze geblickt habe . . .*[7]

Hermann Buhl, von dem diese Zeilen stammen, hat weit über ein Dutzend solcher Situationen erlebt, in denen er den Hauch des Todes verspürte. So wie Buhl blicken die meisten Extremen nach ein, zwei Jahrzehnten aktiven Bergsteigerdaseins auf eine ganze Reihe von Episoden der unmittelbaren Lebensbedrohung zurück. Die Fahrtenberichte der Großen des Alpinismus variieren in vielfältigster Weise das Thema »Noch einmal Glück gehabt«. Im Bestreben, seinen Lesern darzutun, wie glimpflich er über die ersten beiden Jahrzehnte seiner Extremenlaufbahn hinweggekommen war, schrieb der Franzose Lionel Terray einmal: »Ich habe Hunderte schwieriger Unternehmungen in all den speziellen Spielarten des Alpinismus durchgeführt, und dennoch bin ich nicht öfter als etwa zwanzigmal dem Tod wirklich nahe gewesen.«[8] Als nichtextremer Leser ist man angesichts des »nicht öfter als zwanzigmal« in diesem Zitat einigermaßen verdutzt. Was ist das für ein Sport, bei dem zwanzig Berührungen mit dem Tode bis zur Mitte des Lebens offenbar wenig sind! Terray starb den Bergtod, wie auch Buhl. Für einen großen Teil derer, die jahrelang extreme Touren durchführen, gilt das, was Messner über seine Kameraden von der italienischen Lhotseexpedition schreibt:

> *Die meisten unter ihnen hatten schon Grenzsituationen durchlebt, mit schlimmsten Stürzen, mit Kälte bis zur Gefühllosigkeit, hoffnungslose Lagen . . . Fünf oder sechs, die schon einen oder mehrere Partner verloren hatten. Einige, die man selbst bereits abgeschrieben hatte und die dann doch wieder zurückgekommen waren, wider Erwarten sozusagen.*[9]

Immer wieder stößt man in den Bergerinnerungen von Extremen auf erschütternde Reminiszenzen an verunglückte Kameraden. Die Liste der Beklagten kann grauenvoll lang sein, wie bei Andrea Oggioni:

Persönlich ziehe ich eine traurige Bilanz, wenn ich an jene denke, die sich mit mir in einer Seilschaft zusammengetan haben . . . Emilio Villa ist an der Comici-Route in der Grignetta abgestürzt, Luigi Castagna am Lanciaturm in der Grignetta, Felice Battaglia und Walter Pagani am Pizzo Badile. Renato Scalvini ist in den Seilen im Leeren hängend am Pfeiler der Tofana di Rozes gestorben, Carlo Rusconi von den Magnagotürmen gestürzt, Gaetano Maggioni und Alessandro Cazzaniga sind Opfer des Matterhorns geworden und heute tragen wir Pier Francesco Faccin als Opfer des Crozzon di Brenta zu Grabe.[10]

Der nächste in dieser grausigen Reihe war Oggioni selbst. Er ließ sein Leben in der traurig-berühmten Tragödie am Mont Blanc.
Nun will ich meine Dokumentation zur Gefährlichkeit des extremen Bergsteigens beschließen, es sieht sonst am Ende so aus, als wollte ich die Extrembergsteigerei partout madig machen.
Die Sprache der Tatsachen ist meines Erachtens eindeutig: Das extreme alpine Bergsteigen ist gefährlich. Gegenüber dem Alltagsdasein birgt es ein deutlich erhöhtes Lebens- und Gesundheitsrisiko. Daraus sollte man nun jedoch nicht den Schluß ableiten, Extremalpinisten seien untergangssüchtig oder sie liebäugelten insgeheim mit dem Tod. Extreme hängen an ihrem Leben, ganz besonders wenn sie im Gebirge sind. Was Extrembergsteiger brauchen und suchen, das ist das Bewußtsein eines erhöhten Risikos, nicht aber das Unglück selbst. Für sie ist bedeutsam die klare Empfindung von der Nähe des Todes. Der Tod selber ist ihnen schrecklich wie jedem anderen Menschen. Davon wird später noch zu sprechen sein.

Qual

Der französische Extremalpinist Lionel Terray, der den Bergen verfallen war, wie wenig andere, hatte bereits in jungen Jahren den Entschluß gefaßt, sein Leben ganz dem Bergsteigen zu widmen. In seinen Lebenserinnerungen kommentierte Terray diese Entscheidung folgendermaßen:

War der Alpinismus bisher eine mich beherrschende Leidenschaft gewesen, so wurde er mir jetzt in jeder Hinsicht zum Leben selbst: Leidenschaft, Qual und Broterwerb.[11]

Was an diesen Worten, die die Erfahrungssumme einer zwanzigjährigen Bergsteigerlaufbahn artikulieren überrascht, das ist die unmittelbare Verbindung von Bergleidenschaft und Qual. Für Terray, das kommt auch an anderen Stellen seines wunderbaren Buches »Große Bergfahrten« immer wieder zum Ausdruck, war die Bergsteigerei aufs ganze gesehen eher eine

Abb. 27: Reinhold Messner, schneeblind, beim Abstieg vom Everest

qualgefärbte als eine fröhliche Leidenschaft. Wohl hatte Terray im Gebirge viele Momente des Glücks genossen, doch letztlich hatte sich seinem Erleben die Erfahrung der Qual als weitaus gewichtiger eingeprägt.
Lionel Terray spricht expressis verbis aus, daß der vorherrschende emotionale Grundton der Extremen das Leiden ist. Bei anderen Extremen wird solches nicht in dieser Deutlichkeit angesprochen, dort wird es eher aus der Art ihres Berichtens offenkundig. Ausgerechnet die Erlebniswelt der ganz passionierten Bergsteiger paßt oft am allerwenigsten in unsere geläufigen Vorstellungen von Bergsteigen und Glücklichsein hinein.
Die Bücher vieler großer Extremer lesen sich über weite Strecken hinweg wie Breviere des Widersinns und der Selbstzerfleischung, sie muten einen bisweilen an wie Kataloge ausgeklügelter Foltermethoden. Es sind Leidensgeschichten, weltliche Passionen.

> *Nun sahen wir nach, wieviel von unseren Fingerspitzen übrig geblieben sei, und fanden, daß die Haut fast ganz verschwunden war. Wir sahen rohes Fleisch. (Edward Whymper)*[12]
>
> *Eisiger Wind treibt uns zu besonderer Eile an. Aber doch schaffen wir drei lange Stunden, bis wir in den Firn der Steilwand eine Biwakhöhle gemeißelt haben. Im Freien würden wir erfrieren. Unsere Kleider waren durch die Wühlarbeit am Tage vollkommen durchnäßt und sind gefroren und hart wie Blech. (Hans Ertl)*[13]
>
> *Seit drei Tagen schnürt uns nun das Seil ein. Es ist kaum mehr zum Aushalten. Wir haben das Gefühl, als ob wir in zwei Teile zerschnitten würden. Aber nichts ist schlimmer als der Durst, der uns quält. Ein paar Schlucke noch, und die dritte Wasserflasche ist leer. Und weit oben, durch Überhänge verbarrikadiert, ist das schneebedeckte Band unserer Träume. Es ist schon 10 Uhr morgens, und wir haben kaum 40 Meter hinter uns gebracht. Nach weiteren Stunden stellen wir fest, daß wir wieder nur etwa 15 Meter geschafft haben. Durst und Müdigkeit zeichnen unsere Gesichtszüge. Die Lippen sind ausgetrocknet. Wir sprechen nur noch das Allernötigste. Unsere Lage ist wirklich kritisch geworden, und wir wissen nicht mehr, wie wir uns heraushauen sollen. Unsere Zungen sind stark geschwollen. Die Mundhöhlen scheinen zu klein geworden, alles brennt. Beim Versuch, etwas Speichel zu sammeln, muß ich schmerzhaft husten. Das soll eine Kletterei sechsten Grades sein? Unsinn, es ist reine Schinderei! Wenn wir noch verzweifelt weiterkämpfen, dann in erster Linie wegen des Durstes. (Walter Bonatti)*[14]
>
> *Immer wieder muß ich ein gefährliches Spiel mit dem Gleichgewicht wagen. Diese Kletterei ist ein wahres Martyrium: Ich habe derart kalte Hände, daß ich sie ständig bis aufs Blut schlagen muß, um sie etwas warm zu bekommen. Um meine Füße kümmere ich mich schon lange nicht mehr — sie sind empfindungslos. Schreckliche Krämpfe in den Wanden, in den Schenkeln, im Genick und im linken Arm machen mein Fortkom-*

men noch gefährlicher. Und über allem liegt eine beängstigende Ungewißheit. (Lionel Terray)[15]

Fast 50 Stunden habe ich, ohne die Zeit überhaupt wahrzunehmen, in der Todeszone verbracht, ohne Schlaf, ohne eine ruhige Minute, jeden Augenblick darauf gefaßt, aus dieser Welt gefegt zu werden. (Reinhold Messner)[16]

Episoden wie diese sind im Bereich des extremen Bergsteigens keine unglücklichen Zufälle, kein »Pech«. Sie sind für das Extrembergsteigen normal und gehören zur innersten Wirklichkeit dieser Lebensform. Die fraglose Selbstverständlichkeit mit der Extreme solche Foltersituationen annehmen – und es gibt Touren, die bestehen fast nur aus solchen Grauenserlebnissen – ist für einen »normal« denkenden Menschen das eigentlich Erstaunliche.

Besonders drastisch und ungeschminkt bringt das Medium Film die Leidensgeprägtheit des Extrembergsteigens zum Ausdruck. Tief eingegraben in meine Erinnerung hat sich das in einem Dokumentarfilm im Originalton wiedergegebene Hecheln und Stöhnen der Gipfelbezwinger einer Achttausenderexpedition. Es klang schauerlich, wie aus einer Folterkammer. Auch die zu qualvollen Grimassen verzerrten Gesichter der Achttausendermänner, ihr Torkeln, ihr Zusammensacken – es war fast ein Schock, das anzusehen. Und so wird auf großen Besteigungen oft wochenlang am Rande des Krepierens gehechelt, gestöhnt und zusammengesackt.

Extrembergsteiger nehmen freiwillig die ungeheuerlichen Leiden auf sich, die die Kriegsgefangenen durchmachten, die aus den Gefangenenlagern des Ostens entflohen und ihrem Herrgott dankten, wenn sie den Schrekkensgang durch Kälte, Entbehrung und Todesgefahr heil hinter sich gebracht hatten. Bei den Mitgliedern eines extremen Expeditionsunternehmens ist es umgekehrt: Sie danken ihrem Geschick, daß sie an dem Leidensmarsch teilnehmen dürfen.

»Aber da ist ja auch das Gipfelglück!« wird der Leser hier vielleicht einwerfen. Nehmen wir dieses Gipfelglück einmal näher in Augenschein. Da machen wir die Entdeckung, daß es in vielen Fällen gar nicht vorhanden ist. Gerade die ganz großen Unternehmungen enden oft ohne jegliche Euphorie; anstelle von Glücksgefühlen werden Extreme auf ihren Traumgipfeln ziemlich häufig gar von Empfindungen der Leere und der Enttäuschung heimgesucht.

Kein frohes Gipfelgefühl, keine aufatmende Freude regte sich in uns. Wir waren zerfallen und abgestumpft. (Paul Hübel, nach einer strapazenreichen Dolomitentour)[17]

Keine heftige Erregung erfaßt mich, nicht der Stolz, eine ersehnte Tat vollbracht, nicht die Freude, eine schwierige Aufgabe gelöst zu haben. Auf diesem im Nebel verlorenen Grat bin ich nichts weiter als ein abgerackertes Tier, das der Hunger quält. (Lionel Terray nach der Bezwingung der Eiger-Nordwand)[18]

Diese Zitate spiegeln eine durchaus typische Form des Gipfelerlebnisses großer Extremer wider.
In jenen Fällen, wo Glücksempfindungen auf dem Gipfel aufflammen, werden sie sehr oft alsbald von Gefühlen der Leere und der Trauer abgelöst. Ganz selten hören wir aus dem Munde von Extremen, die wirklich realistisch ihr Erleben schildern, von einem dauerhaften, daseinsüberstrahlenden Nachklingen der Glückserlebnisse ihrer großen Taten.
Nur in den wenigsten Fällen wird man sagen können, daß der Saldo der Glückserlebnisse bei den großen Unternehmungen der Extremen in etwa dem Maße des Leidens und der Strapazen entspricht. Die Bilanz zwischen »schönem« Erleben und Leidenserfahrungen ist meistenteils kraß unausgeglichen; an dieser Erkenntnis führt nach meiner Beobachtung kein Weg vorbei. Es ist dies eine für das tiefere Verständnis des extremen Bergsteigens ganz wesentliche Einsicht, deshalb liegt mir so viel an ihrer Veranschaulichung. Das extreme Bergsteigen offenbart bei genauer Betrachtung manches psychologische Paradox. Genau diese Ungereimtheiten, die wir »Sympathisanten« so gern übersehen oder vorschnell wegzuerklären suchen, sind die Eintrittspforten in die tieferen Hintergründe des Extrembergsteigens harter Prägung.
Die Einstellung der ganz Extremen zum Thema »Glückserlebnisse auf großer Tour« kann man etwa so beschreiben: Schön, wenn Glücksmomente dabei sind, notwendig sind sie nicht.
Das Leiden, das oftmals höllische Leiden, dem sich die Extremen freiwillig unterwerfen, läßt sich nicht hinlänglich durch irgendwelche außergewöhnlichen Erfahrungen der Lust und des Glücklichseins plausibel machen. Ebensowenig führt auch die Suche nach sonstigen Belohnungen, die ein verständliches Gegengewicht des Leidens und der Gefahr bilden könnten, sonderlich weit. Freilich, Leistungsstolz schwingt oft mit, manchmal auch kommt die Bewunderung einer breiteren Öffentlichkeit hinzu. Neben den tage- und wochenlangen unglaublichen Mühen, Entsagungen und Qualen einer großen Extremtour nehmen sich aber alle diese Befriedigungen irgendwie dürftig aus, da bleibt das Gefühl eines starken Mißverhältnisses.
Man kann bei eingehender Beschäftigung mit dem Phänomen des Leidens im Extrembergsteigen schließlich nicht umhin zu vermuten, daß jene au-

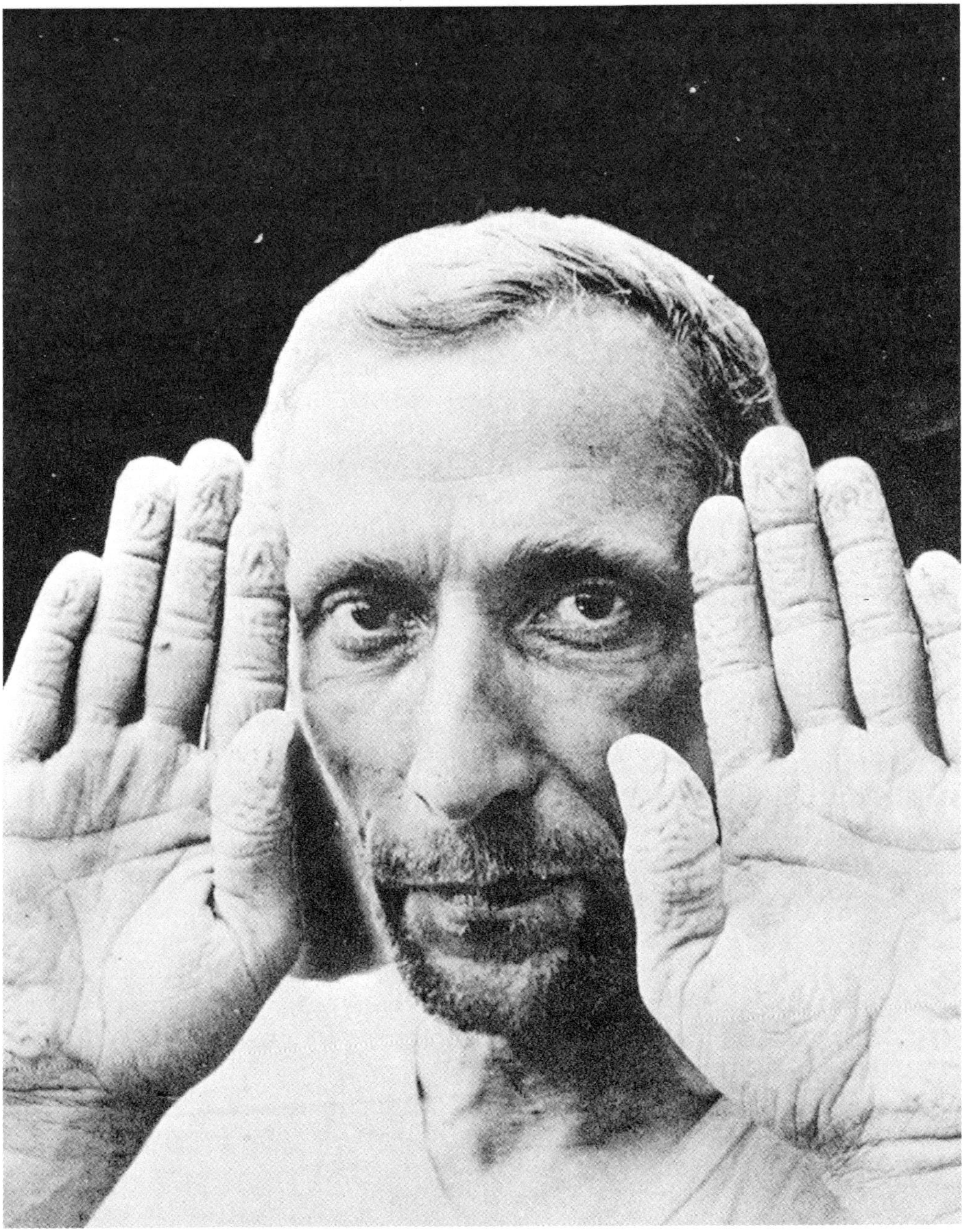

Abb. 28: Der Extreme als Schmerzensmann
Felix Kuen zeigt seine zerschundenen Hände nach schwerer Tour.

ßergewöhnlichen körperlichen und seelischen Strapazen, die ein auffälliges Charakteristikum des Extrembergsteigens sind, für die Extremen eine Art von eigenständigem Befriedigungswert beinhalten.

»Ich weiß, daß ich mich sehr quälen kann, auch dann, wenn es gar nicht mehr geht.«[19] Diese ironisch-ernsthafte Formulierung von Reinhard Karl bekräftigt, was aus dem Erzählen großer Bergsteiger allenthalben deutlich wird: Extreme sind vermutlich mit der Tatsache des Leidens innerlich in einer besonderen Weise vertraut. Das Leiden scheint ihnen zu liegen. Wenn man diese Männer und Frauen als Helden bezeichnen will, dann sind es vor allem anderen Heroen im Erdulden von Qual (und sollten sie tausendmal ihr Treiben mit der Etikette »Spiel« versehen!).

Die alpine Leidensbereitschaft reicht häufig genug bis an die Grenzen der physischen Zerstörung. Offensichtlich haben die ganz passionierten Alpinisten ein besonderes Verhältnis nicht nur zum Leiden, sondern auch zum Tod, wobei beides miteinander verquickt ist.

Es ist einfach nicht wegzudiskutieren: Situationen des äußersten Leidens und der potentiellen Lebensgefahr sind wesentliche Bestandteile der seelischen Normallage von Extremalpinisten. Das Leiden stellt für sie nicht bloß ein ärgerliches Faktum dar, das bei besonders attraktiven Touren eben in Kauf genommen werden muß. Das körperliche Leiden ist ein seelisch hochbedeutsamer Bestandteil der Unternehmungen von Extremen. Das soll nicht heißen, daß die großen Kletterer Spaß am Sich-Quälen hätten. Sie leiden unter ihren Strapazen, unter ihren Entbehrungen, unter den Schneestürmen und den zerschundenen Händen. Doch trotz dieses Er-Leidens scheinen die Situationen äußerster und schmerzhafter Beanspruchung einer starken inneren Notwendigkeit der ganz Extremen zu entsprechen – das Leiden und die Bedrohtheit als Lebenselixier.

Warum sagen Extrembergsteiger auch nach Touren, die aus einer einzigen Kette unsäglicher Qualen, Strapazen und Bedrohungen bestanden haben: Das Unternehmen hat mich befriedigt? Warum tauchen sie immer wieder in eine Existenzform ein, die für den »normalen« Menschen die Verkörperung der ärgsten Alpträume darstellt?

Wenn es uns gelingt, auf diese Fragen eine stichhaltige Antwort zu geben, dann haben wir ein großes Stück vom seelischen Geheimnis des Extrembergsteigens gelüftet.

Besessenheit

Das eigentlich Befremdliche und »Unnormale« an der Extrembergsteigerei ist die radikale Hingabe, mit der Extremalpinisten ihrem gefahrvollen und leidensträchtigen Tun nachgehen. Es ist eine Hingabe, deren Macht und Ausschließlichkeit man nur mit dem Wort »Besessenheit« einigermaßen zutreffend umschreiben kann.

Auch als gewöhnlicher Sterblicher verspürt man ab und an einmal Lust zu irgendwelchen Aktivitäten der Gefahr und der Plackerei. In geringer Dosierung sind solche Gelüste durchaus geläufig. Wo aber der Drang nach einer Tätigkeit der Strapaze und des Risikos ständig und mit der alleräußersten Intensität akut ist, wie bei vielen Extremen, da werden die Grenzen des normalen Denkens und Fühlens überschritten. Da fragt man sich verwundert: Was steckt hinter diesem Verfallensein an eine Existenzweise der Mühsal, des Leidens und der Gefahr?

Das Dasein der Extremen ist oftmals ein einziges Existieren auf das Gebirge hin. Da gibt es kaum Zwischenräume einer nicht-bergbezogenen Existenz. Reinhard Karl sinnierte einmal: »Es ist erstaunlich, wie kurz die Zeitspanne zwischen ›Nie wieder einen Berg‹ und einem neuen Bergziel ist.«[20] Reinhard Karl spricht aus reicher Erfahrung. Wie war es beispielsweise, als er von der dreimonatigen Expedition zum Everest zurückgekehrt war? Da war Deutschlands erster Everestbezwinger körperlich und seelisch arg mitgenommen. Er hatte vom Berg- und Lagerleben bis obenhin genug: »Das Warten, das Müde-herumhängen in Lagern, das apathische Keuchen und die Leere in meinem Kopf in großer Höhe, der Streit mit den lieben Bergkameraden, die wie ich auch nur ein Ziel im Kopf haben, den Gipfel zu erreichen.«[21] Alles dies monatelang auszuhalten und mitzumachen, das hatte ihn, den Reinhard Karl, gründlich zermürbt. Was geschah dann, als Karl nicht lange nach seiner Rückkehr das Angebot zu einer neuen Achttausenderexpedition erhielt? Da war er hell entzückt. Nicht, daß er die Torturen vom Everest vergessen gehabt hätte. Er wußte, diese Martyrien würden sich mit aller Wahrscheinlichkeit wiederholen. Doch das zählte nach wenigen Wochen fern des Berges nicht mehr. Er mußte einfach mit.

Bergsteigen ist für die ganz Passionierten gleichbedeutend mit Leben, mit Lebendigsein, das hört und spürt man aus ihrem Erzählen allenthalben heraus. Fortwährend sind sie bei den Bergen, entweder in persona oder aber in Plänen und Gedanken. Wenn nicht berggestiegen wird, dann wird für die Berge trainiert und es werden Tourenpläne geschmiedet. Die Zeit, die nicht irgendwie dem Bergsteigen gewidmet ist, die zählt nicht. Die

Berge bilden die Mitte ihrer Person, oder, minder poesievoll aber wahrscheinlich treffender gesagt, ihre Obsession. Die ganz Passionierten sind in diesem Sinne unglaublich einschichtige Menschen. Sie werden von ihrer Leidenschaft in einer Weise ausgefüllt, wie man es sonst nur von Fanatikern oder von schwer Süchtigen kennt. Oder – noch ein Zustand kommt mir in den Sinn, der mit der totalen Berghingabe der Extremen Ähnlichkeit besitzt: Verliebtheit in ihren höchsten Stadien.

Wie empfinden und artikulieren die Extremen selbst ihre Bergleidenschaft? Sie erfahren sie als ein Ausgeliefertsein an eine unwiderstehliche innere Gewalt. Manchmal hat dieses Hörigsein den Charakter eines »süßen« oder »wilden« Rausches (Ertl, Rebitsch), öfters aber wird es erfahren als ein Gezwungensein, als ein pures, unerbittliches Müssen.

In den Berichten von Extremen klingt es immer wieder durch, wie sehr sie ihren Drang zum Berg oftmals als einen nackten, tyrannischen Zwang empfinden. Befreit zu sein »von dem unmenschlichen Zwang, weiterzuklettern«, das war zunächst das vorherrschende Gefühl, das Peter Habeler und Reinhold Messner hatten, als sie den Gipfel des Mount Everest nach ihrem sensationellen Aufstieg ohne Sauerstoff erreichten.[22] Der italienische Bergsteiger Andrea Oggioni, der eine Reihe schwerster Anstiege in den Dolomiten eröffnete, hastete oft monatelang von einem schweren Unternehmen zum anderen. Seine »Bergwütigkeit« war ihm des öfteren selbst unheimlich. So schreibt er einmal über seine hektische Gipfelstürmerei: »Es ist, als hätten wir uns in Maschinen verwandelt: Marschieren und Klettern, Klettern und Marschieren.«[23] Oggioni konnte noch so viele große Touren hinter sich gebracht haben, sein Drang zum Berg blieb ungestillt. »Kaum bin ich wieder in der Ebene, schweifen meine Gedanken sofort zu den Bergen, und dabei habe ich doch wirklich eine schöne Reihe Aufstiege hinter mich gebracht!«[24] Der Franzose Lionel Terray kletterte in langen Schönwetterperioden bis zur völligen körperlichen Auszehrung. Er bemerkte hierzu: »Oft bin ich bis ans Ende meiner Kräfte gegangen und wurde schließlich vom schlechten Wetter gerettet wie der Boxer vom Gong.«[25] Der große Hermann von Barth nannte sich selbst den »nimmer ruhenden Irrgeist in den Bergen«[26], eine Charakterisierung, die sehr treffend das ruhelose Getriebensein dieses Mannes zum Ausdruck bringt. Von Francè Avçin stammt der Ausspruch: »Es gibt wohl kaum eine schwieriger erträgliche Bergkrankheit als Bergmangel.«[27] Mit diesem Satz kommentiert Avçin seinen Seelenzustand während eines Krankenhausaufenthaltes, der die Folge eines schweren Absturzes war. Noch in der Klinik heckte Avçin neue Tourenpläne aus.

Das Hingezogensein zum Berg hat für die ganz Passionierten die Dringlichkeit und Unabweisbarkeit eines körperlichen Hungergefühles. Die Berge sind für die Extremen genauso notwendige Nahrung, wie das Brot. Als »Brot für unsere Zähne« apostrophierte Andrea Oggioni einmal die großen Wände und Berge, und dieses Bild ist ziemlich wörtlich zu nehmen. Brot und Berg – das liegt für Extreme auf ein und derselben Ebene vitaler Notwenigkeit.

Die ganz Passionierten unter den Bergsteigern stehen so sehr unter dem Diktat ihrer »Bergsüchtigkeit«, daß sie mitunter geradezu gegen ihren Willen und gegen die Stimme der Vernunft sich mit einem Berg einlassen. Ihr innerer Dämon knüppelt sie buchstäblich zum Berg. Hermann Buhl, die Verkörperung eines völlig Bergbesessenen, berichtet in seinen »Großen Bergfahrten« wiederholt von recht verdrossenen und problematischen Auftakten für seine Extremtouren. So brachte er beispielsweise die äußerst schwierige Winterbegehung der Nordostkante der Großen Ochsenwand hinter sich wie eine lästige Pflicht. Den Gang zum Einstieg schildert er so: »Die Sonne hat kein Gefallen an mir. Rasch verschwindet sie hinter der Kante. Im eisigen Schatten läßt sie uns zurück. Die Kälte bringt unseren Geist förmlich auf den Nullpunkt. Umständlich und mißmutig mache ich mich an die Kletterei. Viel Lust habe ich heute nicht, aber was man sich einmal eingebrockt hat, muß man auch auslöffeln.«[28] Einen Sechseranstieg in beißender Winterkälte, muß man den wirklich um jeden Preis »auslöffeln«? Ein Hermann Buhl mußte es, sein unerbittlicher Bergdämon ließ ihm keine andere Wahl.

Einen Anstrich von Wahnsinn erhält die Bergleidenschaft in jenen gar nicht so seltenen Fällen, wo Bergsteiger mit dem höchsten Enthusiasmus in Wände einsteigen, von denen sie mit absoluter Sicherheit wissen, daß die Besteigung eine Hölle des Leidens, der Strapaze und der Gefahr sein wird. Zu Beginn dieses Kapitels habe ich zwei Beispiele für diesen Drang zum Inferno gebracht. Ruhmsucht? Auch das. Aber vor allem tiefe, unausweichliche innere Notwendigkeit.

So hat die Verbundenheit der großen Extremen mit dem Gebirge sehr oft den Charakter eines unentrinnbaren »du mußt!« Die intensivsten Worte für diesen Zustand fand Walter Bonatti: »Ich komme mir vor wie eine biblische Figur, die dazu verdammt ist, in alle Ewigkeit aufzusteigen, um sich von ihren Sünden zu befreien.«[29] Der Bergverfallene als ein zum Berg schicksalhaft Verdammter, das ist auch tatsächlich der Eindruck, den man bei der Lektüre der Bücher von Extremen oftmals bekommt.

Bergleidenschaft = Sucht?

Bei der Beschäftigung mit der Bergleidenschaft der Extremen drängt sich mit Macht die Vermutung auf: Handelt es sich hier am Ende nicht gar um eine Sucht?

Die Extrembergsteiger selbst leisten dieser Vermutung in gelegentlichen Äußerungen Vorschub. Edward Whymper verglich seine Bergleidenschaft mit der Spielsucht eines Glücksspielers.[30] Hans Ertl schwärmte vom »süßen, tröstenden Rauschgift« der Berge.[31] Hans Habeler schreibt, der Everest sei ihm »im Blut gelegen, wie eine Droge«.[32] Aldo Anghileri konstatierte in Sachen Bergsteigen kurz und bündig: »Wir brauchen diese Art Drogen«.[33] Vielfach wird die Bergleidenschaft als »Rausch« oder »Trunkenheit« apostrophiert.

Prüfen wir einmal nach, welche Übereinstimmungen zwischen der Bergleidenschaft der Extremen und dem Reagieren von Drogenabhängigen im einzelnen bestehen. Da zeigen sich in der Tat bedeutsame Gleichartigkeiten:

Das Denken der ganz passionierten Alpinisten kreist in ähnlicher Einseitigkeit und Ausschließlichkeit um das Bergsteigen, wie das Denken des Rauschmittelabhängigen um die Droge. Für viele Extreme bedeutet die Bergsteigerei *das* sinngebende Prinzip des Daseins, in der gleichen Weise, wie für einen Süchtigen aller Lebenssinn und -zweck in der Droge verkörpert ist. Wie ein Süchtiger alles tut, um zu seinem Rauschmittel zu gelangen, so ist für manchen Extremen keine Anstrengung und Entbehrung zu viel, um in die Berge zu kommen. Extreme, die aus irgendwelchen Gründen von der Möglichkeit des Bergsteigens abgeschnitten sind, zeigen nicht selten schwere seelische Beeinträchtigungen bis hin zur offenen Depression, ja bis zur Depersonalisation. Es ergeht ihnen damit wie einem Süchtigen, der gewaltsam auf Entzug gesetzt worden ist. Ohne Übertreibung kann man sagen: Manche Extreme sind von ihrer Bergsteigerei genauso abhängig wie der Trinker von der Flasche oder der Fixer vom Trip.

Es bestehen mithin unabweisbare und eindrucksvolle Parallelen zwischen den intensivsten Formen von Bergleidenschaft und dem Phänomen der Sucht. Trotzdem kann man meines Erachtens bei der Bergleidenschaft der Extremen nicht von einer Sucht sprechen. Den Übereinstimmungen stehen nämlich einige gewichtige Unterschiede gegenüber:

Beim Bergsteigen fehlt ein materielles Substrat, das man im genauen Sinn als Droge bezeichnen könnte. Auch sind die Suchtmerkmale der körperlichen Abhängigkeit und der gesundheitlichen Schädigung nicht stichhaltig

nachweisbar. Im Gegensatz zur Drogenabhängigkeit nimmt der seelische Impetus der »Bergsüchtigkeit« im Laufe der Jahre tendenziell ab. Ja, es geschieht bisweilen, daß ein leidenschaftlicher Alpinist mit einem Mal seinen glühenden Bergdrang verliert und ohne Reue von der Bergsteigerei Abschied nimmt. Besonders wichtig erscheint mir im vorliegenden Zusammenhang der folgende Unterschied zwischen Extrembergsteigen und Sucht: Drogen erzeugen einen Zustand der Euphorie, sie versetzen den Konsumenten in eine schöne, leidensfreie, angenehme Welt. Beim Bergsteigen der Extremen ist ein solches glückhaftes Entrücktsein eher die Ausnahme. Die Bergbesessenheit hat, wie ausführlich dargestellt worden ist, sehr oft eine mehr im neutralen oder negativen Empfindungsbereich liegende emotionale Grundfärbung. Extreme kämpfen sich auch ohne High-Zustand die Gipfel hinauf.
Der wichtigste gemeinsame Nenner zwischen Sucht und extremer Bergleidenschaft ist die seelische Befindlichkeit des unbedingten Müssens, des unverzichtbaren Bedürfnisses. Dies ist eine sehr wesentliche Gemeinsamkeit, sie reicht jedoch nicht hin, um die Bergleidenschaft der Extremen in den Formenkreis der Süchte einzuordnen.

Zwischenbetrachtung

Ich habe nun einige jener Merkmale der extremen Bergsteigerei herausgearbeitet, die für einen »normalen« Menschen schwer oder gar nicht begreiflich sind und die auch von den Extrembergsteigern selbst nicht stichhaltig begründet werden können. Ich habe meine Ausführungen über die Absonderlichkeiten und Ungereimtheiten des Extrembergsteigens den Oberbegriffen »Risiko«, »Qual« und »Besessenheit« zugeordnet. Unter Bezugnahme auf diese Begriffe kann man den abnormen Aspekt des Extremalpinismus folgendermaßen umschreiben: Extrembergsteiger sind Menschen, die mit Besessenheit eine Daseinsform kultivieren, die wesentlich gekennzeichnet ist durch Leiden und Risiko.
Mit Nachdruck möchte ich betonen: Mit meinen Ausführungen über die Anomalien des Extrembergsteigens verknüpfe ich nicht den Anspruch, so etwas wie die eigentliche oder die tiefere Wirklichkeit der Extrembergsteigerei darzustellen. Das Extrembergsteigen hat zwei gleichermaßen reale Seiten: eine normale, begreifliche und eine unverständliche. Ich befasse mich in diesem Teil des Buches ausschließlich mit der befremdlichen Seite,

weil *sie* es ist, die am deutlichsten auf die verborgenen seelischen Wurzeln des Extrembergsteigens hinweist.

Die folgenden Kapitel sind der Durchleuchtung der untergründigen seelischen Antriebsmomente des Extrembergsteigens gewidmet. Ich möchte einige jener Kräfte benennen, die als Wirkfaktoren hinter den beschriebenen Un-Normalitäten von Extrembergsteigern stehen. Anders gesagt: Ich mache mich nunmehr auf die Suche nach dem verborgenen Sinn in der Exzentrik der Extremen.

Für mich als den Autor dieses Buches wie auch für Sie, den Leser, beginnt hiermit nun der schwierigere Teil meiner Ausführungen. Weil die seelischen Bedingungsmomente des extremen Bergsteigens tief ins Unbewußte hineinreichen, sind sie nicht so eingängig darstellbar, wie die Beweggründe des einfachen Bergsteigens, die viel bewußtseinsnäher sind. Beim extremen Alpinismus kommt man mit dem »gesunden Menschenverstand« nicht weit. Manches, was ich ins Licht rücken werde, wird fremdartig erscheinen und bei jenen Lesern, die selber passionierte Kletterer sind, Empfindlichkeiten anrühen. Beim Weg durch die Seelenlandschaft des extremen Alpinisten (die ja weitgehend auch meine Seelenlandschaft ist) wird Ausdauer und Mut verlangt – geradeso, wie bei einer großen und schweren Tour.

Lebendigkeitshunger*

Und so wogt ihr auf und nieder zwischen mächtigen Erschütterungen.

Eugen Guido Lammer

An den Erlebnisberichten der großen Extremen fällt mir stets aufs neue auf, daß diese Schilderungen immer dann am farbigsten und am leidenschaftlichsten werden, wenn es um Situationen größter Qual und Strapaze geht. Da kommt dann eine Unmittelbarkeit und Lebendigkeit in die Schilderung, wie sie beim Erzählen der (seltenen) »schönen« Momente kaum einmal erreicht wird.

Die Emphase, mit der Extreme ihre vielfältigen Torturen und Beinahe-Katastrophen erzählen, hat etwas regelrecht Begeistertes an sich. Nicht, daß die Erzähler die Qualen und die Todesgefahr genossen hätten oder sich bewußt eine Wiederholung wünschten (sie sind keine Masochisten), trotzdem aber muß in diesen infernalischen Situationen so etwas wie tiefste Erfüllung enthalten gewesen sein.

Mich erinnert die Art und Weise, in der Extreme von der äußersten Bedrohung reden oder schreiben ganz stark an die Kriegserzählungen meines Vaters und meiner Onkel. Diese Männer sind allesamt ungern Soldaten gewesen und hatten sich seinerzeit nichts sehnlicher gewünscht als ein Ende der Kämpfe. Trotzdem klingt aus ihrem Erzählen von dem grausamen Dasein an der Front eine ungeheure Lebendigkeit heraus, die manchmal in regelrechte Begeisterung übergeht. Man merkt: Die Schreckensepisoden an der Front müssen in irgendeiner Weise auch ungemein wertvolle Momente gewesen sein.

Nun sind sich die Situationen »Krieg« und »extremes Bergsteigen« vom psychologischen Gesichtspunkt her tatsächlich sehr ähnlich. Wie der Soldat an der Front, so befindet sich auch der Alpinist auf schwerer Tour in einer extremen Ausnahmelage, die gekennzeichnet ist durch radikale körperliche

*Teile aus diesem und dem folgenden Kapitel wurden in der Zeitschrift *Sportwissenschaft*, Heft 3, 1983 veröffentlicht.

und emotionale Beanspruchung sowie durch das klare Gewahrsein der Todesnähe. Beides, Krieg und Extrembergsteigen, sind Situationen, in denen »Leben« gleichbedeutend ist mit dem alleräußersten Einsatz der Kräfte des Körpers und der Seele. Beide Daseinsformen sind brutal, und es geht in vielen Stunden schlichtweg um das Äußerste, ums Überleben. Möchte man den Sachverhalt psychologisch auf den Begriff bringen, dann kann man sagen: Extrembergsteigen ist, ebenso wie das Fronterlebnis, eine Situation der körperlich-seelischen Überstimulierung.

Die normale Reaktion auf Erlebnisse der völligen Verausgabung und der dramatisch empfundenen Todesgefahr lautet: »Niemals wieder!«

Extrembergsteiger haben diese Reaktion unmittelbar nach überstandener Todesgefahr meistens auch. Aber bald darauf, spätestens nach Ausheilung der erlittenen Verletzungen, kehren sie aus tiefstem innerem Bedürfnis an die »Front«, an den schweren Berg, zurück und harren freiwillig oft monatelang dort aus, so infernalisch und gefährlich es auch dabei zugehen mag. Überstandene Martyrien und Todesbegegnungen bringen die Extrembergsteiger nicht von ihrer Bergleidenschaft ab, eher im Gegenteil. »Deswegen die Bergsteigerei aufgeben, an den Nagel hängen? Nicht im Traum.«[34] Diese Bemerkung von Messner ist kennzeichnend für die Haltung der ganz Extremen.

Alles läuft hinaus auf die Schlußfolgerung: Extreme haben ein suchtartiges Bedürfnis nach einer Reizdosis, die für »normale« Menschen der absolute Horror und der seelische Untergang wäre. Diejenigen seelischen Stimulationen, die Extrembergsteiger brauchen, würden andere Menschen ganz einfach verrückt machen.

Zwei Fragen stellen sich nun:

Erstens: Aus welchen Gründen sind Extreme süchtig nach einer radikal überdimensionierten Stimulierung ihrer elementaren Gefühlswelt?

Und zweitens: Warum suchen Extreme innere Stimulation ausgerechnet in einer Tätigkeit, die ganz überwiegend aus härtesten Strapazen und Entbehrung besteht?

Einer Beantwortung dieser Fragen führt uns die folgende Beobachtung näher: Die großen Extremen sind sehr oft psychisch nicht auf der Höhe, nämlich immer dann, wenn sie sich für mehr als ein paar Wochen im sogenannten normalen Dasein, außerhalb der Berge also, befinden. Dann kommen sie sich in einer quälenden Weise unausgefüllt vor. Außerhalb der totalen leibseelischen Verausgabung im Gebirge fühlen sie sich nur halblebendig. Das nicht-extreme Dasein ist für viele passionierte Alpinisten eine Art von toter Zone. Da ist innere Flaute, drückender Mangel an gefühlter

Lebendigkeit. Im Alltagsleben, das für sehr viele Menschen ein durchaus erfülltes und befriedigendes Leben darstellt, fühlen sich Extremalpinisten viel zu wenig lebendig. Aber auch in ihr Daseinsgefühl am Berg bricht bisweilen der Zustand bedrückenden Unlebendigseins ein. Ist es doch auffällig, wie häufig im Erzählen der großen Extremen das Wörtlein »Leere« vorkommt. Leere meint hierbei: In meiner Seele ist kein Widerhall. Das Innenleben gibt nichts mehr her. Es herrscht peinvolle Lebens-Entleertheit. So präsentiert sich das Dasein manches äußerlich hochaktiven Bergfexen von »innen« her gesehen als ein beständiges Ankämpfen gegen ein drohendes Erlebnis der Leere.
Häufig ereignet sich der Einbruch der inneren Leere ganz unvermittelt, wie eine Art von innerem Absturz. Mit besonderer Heftigkeit tritt dieses seelische Absturzerlebnis ausgerechnet auf den äußeren Höhepunkten des Daseins der Extremen ein, auf den großen Gipfeln (»groß« im Sinne der subjektiven Wichtigkeit). Das liest sich dann beispielsweise folgendermaßen in den Büchern der Extremen:

> *Nach dem Weinen und der Erlösung kamen die Leere, die Trauer, die Enttäuschung: Etwas war mir weggenommen worden, etwas, das mir sehr wichtig gewesen war. Etwas, das mich ausgefüllt hatte, war ausgeronnen, und ich war erschöpft und hohl. (Peter Habeler)*[35]

> *Mit dem Abstieg beginnt sich für mich nicht selten eine Leere in mir aufzutun – eine verlorene Utopie – die auch durch das Erfolgsbewußtsein nicht ausgefüllt werden kann. (Reinhold Messner)*[36]

> *Langsam kommen mir die Kälte, der Wind und meine Erschöpfung zu Bewußtsein. Langsam kommt nach der Freude die Traurigkeit, ein Gefühl der Leere: eine Utopie ist Wirklichkeit geworden. Ich ahne, daß auch der Everest nur ein Vorgipfel ist, den wirklichen Gipfel werde ich nie erreichen. (Reinhard Karl)*[37]

Auffällig ist, wie sich die Formulierungen ähneln. Ins Auge fällt auch, daß die Begriffe »Leere« und »Utopie« einander als Polarität gegenübergestellt werden. Der eben erreichte Gipfel steht für die Utopie, das Leben jenseits des Gipfels, das »normale« Leben, ist mit der Leere verknüpft. Was meinen Karl und Messner mit »Utopie«? Das wird von ihnen nicht präzisiert. Eindeutig ist nur, daß es sich um einen inneren Zustand handelt, der das Gegenteil darstellt von innerer Leere – Erfülltheit also. Starke und beständige Lebens- und Sinnerfülltheit. Die wird mit ganzer Seele ersehnt und letztendlich doch immer aufs neue als Utopie erlebt, das heißt, als eine Erlösung, die keine Dauer hat.

Auf den großen Gipfeln spitzt sich für die Extremen der ständig aktuelle Gegensatz zwischen innerer Erfülltheit und innerer Leere aufs äußerste zu. Bei den letzten Schritten zum Gipfel hin: Intensivste Lebens- und Sinngewißheit. Jenseits des Gipfels: der Schrecken des inneren Vakuums. Die Überschreitung des Gipfels macht in besonders greller Weise ein Grundproblem der Extremen sichtbar – die drohende innere Lähmung, die innere Leblosigkeit. Darum ist das Bedürfnis nach den wilden, den »überlauten« Gefühlen der harten alpinen Tat so stark. Und es ist dabei fast gleichgültig, ob es Gefühlsstürme des Leidens sind oder der Lust. Entscheidend ist, es sind überhaupt starke Gefühle da. Das heftig gefühlte Leiden erscheint immer noch unendlich viel besser, als ganz ohne inneren Widerhall zu sein.

Im radikalen Lebendigkeitshunger der Extremen vereinen sich ein tiefes Bedürfnis nach Sinn und ein ebenso drängendes Bedürfnis nach gespürter Lebendigkeit. Die Heftigkeit des Gefühlshungers zeigt das Ausmaß des

Abb. 29: »Bei den letzten Schritten zum Gipfel hin: Intensivste Lebens- und Sinngewißheit.«

Mangels an, der dahintersteht: Die Gefühlswelt gibt unter normalen Lebensbedingungen zu wenig her.
Wie schrieb der geniale Eugen Guido Lammer über sein Gefühlsleben im Gebirge?

> *Da blühen wilde Freuden hervor, nie geahnte, markerschütternde, da schwirren die Leiden heran und reißen mit entsetzlicher Macht an den Nervensträngen – aber auch der Schmerz ist eine besonders fein schmeckende Art von Wollust. Und so wogt ihr auf und nieder zwischen mächtigen Erschütterungen.*[38]

Diese »mächtigen Erschütterungen«, das ist es, was viele Extreme aus tiefster Notwendigkeit und Bedürftigkeit brauchen. Ob diese inneren Erschütterungen aus Qual oder aus Lust bestehen, das ist eine zweitrangige Frage, Hauptsache ist, die Seele tönt und schwingt. Vor dem Hintergrund einer ganz tiefen Gefühlsbedürftigkeit sind große Lust und große Qual weitgehend gleichwertig, sind doch beide absolut eindeutige Seinsbestätigungen. Der Schmerz und die brennende Entbehrung sagen mir vielleicht eindringlicher noch als die Lust: ich habe Leben, ich existiere. Schmerzvolle und lustvolle Empfindungen der elementaren Daseinsebene strömen beim harten Bergsteigen zusammen in eine große Empfindungs- und Lebendigkeitssymphonie. Das innere Unerfülltsein ist damit für einige Stunden oder Tage außer Kraft gesetzt.
Die Zerbrechlichkeit des Lebendigkeitsempfindens bei manchen Extremen steht in einem ganz merkwürdigen Gegensatz zu dem vulkanischen Lebenspotential, das auf der Tatebene manifest wird. Auf der Tatebene sind Extrembergsteiger wahre Phänomene an Lebensenergie und Lebenskraft. Da ist eine immense Energie vorhanden, doch ist dieselbe eine unerlöste Kraft insofern, als sie keinen entsprechenden Widerschein wirft auf der Empfindungsebene. Die objektiv vorhandene Vitalenergie ist nicht zugleich auch als gefühlte Lebendigkeit zuhanden.
Die große Bedrohung, die beständig über so manchem Extremendasein schwebt, ist der Zustand des inneren Vakuums, der inneren Leere. Woher kommen diese »Löcher«, diese Schatten im Lebensempfinden?
Es gehört zu den klaren psychologischen Erfahrungstatsachen, daß das Empfinden des inneren Lebendigseins und Ausgefülltseins aufs engste zusammenhängt mit dem Ausmaß, in dem uns unsere Emotionalität zugänglich ist. Sobald wir starke Gefühle gleich welcher Art in uns haben, sind wir innerlich voll, fühlen wir uns in einer fraglosen Weise lebendig. Ob wir nun fröhlich sind oder verzweifelt, hassend oder glücklich, allemal haben wir, wenn unser Gefühlsleben voll ausschwingt, eine fraglose Lebendigkeitsge-

wißheit. Das berühmte Diktum des Philosophen Descartes »ich denke, also bin ich«, ist psychologisch gesehen ein Irrtum. Im Hinblick auf das Gefühl subjektiver Seinsgewißheit muß es viel eher heißen: Ich fühle, also bin ich. Erlebte Emotionalität ist das ursprünglichste Material des Gefühles »ich bin lebenserfüllt«.

Möglichkeiten des Gefühlehabens können aus mehrerlei Gründen verschüttet und eingeengt sein. Die Trübungen unserer Gefühlsskala gehen zumeist auf die frühen Lebensjahre zurück. In nahezu jeder Kindheit gibt es Gefühle, die für das kleine Wesen unaushaltbar oder unakzeptierbar sind, weil sie in übermäßiger Weise mit Strafangst, Versagungserlebnissen oder Schuldempfindungen gekoppelt sind. Gefühle, die allzu viel seelische Not verursachen, kann sich ein Kind frühzeitig »abgewöhnen«, das heißt, sie aus seinem Gefühlsrepertoire verdrängen. Der Preis für einen derartigen seelischen Notwehrakt besteht in einem Weniger an emotionaler Klangfähigkeit und damit letztlich in einer Verminderung des grundlegenden Lebendigkeitsgefühls. Jeder Mensch hat seine speziellen Gefühlslükken und Gefühlsverschattungen. Wir alle sind in unserem Empfindungspotential irgendwo amputiert oder gedämpft.

Was nun im Hinblick auf diesen Sachverhalt bei Extrembergsteigern auffällt, ist das gehäufte Auftreten eines bestimmten Musters von Gefühlsverdrängungen. Bei Extremalpinisten scheinen bevorzugt die »weichen« Gefühle wie Trauer, Hilflosigkeit, Angst und Liebessehnsucht dem Bannstrahl der Verdrängung anheimgefallen zu sein. Auch Schwierigkeiten in Bezug auf die vielfältigen Regungen der Lust und ein problematisches Verhältnis zum Affekt des Zornes gehören zu den typischen Gefühlsverengungen von leidenschaftlichen Bergsteigern. Wenn dergestalt eine größere Zahl von Gefühlsmöglichkeiten aus der Skala der Empfindungen »ausgeblendet« worden ist, dann hat die Seele Ähnlichkeit mit einem Instrument, bei dem viele einstmals vorhandene Töne nicht mehr oder allzu schwach anklingen. Damit ist die (Gefühls-) Klangstärke der Seele, und das bedeutet auch: das Lebendigkeitsgefühl, vermindert. Die Gefühlslähmung drückt sich als quälende innere Leere aus.

Nun gibt es Möglichkeiten, die Defizite der inneren Schwingungsfähigkeit auszugleichen. Eine dieser Möglichkeiten besteht darin, die intakt gebliebenen Gefühlsbereiche besonders heftig zu stimulieren. Genau diesen Weg beschreiten wir beim harten Bergsteigen. Da werden die unversehrt gebliebenen Gefühlsmöglichkeiten gewaltsam in kräftige Schwingung versetzt. Unter den Empfindungen, die von der Verdrängung verschont geblieben sind, spielen bei den Extremen die elementaren Körperempfindungen wie

Hunger, Durst, Kälte, Schmerz, Kraftgefühl und Bewegungslust eine zentrale Rolle. Hinzu kommen Affekte wie Kampfbegierde und Lebensangst. Diese Regungen sind bewußt verfügbar. Die sprechen weitgehend unbehindert an. Nun wird einsichtig, weshalb für uns passionierte Alpinisten gerade die herben kreatürlichen Empfindungen so wichtig sind: Einfach deshalb, weil diese Seite unserer Emotionalität uns ungeschmälert zur Verfügung steht. Das ist das »Material« unserer emotionalen Lebendigkeit. Darum bringen wir die herben und elementaren Empfindungen am Berg zur höchsten Resonanz. Aus dem Schmerz und aus der Muskelarbeit, aus der Entbehrung, der Kampfbegierde und der Todesangst holen wir bergsteigend jenes Maß an gespürter Lebendigkeit aus uns heraus, das uns die Leere unserer gelähmten Gefühle vergessen macht. Grimmige Kälte oder äußerste Muskelanspannung zu fühlen, das ist ja noch unvergleichlich besser, als seelisch regungslos zu sein. Vor dem Hintergrund einer existentiellen Gefühlsbedürftigkeit ist die Qual genauso viel wert wie die Lust.

Am Berg beginnen übrigens auch einige jener Gefühlsregungen, zu denen wir unter Normalbedingungen wenig Zugang haben, aufzubrechen und zu schwingen. Mancher von uns wird am Berg wieder fähig zu starken Gefühlen der mitmenschlichen Verbundenheit, der Wut, der Selbstzufriedenheit und der Fröhlichkeit. Am Berg lockert sich das mächtige innere Verbot, das vielfach über diesen Gefühlen liegt. Starke Empfindungen gedeihen am kräftigsten auf der Grenzlinie zwischen Leben und Tod. Deswegen bildet ein mehr oder minder großer Anteil an bewußter Todesnähe ein Hauptingrediens des Aufloderns der Lebensgeister, welches wir beim schweren Bergsteigen verspüren. Qual und Todesnähe erweisen sich als wichtige Verstärker des Lebensfeuers vieler Extremer. Weil sich uns andere, normalere Möglichkeiten des Fühlens versperren, sind wir so sehr auf diese an sich recht problematische Nahrungsquelle für unsere Innenwelt angewiesen.

Eine lustbetontere Alternative zur Anregung der Emotionalität wäre die Droge. Dieser Weg scheidet indes für die Mehrzahl der Extremen von vornherein aus, ist er doch unvereinbar mit dem distanzierten Verhältnis der Extremen zu Genuß und Sich-gehenlassen. Die tiefwurzelnde asketische Einstellung der meisten Extremen, die zugleich auch gekoppelt ist mit einem immensen Leistungsanspruch, verhindert solche Abkürzungen auf dem Wege zur lustvollen Erregung. Wir passionierten Alpinisten haben eine tyrannische Instanz in uns, die uns Selbstzufriedenheit und Genießen nur gestattet als (spärlich bemessene) Belohnung für gewaltige »Bewährungen«. Dazu werde ich an späterer Stelle noch genaueres sagen.

In uns liegt eine wilde Lebensgier, eine radikale Lebens-Nachholsucht. Aus den Kammern unserer eingesperrten Lebendigkeit schießt am Berg die Lebensgier hervor mit vulkanischer Wucht. Unerfüllte Lebendigkeit: Das sind die Gefühle, die wir uns versagten und versagen, weil sie nicht sein durften, die Gefühle der vernichtenden Wut, der unsäglichen Ohnmacht, der schrillen Angst, der großen Traurigkeit, der Körperlust und der hingebenden Zärtlichkeit. Unerfüllte Lebendigkeit: Das sind auch die Bedürfnisse, die zu kurz gekommen sind und die doch so mächtig waren in uns: Das Bedürfnis nach einer Liebe ohne Anfang und Ende, das Verlangen nach einem vollen, uneingeschränkten Lob, die Lust, sich aufzubäumen und sich zu widersetzen und auch das Rumoren der Geschlechtlichkeit. All dieses in uns eingesperrte Leben drückt gegen seine Gefängniswände und erfüllt unsere Seele mit einem übermächtigen Drang zu leben, zu sein.

---

*Abb. 30: »Zustände, in denen alle innere Zerrissenheit verfliegt . . . «
(am Südwestgrat des Piz Badile im Bergell)*

Auf der Suche nach der Harmonie des Ich

Nunmehr möchte ich reden von einer besonderen Art von seelischen Bedürfnissen. Es handelt sich um Bedürfnisse, die uns kaum einmal klar zu Bewußtsein kommen, die aber dennoch eine ganz wichtige Rolle spielen für unser inneres Gleichgewicht. Gemeint sind die folgenden vier Ich-Bedürfnisse:

Erstens: Das Bedürfnis nach Selbstklarheit. Es ist dann erfüllt, wenn ich weitgehende Klarheit in bezug auf meine Gefühle, meine Interessen und meine Lebensziele habe.

Zweitens: Das Bedürfnis nach innerer Einheit. Es kommt zum Ausdruck in dem Wunsch, die eigene Person als ein geordnetes und widerspruchsfreies Ganzes zu erleben.

Drittens: Das Bedürfnis nach Sinnhaftigkeit des eigenen Daseins. Wir wollen, daß unser Dasein eingebettet ist in eine höhere Ordnung, die allem, was uns zustößt, einen Sinn verleiht.

Viertens: Das Bedürfnis nach Individualität und Einzigartigkeit. Es bezieht sich auf den Wunsch, ein unverwechselbares Wesen zu sein und sich wohl und sicher zu fühlen in der eigenen Art.

Diese vier Ich-Bedürfnisse bzw. Ich-Empfindungen werden in der Psychologie mit dem Oberbegriff »Ich-Identität« belegt.[39] Wenn die eben aufgeführten vier Ich-Erfahrungen in Frage gestellt sind, dann kommt die seelische Befindlichkeit des sicheren und glückhaften In-sich-selbst-seins, durch die sich Identität subjektiv äußert, nicht zustande. Stattdessen wird das Ich-Erleben geprägt von der peinigenden Empfindung, das wirkliche Selbst nicht verwirklicht zu haben, nicht »bei sich angekommen« zu sein. Das Ich wird dann zum steten Problem. Das Selbstgefühl wird beherrscht von Empfindungen des Mangels: Mangel an Selbstklarheit, Mangel an Sinnge-

wißheit, Mangel an Individualitätsgefühl und letztlich auch Mangel an gespürter Lebendigkeit.
Es spricht nun vieles dafür, daß eine tiefe Krisis der unvollständigen Identität eine der prägenden seelischen Grundlagen des passionierten Bergsteigens bildet. Konkret gesprochen: Die vier Identitätsaspekte der Selbstklarheit, des Ganzheitsgefühls, der Sinngewißheit und des sicheren Individualitätsempfindens bilden für viele Extreme ein chronisch akutes Problem. Das extreme Bergsteigen vermag dieses Leiden der unerfüllten Identität vorübergehend zum Schweigen zu bringen. Es mildert oder beseitigt Identitätsstörungen, wie sie sich äußern in Gefühlen der Selbstfremdheit, in Empfindungen der inneren Zerrissenheit, in qualvollen Sinndefiziten und in einem labilen Individualitätsbewußtsein. Damit sind nunmehr die Stichworte für die weitere Erörterung genannt.

Selbstfremdheit

Ich komme öfters mit Extrembergsteigern zusammen und immer wieder mache ich dabei die Erfahrung, daß sie in ihren Mitmenschen das Gefühl hervorrufen: An diesen Mann kommt man nicht heran. Selbst ihren engen Freunden und Angehörigen erscheinen die Extremen oftmals unzugänglich und fremd. Diese Unzugänglichkeit belastet auch die Ehebeziehungen, manchmal bis zur Konsequenz der Trennung. Eine dieser Trennungen hat geradezu Geschichte gemacht: Die Beendigung der Ehe zwischen Reinhold Messner und seiner Frau Uschi, wobei die Trennung, wie auch bei anderen Extremen-Scheidungen aus meinem eigenen Erfahrungskreis, von der Frau ausging.[40]
Alle Anzeichen deuten darauf hin, daß das Gefühl der Fremdheit und Undurchschaubarkeit, das viele Extreme erwecken, die zwischenmenschliche Ausdrucksform eines Problems darstellt, das diese Männer mit sich selber haben. Ich meine, sie sind sich selber teilweise Fremde. Dafür gibt es Indizien. Eines davon ist die Besessenheit, mit welcher manche Extreme wie Reinhard Karl und Reinhold Messner die Suche nach dem Selbst zu ihrem Lebensthema machen. »Es geht mir bei diesen Expeditionen darum, mir selbst näherzukommen. In mich selbst hineinzusehen. Wenn ich sehr hoch hinaufsteige, kann ich eben sehr tief in mich hineinsehen«.[41] Solche Bekenntnisse ziehen sich wie ein roter Faden durch die Veröffentlichungen von Messner und Karl. Ein dermaßen bohrendes und permanentes Interesse am »innersten« oder »wirklichen« Selbst ist nach aller psychologischer

Erfahrung der Ausdruck einer schmerzlich empfundenen Selbstfremdheit. Im Regelfall bekunden indes Extrembergsteiger – ganz im Gegensatz zu Messner oder Karl – eine entschiedene Abneigung in bezug auf Selbstreflexion oder Selbstoffenbarung. So findet man beispielsweise in den Büchern von Whymper[42], Welzenbach[43], Buhl[44], Kuen[45] und Heckmair[46] nur ganz spärliche und unverfängliche Aussagen über die Innenwelt der Autoren. Da ist ständig nur die Rede von Taten und von äußeren Ereignissen. Die Person des Erzählenden bleibt seltsam fremd und fern unter den beständigen und auf Dauer monoton wirkenden Aktionsschilderungen. Diese (sicherlich unbewußte) Selbstverhüllung im Erzählen zeigt, genauso wie die übermäßige Selbstbespiegelung, Selbstfremdheit an.

Wer zu psychologischen Einsichten gelangen will, der muß bei den überwiegend handlungsbetonten Berichten der großen Extremen viel zwischen den Zeilen lesen und die Texte sehr aufmerksam daraufhin abhorchen, welche seelischen Grundthemata darin durchschimmern und welche Themen in auffälliger Weise zu kurz kommen. Eines der stärksten psychologischen Motive, das in den Tatenberichten der Extremen fortwährend anklingt, heißt: »Macht besitzen«. Es geht fast ständig um Machterlebnisse: Macht über sportliche Schwierigkeiten, Macht über die Widrigkeiten der Natur, Macht über die Qualen des gemarterten Leibes, Macht über die Angst, Macht über die Regungen der Bequemlichkeit und der Lust, Macht über den hautnahen Tod; Macht, ganz alleine die härtesten Situationen zu meistern. Wo Macht und Stärke so sehr gesucht werden und offenkundig so existentiell notwendig sind, da müssen wir auf der anderen, der unbewußten Seite, eine ganz gewaltige Angst annehmen, nämlich ein traumatisch tiefes Grauen vor Gefühlszuständen der Schwäche und des Hilflosseins. Daraus nun ergibt sich ein wichtiger Fingerzeig auf die Hintergründe der Selbstfremdheit der Extremen: Es gibt offenbar eine Reihe von elementaren Gefühlszuständen, die bei Extremen vom bewußten Ich abgespalten sind. An vorderster Stelle stehen die Regungen, die zu tun haben mit Schwäche und Hilflosigkeit. Weitere Empfindungen, die mit starken Tabus belegt sind, das sind die Gefühle der Angst, der Trauer, der offenen Zärtlichkeit und der bedingungslosen Lust. Kurz, die ganze Seite der »weichen« Empfindungen erscheint verschattet und verengt – mutmaßlich als Folge einschlägiger Kindheitstraumata. Ein Hauptindiz für diese Gefühlsproblematik bildet wiederum die Art und Weise, wie die erwähnten Gefühle in den Selbstzeugnissen der Extremen behandelt werden: Sie werden zuallermeist kraß »unterschlagen« oder aber in einer penetrant selbstquälerischen Weise herausgekehrt, wie etwa bei Messner[47]. Beide Reaktionsweisen zeugen von einer mißglückten Integration der genannten Empfindungen.[48]

Bei der Nicht-Akzeptierung weicher Gefühle durch die Großzahl der leidenschaftlichen Alpinisten spielt auch das herkömmliche Stereotyp vom »richtigen« Bergsteiger eine Rolle. Das traditionelle Selbstbild des anspruchsvollen Alpinisten ist gekennzeichnet durch die Hauptattribute »willensstark«, »hart« und »mutig«. Diese Attribute stellen normative Forderungen dar, verankert in der bergsteigerischen Gruppentradition. Vor allem die Willensstärke bildet ein zentrales Moment des bergsteigerischen Selbstideals. So wird das Verarbeiten von Gefühlen der Schwäche, der Angst und der Weichheit gleich von zwei Seiten her abgeblockt: Durch die Persönlichkeitsstruktur der Extremen und durch eine abwehrfördernde Gruppennorm.

Die obigen Darlegungen münden ein in die folgende Schlußfolgerung: Vieles deutet daraufhin, daß bei einer größeren Zahl von Extremen bestimmte Bereiche des grundlegenden Gefühls- und Affektlebens nicht oder ungenügend im bewußten Selbst integriert sind und infolgedessen eine chronisch konfliktschaffende Eigendynamik entwickeln. Grundlegende Gefühle abzuspalten, das bedeutet aber nichts anderes, als von einem wichtigen Stück des eigenen Selbst abgeschnitten zu sein. Gefühlsentfremdung ist gleichbedeutend mit Selbstentfremdung[49].

Am Ende ganz großer Anstrengungen, im Zustand der vollkommenen leibseelischen Zermürbung, da kann es einem Extrembergsteiger geschehen, daß die eiserne Gefühlsblockierung in seinem Innern aufbricht. Diese inneren Dammbrüche sind Momente von einer ungeheuren Dramatik. Wenn in solchen Augenblicken Männer, die sonst um keinen Preis schwach sein wollen, mit einem Mal hemmungslos weinen, wenn ein Mann, der nichts so sehr fürchtet wie Ohnmacht und Schwäche, einfach zusammenbricht — dann wird die Gewalt des inneren Lebens offenbar, das da normalerweise niedergehalten wird. Einen solchen Moment des Zerbrechens ganz starker Gefühlsbarrieren erlebte Reinhold Messner nach seinem schier unglaublichen Alleingang auf den Everest:

> *Dann breche ich zusammen. Alle meine Verschlossenheit ist weg. Ich weine. Es ist, als seien alle Horizonte, alle Grenzen zerbrochen. Alles ist offen, alle Emotionen sind frei. Wie weit mußte ich gehen, bis ich endlich auseinandergebrochen bin?*[50]

Ja, genau das ist die Frage, die sich angesichts der stählernen »Beherrschtheit« vieler Extremer stellt: Wie weit mußte ich gehen . . . oder: Was alles muß passieren, daß der Panzer zerbirst, der die weichen Gefühlsregungen

umklammert hält? Bei vielen Extremen bricht er nie. Das heißt aber, diese Männer bleiben immer abgeschnitten von einem Teil ihres inneren Lebens und kommen nie heraus aus dem Empfinden, sich selber fremd zu sein.
So wäre mithin eine Hauptursache der Selbstfremdheit der Extremen in einer spezifischen Gefühlsentfremdung zu suchen. Diese Selbstfremdheit wird subjektiv meist nur als ein diffuses Unruhig- und Unbefriedigtsein empfunden und wirkt als dauernder Antrieb einer leidensvollen Suche nach innerer Ruhe und dem wahren Selbst.
In einer nahezu allgegenwärtigen Weise gehört die Befindlichkeit des Fremdseins zu den existentiellen Grundtatsachen vieler Extremalpinisten. Fremd sind viele von ihnen in jener ganz schlichten Wortbedeutung, als sie sich nirgends richtig zuhause fühlen. Sie entbehren in einem tragischen Maße jener Grunderfahrung des selbstverständlichen Verwurzeltseins in einer Landschaft, einer Gruppe oder einer Weltanschauung.[51] Dieses schmerzliche Unbehaustsein gehört sicherlich mit zur Symptomatik der vorausgehend geschilderten Selbstfremdheit. Denn: Wer sich über sich selber nicht im klaren ist, wie soll der wissen, wo sein Platz ist unter den Ländern, Gruppen und Traditionen dieser Erde? Viele Extreme sind aus diesem Grunde ständig unterwegs, im wörtlichen wie im übertragenen Sinn. Walter Bonatti, der seit über 30 Jahren die Einöden des Globus durchstreift, verglich sich einmal mit dem »ewigen Juden« und Messner findet sich in der Figur des »fliegenden Holländer« wieder. Beide Charakterisierungen passen auf die Lebensweise und den Seelenzustand sehr vieler Extremer.
Was hat nun die Lebensform »Extrembergsteigen« mit der beschriebenen Selbstfremdheit zu tun? Gleich vorweg gesagt: Das harte und gefahrvolle Bergsteigen bringt die qualvollen Empfindungen der Selbstunklarheit, der inneren und äußeren Fremdheit, vorübergehend zum Erlöschen. Auf welche Weise kommt dieser Effekt zustande?
Im harten, todernsten Ringen mit dem Berg spüren wir uns sehr intensiv, aber wir »denken« uns nicht. Wir leben hochbewußt, aber es ist dies eine Bewußtheit außerhalb der Ebene des unruhig schweifenden Intellekts. Sie wurzelt im Vibrieren unserer hellwachen Sinne und in den starken Empfindungen des schwer arbeitenden Leibes. Wir tauchen ein in das intensive Momentbewußtsein der Kreatur, die mit allen Sinnen und Kräften lebt und fühlt, aber nicht »weiß«. Unser innerer Spiegel, das sich selbst reflektierende Bewußtsein, ist ausgeblendet und damit auch alles, was uns an uns selber unsicher macht. Welch archaischen Charakter das runde Identitätsgefühl am Berg besitzt, das geht aus den folgenden Worten von Lionel

Terray hervor: »Wir waren zu einer Art wilder Almtiere geworden, einem Mittelding zwischen Affen und Steinbock«.[52] Und an anderer Stelle: »Der Panther war wieder los«. Wir fallen im Ringen am Berg ganz in den elementaren Kern der Identität, das Körper-Ich zurück und dieses ist am schweren Berg in jeder seiner Facetten unvergleichlich machtvoll und intakt. Regression könnte man das aus einer idealistischen Sichtweise nennen. Aber das hieße, die wilde Großartigkeit des »Panther-Gefühls« verkennen. Ganz aus den zuäußerst stimulierten Funktionen des Körpers heraus zu leben und – damit verbunden – in der radikalen Beschränkung auf den Augenblick, das enthebt uns leidenschaftliche Alpinisten der Wahrnehmung der fremden Seiten unseres unvollständigen Selbst.

Zerrissenheit und Einheit

Eng verbunden mit dem seelischen Kreuz der Selbstunklarheit ist das Empfinden innerer Zerstückelung und Disharmonie. Extreme wie Lammer, Karl und Messner haben dieses qualvolle Empfinden in ihren Schriften immer wieder zum Ausdruck gebracht.
In seinem Hauptwerk, dem *Jungborn* (1923) äußert Lammer einmal:

> *Aber weder in diesen Zeilen noch in all meinen kurzen alpinen Aufsätzen kann ich klarlegen, wie die ganze furchtbare Zerrissenheit der zweiten Hälfte des 19. Jahrhunderts mich erfaßte, ganz zu schweigen von manchen tiefwühlenden persönlichen Erlebnissen.*[53]

Die Schrecken drohender innerer Zersplitterung quälten und verstörten Lammer zutiefst, manchmal bis an die Schwelle des Wahnsinns. Erlösung von dieser Not fand Lammer auf seinen schweren Bergfahrten. Hier fühlte er sich innerlich ganz heil:

> *Und so fand ich in den Bergen zum ersten Mal und suche nunmehr dort zielbewußt: die unendliche Einheit und Harmonie aller Kräfte und Triebe und Seiten meines Innern wie auch aller Kräfte und Elemente der Außenwelt in sich sowie beider Gruppen untereinander.*[54]

Die beiden Zitate spiegeln zwei polar entgegengesetzte seelische Befindlichkeiten wider: Auf der einen Seite ein schmerzliches inneres Uneinssein und Aufgewühltsein, das dem alltäglichen Leben zugeordnet ist, und auf der anderen Seite ein beglückendes Erlebnis innerer Ganzheit, das im Gebirge zustandekommt. Die Berge, genauer gesagt, die harten Taten im Gebirge verhalfen Lammer zu einem inneren Ausgeglichensein, wie er es im

Normaldasein schmerzlich entbehrte. Einer, der oft in ähnlicher Weise wie Lammer gepeinigt war vom Gefühl der Ich-Zerstückelung, das war der jüngst zu Tode gekommene Reinhard Karl. In seinen schonungslosen Selbstreflexionen beklagt er immer wieder die »große Zersplitterung«, spricht er von der bedrückenden »Aufteilung meines Ich«.[55] Geradezu psychoseähnliche Dissoziationserlebnisse hatte Messner vor seiner Ersteigung des Nanga Parbat. Im Zelt liegend, erfaßt ihn plötzlich ein entsetzliches Gefühl:

> *Mein Körper ist auseinandergefallen. Es war, als sei ich ein Puzzle, das ich selbst zusammensetzen muß und nicht kann. Dabei erlebte ich alles, als sei ich Beteiligter und Beobachter zugleich.*[56]

Diese Traumata der Zerstückelung und Zerrissenheit ereignen sich niemals während der harten Aktion am Berg. In der schwierigen Wand fühlen sich die Extremen ganz beeinander, aus einem Guß. »Harmonie« lautet das immer wiederkehrende Schlüsselwort. Wegen des Kontrastes zum qualvollen Normalzustand der inneren Zerrissenheit wird die seelische Balance beim schweren Steigen als ganz große Wohltat erlebt.

Woher rührt die »harmonisierende« Wirkung des schweren Bergsteigens? Da ist einmal die starke Erfahrung des vollkommenen Zusammenklanges von Bewegungstätigkeit, Sinnesleistung und Bewußtseinsaktivität beim schweren Steigen. Im schweren Fels, im steilen Eis sind alle unsere Kräfte und Fähigkeiten in vollständiger Konvergenz auf den augenblicklichen Handlungsvollzug ausgerichtet und greifen in einem perfekten, selbsttätigen Zusammenspiel ineinander.

> *Nach der ersten Seillänge scheint alles um mich zu versinken . . . Nichts auf der ganzen Welt ist jetzt bedeutender als dieser kleine Griff, den ich eben mit dem Pickel ins Eis hineinforme, oder diese kleinen Kerben, in die sich die Zacken meiner Steigeisen verkrallen. Jeder Muskel spannt sich, um die Schwerkraft zu überwinden.*[57]

Das sind die Zustände, in denen alle innere Zerrissenheit verfliegt.

Die instinktmäßige Ganzheitlichkeit der totalen Anstrengung am Berg erzeugt ein unerhört starkes Gefühl der Ganzheit. Die existentielle Harmonie des Handelns, tief aus dem Körper heraus erlebt, bewirkt die Harmonie des Ich. Der «Harmonisierungseffekt« der alpinistischen Anstrengung ist noch näher zu erläutern. Im Falle solch hochintensiver und komplexer Körperleistungen wie beim schweren Bergsteigen mache ich ja nicht die Bewegung, so wie ich sonst etwas mache oder produziere, sondern da *bin* ich die Bewegung in einem ganz buchstäblichen Sinn. Mein Ich ist für den Moment ausschließlich identisch mit dem Arbeiten meines Körpers und meiner Sinne. Das andere, das reflektierende Ich, der Sitz von Zweifel und Disharmonie, hat solange nichts zu vermelden. Es verstummt im Feuerwerk der zusammenklingenden körperlichen Empfindungen und ist auch nachher noch überformt vom Nachhall des vitalen Ganzheitsempfindens. Aus dem Gesagten läßt sich das allgemeine Fazit ableiten: Schwerer und ganzheitlicher Sport vermag Ich-Spaltungen vorübergehend auszugleichen.

Die Sinnfrage

Wo Ich-Identität in Frage gestellt ist, da ist auch das Problem des Daseinssinns in einer ständigen und beunruhigenden Weise akut. Auch dieses Symptom einer verschärften Identitätskrisis beobachten wir bei zahlreichen prominenten Extrembergsteigern. Wenn Sinngewißheit fehlt, taucht immer wieder die Frage auf: Wo gehöre ich hin? Wo ist mein Platz im Dasein? Zeiten niederdrückender Orientierungslosigkeit stellen sich ein. Der Verlauf des Daseins steht immer wieder zur Debatte, das Leben läuft nicht »von selbst«. Allzuoft entbehrt das Lebensempfinden des grundsätzlichen Modus der Selbstverständlichkeit. Sinnlücken, erlebt als qualvolle innere Leere, unterbrechen häufig den Fluß der Existenz.
Alle die aufgeführten Symptome einer unzulänglichen Sinngewißheit kommen im Erleben und im Erzählen von bekannten Extremen immer wieder zum Ausdruck. Auffällig ist beispielsweise, wie häufig Extreme von Zuständen der qualvollen inneren Leere sprechen. »Dieses Kennenlernenwollen von mir selbst und diese ewige Leere, die ich in mir finde«, so bricht es einmal aus Reinhard Karl[58] heraus und er steht mit diesem Empfinden unter Extremen nicht allein. In unmittelbarer Beziehung zu den Leere-Empfindungen steht der permanente Aktionsdrang der Extremen. Die ganz auffallende Unrast, die den Charakter nahezu aller großer Extremer kennzeichnet, scheint zum nicht geringen Teil eine Form des Fliehens vor dem ständig drohenden inneren Vakuum zu sein. So kommentiert beispielsweise Reinhold Messner einmal das Packen seines Rucksacks mit der Bemerkung: »Dieses Hantieren, das die Sinnlosigkeit aufhebt.«[59] Da liegt die Schlußfolgerung sehr nahe, ob nicht das gesamte unruhvolle Unterwegssein der leidenschaftlichen Alpinisten eine Art von »Hantieren gegen die Sinnlosigkeit« darstellt.
Sinngewißheit bildet nun aber ein Hauptkriterium von intakter Identität. Das fundamentale und unreflektierte Sinnempfinden der gelungenen Iden-

tität nährt sich aus verschiedenen Quellen. Im normalen Falle verfügt unsere Existenz über eine Vielzahl von Sinnbezügen, die zusammen ein relativ stabiles Fundament der Sinngewißheit ergeben. Vergegenwärtigt man sich einmal im einzelnen diese Sinnquellen des Alltagslebens, so stellt man fest, daß Extrembergsteiger an manchen von ihnen wenig oder überhaupt nicht teilhaben. Viele Extrembergsteiger sind in geringerem Maße eingebunden in die üblichen Sinnbezüge des Daseins und gleichzeitig spielt die Bergsteigerei für sie eine zentrale Rolle als Sinnspender. Diese Aussage möchte ich im nachfolgenden näher belegen. Nehmen wir also die Beziehung der Extremen zu den wesentlichen Sinnmomenten unserer Gesellschaft in Augenschein: Ein fundamentales Gefühl von Orientierung und Sinnhaftigkeit gewinnen wir im Normalfall zunächst dadurch, daß wir jenen Lebenspfad beschreiten, der in unserer Gesellschaft als der »richtige« Lebensablauf gilt. Jede Gesellschaft kennt so etwas wie einen Norm-Lebenslauf, und der sieht für den Mann bei uns folgendermaßen aus: Eine gute und nützliche Ausbildung anstreben und absolvieren, einen anerkannten und auch einträglichen Beruf ergreifen, sich mit aller Kraft dem beruflichen Fortkommen und dem Besitzerwerb widmen, heiraten und ein geordnetes Familienleben führen, eine gesicherte Existenz aufbauen, fürs Alter vorsorgen und schließlich in Ruhe die Früchte der Lebensarbeit genießen. Wer mit diesem Normallebenslauf innerlich einig ist, der ist damit der Frage des Sinnentwurfs für sein Dasein weitgehend enthoben. Extreme Alpinisten nun stehen bemerkenswert häufig außerhalb dieses »Daseins nach Maß«. Sie sind, wie man in der Soziologie sagt, Marginalpersönlichkeiten, Personen also, die am Rande der gesellschaftlichen Daseinsnorm stehen, ohne indes ausdrücklich dagegen zu rebellieren. Konkret: Vielen Extremen bedeuten die drei großen Pfeiler der Normal-Lebensbahn – berufliche Karriere, Besitzerwerb und Familie – herzlich wenig.

Einem Broterwerb gehen sie oftmals nur solange nach, als es unumgänglich notwendig ist. Wenn sie die Mittel für eine längere Tour beisammen haben, geben sie Arbeit und Sicherheit ohne Bedenken wieder auf. Sie tun im Leben recht vieles, so, wie es der Zufall eben bringt, und sie sind nirgends richtig seßhaft. Sie planen nicht auf die Länge und lieben die stete Improvisation, wobei sie voll in Kauf nehmen, daß es ihnen immer wieder auch schlecht geht. »Ich kann mir nichts Schrecklicheres vorstellen, als einen Alltag, wie er im bürgerlichen Leben stattfindet«[60], so sagte Reinhold Messner einmal zu seiner Mutter, als diese ihm seine unstete Lebensweise vorhielt. Und Walter Bonatti berichtet – wie viele andere Extreme – von seinem Berufs-Ausstieg als von einem entscheidenden Daseinsschritt: »Das

Jahr 1953 war für mich außerordentlich reich an Ereignissen. Vor allem tat ich in diesem Jahr den entscheidenden Schritt, mein Leben ganz den Bergen zu widmen. Ich gab eine sichere Beschäftigung in der Stadt für dieses Wagnis auf, was viele meiner Bekannten als unsinnig bezeichneten. Mir aber war es jeden Preis wert«[61]. Ähnlich äußern sich Anderl Heckmair und Kurt Diemberger über das Aufgeben des Berufes. Beide hatten übrigens sehr gute Berufe (Gartenbauingenieur und Handelslehrer).
Viele Extreme leben ganz bewußt und aus tiefstem Bedürfnis heraus außerhalb der Norm. Diese nonkonformistische Daseinsweise hat freilich den Preis, daß Sinn und Richtung des Lebens immer wieder in Frage stehen und immer wieder neu errungen werden müssen.
Für viele Extreme kommen somit die gesellschaftlichen Daseinsentwürfe nicht als eine Sinngrundlage der Existenz in Frage.
Wie stellen sich Extreme zu anderen Möglichkeiten des Sinnbezuges?
Eine Art von fundamentaler und fragloser Daseinsgewißheit erwächst uns aus der Fähigkeit zu Genuß und Freude. Wer imstande ist, im alltäglichen Leben die kleinen und großen Gelegenheiten zu Genuß und Lust auszukosten, der verfügt über eine nie versiegende Quelle von Sinn. Hierbei ist der Hinweis wichtig, daß das Maß an Lebensgenuß, das wir empfinden, weniger von objektiven Gegebenheiten bestimmt wird, als vielmehr von unserem persönlichen Vermögen zu Lust und Genuß. Wie verhält es sich nun in diesem Punkt mit den Extrembergsteigern? Da stellen wir fest, daß sie in der Mehrzahl eine eher kümmerliche Begabung zu Lust und Genuß besitzen. Ihr Tun setzt ein ganz besonderes Einverständnis mit den Zuständen der Qual und Entbehrung voraus. Das Extrembergsteigen trägt in viel höherem Maße das Signum des Schmerzes als jenes der Lust. Die Askese dominiert ganz eindeutig über die Sinnenlust. Das lockere Sich-gehen-lassen, das die Voraussetzung ist für Körperlust, wird von vielen Extremen als schlimme Schwäche betrachtet. Der Leib wird als ein widerspenstiges, niedriges Objekt angesehen, dem der stählerne Wille als das »edle« Prinzip gegenübergestellt wird. Es herrscht die Vorstellung eines Kriegszustandes zwischen Körper und Wille vor, wobei auch stets von »Unterwerfen«, »Überwinden«, »Besiegen« die Rede ist. Nein, in den lustvollen Dimensionen des Daseins sind die Extremen nicht zu Hause. Sie passen viel eher in die radikalen Büßerorden des Mittelalters hinein. Gelegentliche bachanalische Exzesse nach langen Zeiten der alpinen Qual und Entbehrung ändern daran nichts, sie unterstreichen vielmehr das Problem. Das Verhältnis zu Körperlust und Sinnenfreude ist stark gebrochen und vielfältig verschattet. Mithin entfällt für viele Extreme jenes elementare Sinnerleben, das im

freien und vorbehaltlosen Erfahren von Körperlust und Sinnenfreude enthalten ist.

Wenn die Frage des Daseinssinns angesprochen wird, dann gehört zu den ersten Assoziationen gewöhnlich der Gedanke an eine Religion oder eine Ideologie. Wer intensiv an eine religiöse oder ideologische Daseinsinterpretation glaubt, ist weitgehend gefeit gegen Sinnprobleme. Für den wahrhaft Gläubigen hat alles, was geschieht, seinen Sinn und seine Ordnung. Etablierte Glaubenssysteme sind sehr universelle und sehr stabile Sinngeber. Stellen wir nun die Gretchenfrage in bezug auf die Extrembergsteiger: Sind Extreme besonders gläubig? Fühlen sie sich tief verwurzelt in einer allgemeinen Religion oder Ideologie? Sehen wir uns die Biographien der großen Extremen daraufhin an, so ist die Antwort ein nahezu eindeutiges Nein. In derselben Weise wie die großen Extremalpinisten überwiegend in innerer Distanz zur gesellschaftlichen Normenwelt stehen, so befinden sie sich auch deutlich in Distanz zu den Religionen und Ideologien ihrer Gesellschaft. Bisweilen kultivieren sie eine Art von »Privatreligion« (und dies manchmal sehr entschieden, siehe Lammer oder Messner). Sie fühlen sich jedoch nicht einem kollektiven Ritus verbunden, wodurch wiederum eine wesentliche Sinnquelle des Alltagslebens entfällt.

Sinn erfahren wir im normalen Leben auch durch die tiefe Verbundenheit mit einem oder mit mehreren Mitmenschen. Inwieweit haben Extrembergsteiger an dieser Sinnquelle teil? Mit zwischenmenschlichen Beziehungen haben Extrembergsteiger oft Schwierigkeiten. Häufig sind sie ausgesprochen bindungsscheu und einzelgängerisch. Von wenigen wird man sagen können, daß sie sich durch eine tiefe und beständige Beziehung getragen und geborgen fühlen bzw. fühlten. Die Ehen der großen Extremen sind und waren dementsprechend durchweg problematisch.[62] Viele Extreme bleiben überhaupt unverheiratet.

Die bisherigen Betrachtungen führten immer wieder zur selben Schlußfolgerung: Extremalpinisten haben oftmals eine schwächere Beziehung zu den normalen Sinnquellen des Alltagslebens als »gewöhnliche« Menschen. Ein Sinnmoment gibt es indes, an dem Extreme sehr intensiv teilhaben: Extreme besitzen in einem ganz besonderen Maße das, was man eine »Aufgabe« nennt. Mit dem Wort »Aufgabe« meint man eine Tätigkeit, die einem sehr wichtig ist und die einen Großteil des Daseins ausfüllt. Wie die Aufgabe der Extremen heißt, liegt auf der Hand. Es ist der schwere Berg, die neue Tour, die neue Route. Der innere Stellenwert dieser ihrer »Aufgabe« ist für Extreme so immens, daß man besondere Ausdrücke des Engagiertseins dafür verwenden muß. »Berufung« wäre eine positiv gefärbte Bezeichnung, »Besessenheit« eine radikalere und zutreffendere. Der Berg als der große Sinngeber hat im Dasein der Extremen offenkundige Stellvertreterfunktion für die fehlenden anderen und »normaleren« Sinnbezüge. Stützt sich die fraglose Sinngewißheit der gelungenen Identität gewöhnlich auf mehrere Bezugspunkte von der Art, wie sie oben besprochen worden sind, so konzentriert sich das Sinnerleben bei vielen Extremen in einer radikalen Einseitigkeit auf den Berg. Ausgerechnet solch ein »sinnloses« Tun wie das schwere, gefahrvolle Klettern zum Angelpunkt des subjektiven Sinnerlebens zu machen, das ist, aus der durchschnittlichen gesellschaftlichen Warte gesehen, höchst unnormal. Auch in dieser Abseitigkeit der Extremen kommt wieder die soziale Entfremdung dieser Männer zum Ausdruck, eine Entfremdung, die ihrerseits wiederum Symptom einer tiefen Identitätskrisis ist.

Worauf beruht nun eigentlich die sinnvermittelnde Wirkung des schweren Bergsteigens? Diese Frage ist nicht in wenigen Worten zu beantworten.

Abb. 31: »Extrembergsteigen ist eine logische Bewegung auf eindeutige Ziele hin.« (in den Tannheimer Bergen, unter dem Nebel das Lechtal)

Mehrere Faktoren spielen eine Rolle: Von Bedeutung ist zunächst die klare »Logik der Tat« beim schweren Bergsteigen. Ich habe ein absolut eindeutiges und konkretes Ziel vor Augen – den Gipfel – und der Weg dorthin, die Route, ist klar und konsequent. Extrembergsteigen ist logische Bewegung auf eindeutige Ziele hin. Auf klarem Weg auf ein sichtbares Ziel zustreben, diesem Vorgang wohnt ein ganz urtümliches Sinnmoment inne. Nicht nur das Ziel und sein Zugang stehen beim schweren Bergsteigen fest, in jedem einzelnen Augenblick waltet darüber hinaus eine ganz klare Logik. Ohne bewußt zu reflektieren, in einer Art instinktmäßiger Automatik, handle ich »richtig«. Diese großartige Erfahrung des schweren Bergsteigens: so ganz von selbst, ohne reflexiven Aufwand, richtig zu handeln, rührt daher, daß meine Existenz im schweren Anstieg sich ausschließlich zwischen drei ganz konkreten Koordinaten vollzieht, die da heißen: die Route, die äußeren Verhältnisse, mein körperlich-seelisches Befinden. Wo sonst im Leben bewegen wir uns in einem so einfachen und eindeutig-zwingenden Bezugsrahmen?

Ein weiterer sinnschaffender Faktor beim schweren Bergsteigen liegt in den starken und elementaren Empfindungen, die die harte alpine Tat begleiten. Zwar sind es überwiegend die herben Empfindungen der Qual und der Entbehrung, doch ob wir nun erfüllt sind von Gefühlen der Lust oder der Qual – in jedem Falle beschert starkes Empfinden eine Art von grundlegender Seinsgewißheit. In den Momenten ganz starker emotionaler Lebendigkeit ist Daseinssinn von selbst vorhanden.

Von einer ganz speziellen Bedeutung für das Sinnerlebnis des extremen Bergsteigens ist schließlich dessen ausgeprägtes Gefahrenmoment. Die Todesnähe erweist sich als sinnschaffendes Moment ersten Ranges. Indem sich Extrembergsteiger im Gebirge ganz nahe und bewußt an der Todesgrenze bewegen, versehen sie ihre Existenz vorübergehend mit dem elementarsten Sinnmoment, das es überhaupt gibt: Mit dem Sinn, das blanke leibliche Fortexistieren zu gewährleisten. Am Leben zu sein – das wird hier zur ganz bewußten und virtuosen Leistung. In gefahrvoller Wand, wo die kleinste Unachtsamkeit den Tod bedeuten kann, steht jede Handlung direkt im Dienste des machtvollsten Daseinszweckes, der da lautet: physisch weiterleben. Damit verblaßt für einige Stunden oder Tage jedes intellektuelle Sinnproblem. Angesichts des Todes fragt man nicht mehr, wozu man lebt oder leben will. Die so gewonnene Daseinsgewißheit hat freilich einen hohen Preis. Wo der Tod als Möglichkeit sehr nahe ist, gibt es auch Todesangst und die reale Gefahr des Lebensverlustes. Von den Männern, die sich in der Geschichte des Alpinismus einen Namen gemacht haben, starb jeder

zweite am Berg. Doch die Empfindung vollkommener Existenzgewißheit kann eben manchmal ein stärkeres Bedürfnis sein als physische Sicherheit. Todesnähe stiftet primären Sinn und ist deswegen ein wesentliches Moment der Identitätsgewißheit, die das schwere Bergsteigen zu geben vermag.
Während der »Arbeit« am Berg sind die Extremen befreit vom Sinnproblem. Doch der Berg als Aufgabe ist nur ein provisorisches Sinnprinzip. Der Berg garantiert keine dauerhaft tragende Sinnerfahrung. Die Daseinsgewißheit, die das schwere Bergsteigen gewährt, muß ständig neu errungen werden. Nach jedem Gipfelsieg droht ein Sinnvakuum, wenn nicht sogleich die Idee für den nächsten Gipfel geboren ist. Der Berg überbrückt die Sinn-Not der unvollständigen Identität zwar sehr wirksam, aber nicht dauerhaft.
Die peinvolle Bewußtheit der Sinnfrage stellt nach meiner Ansicht den herausstechenden und auch faktisch bedeutsamsten Aspekt der Identitätsproblematik von Extrembergsteigern dar. Deshalb wurde diesem Thema hier eine ausführliche Darstellung gewidmet. Nunmehr ist noch zu reden von jenem Aspekt von Ich-Identität, den man mit »Individualitätsgewißheit« umschreiben kann. Auch in Beziehung auf dieses Identitätselement manifestieren viele Extrembergsteiger offenkundige Probleme, die als Motivation in ihre Bergaktivität mit eingehen.

Individualitätsbedürfnis

Die großen Bergsteiger, das ist nun schon mehrmals angeklungen, benehmen sich oftmals sehr eigenwillig. Sie haben ein offenkundiges und starkes Bedürfnis, *nicht* so zu sein, wie die anderen Menschen, wie die »breite Masse«. Dieses Anderssein wird manchmal sehr demonstrativ und gewollt zum Ausdruck gebracht.
Das Thema des Individualismus besitzt in der Geschichte des extremen Alpinismus schon seit jeher eine ganz besondere Bedeutsamkeit, die darauf schließen läßt, daß hier eine typische und chronische Problematik zugrundeliegt. Ein radikaler und vielfach aggressiv getönter Individualitätskultus zieht sich als markante Strömung durch die vielen Generationen von Extrembergsteigern hindurch. Herausragende Vertreter dieser Strömung sind Hermann von Barth, Eugen G. Lammer, Georg Winkler und in unseren Tagen, Reinhold Messner und Chris Bonington. Diese Männer suchten und suchen durch spektakuläres Einzelgängertum am Berg (und auch im Le-

ben) zu einem Höchstmaß an Ich-Bewußtsein zu gelangen. Sie gehen weit weg von den Menschen, hinein in die äußerste Einsamkeit, um sich so ein starkes Individualitätserleben zu schaffen. »Individualitätsgefühl durch Menschenferne«, so lautet das Rezept. Da schleicht sich der Verdacht ein, daß Individualität als ein sehr zerbrechliches Besitztum empfunden wird. Für viele Extreme gibt es nur diese – unechte – Alternative: Entweder einsam sein und individualitätsgewiß oder in der Gruppe eingebunden sein und dafür individualitätslos. Das Eingebundensein in eine Gruppe erscheint als Widerspruch zur Individualität. So entsteht aus Individualitätsbedürftigkeit letztlich Asozialität. Eben dies wurde dem alternden Lammer angesichts des blühenden Gruppenlebens der Wandervögel grausam bewußt. Er schreibt: ». . . da fing mein Trauern an. Ich sehe das hehre Gemeinschaftsideal emporstrahlen am Himmel der Zukunft, mich selbst jedoch fühle ich unfähig dazu: Ein langes Jünglings- und Mannesleben hindurch habe ich nur die Individualität verehrt, an meiner Persönlichkeit gemeißelt; mich einfühlen in andere . . . ich kann es wohl kaum.«[63] Die Individualitässuche durch äußere und innere Menschenferne ist, wie gesagt, ein Zeichen von Individualitätsnot,[64] obwohl es von den Betreffenden und ihrer Umgebung meist genau anders gesehen wird.

Im Falle der Individualitätsnot der Extremen kommt zweierlei zusammen: Ein besonders hoher Anspruch im Hinblick auf Einzigartigkeit und Individualität auf der einen Seite und ein tatsächliches Defizit an Individualitätsgewißheit auf der anderen Seite.

Das extreme Bergsteigen vermag einen Mangel an Individualitätsempfinden vorübergehend zu beheben. Erlebt sich doch das Ich in der Anspannung und Schwerarbeit der alpinen Tat in der allerprägnantesten Weise als Zentrum und Verursachungsprinzip des Handelns. Alle Aktionen sind absolut spürbar und sichtbar auf das Ich dessen zurückbezogen, der sie vollbringt. Die klare Erfahrung, Ausgangspunkt und Verursacher gewichtiger Handlungen zu sein, vermittelt ein starkes Individualitätsgefühl. Jede meiner Bewegungen hat eine ungeheuerliche Bedeutung: Mit jeder gelungenen Bewegung banne ich den Tod. So gesellt sich zum Empfinden der Eindeutigkeit und Präsenz des Ich noch das Erlebnis einer riesigen Macht dieses einzelnen Ich. Das wohltuend klare Individualitätsempfinden beim schweren Bergsteigen bleibt auch dann bestehen, wenn ich mit einem Seilpartner zusammenarbeite. Denn ungeachtet der Verknüpfung durch das Seil steht jederzeit unangefochten fest, daß ich ein eigenständiges Handlungszentrum darstelle. Mein Eigensein wird bei der schweren alpinen Aktion durch das Zusammensein mit dem anderen nicht beeinträch-

tigt. Im Gegenteil, mein Ich erhält nun in gewisser Weise doppeltes Gewicht, entscheidet doch nun mein Handeln gleich für zwei Menschen über Leben und Tod, über Scheitern oder Sieg.
Noch ein weiteres Moment erweist sich als bedeutsam: Das Zusammenwirken von Kletterpartnern am Berg ist zwar eng, aber zugleich stark ritualisiert und durch die vielfältigen technischen Erfordernisse des Zusammenkletterns klar strukturiert. In einer solch ritualisierten Form des Zusammenseins brauche ich nicht zu befürchten, daß mir der andere innerlich zu nahetritt, wenn ich es nicht will (oder es nicht ertrage). Man kann sich in der Seilpartnerschaft stets auf die sachbezogenen Rituale der Interaktion zurückziehen und dadurch die Ich-Grenzen schützen. Das ist wie mit Arbeitskollegen: Auch eine Seilpartnerschaft kann als reines Arbeitsbündnis funktionieren, bei dem trotz größter äußerer Nähe eine sichere innere Distanz gewahrt werden kann. Die Ich-Grenzen können, auch wenn sie sehr zerbrechlich sind, auf diese Weise selbst bei engem Kontakt aufrechterhalten werden.
So erlebe ich beim gemeinsamen schweren Klettern beides: Klar gefühltes Ich-Sein und zugleich Nähe zu einem anderen Menschen. Das Verhältnis zwischen Ich und Du, das bei passionierten Alpinisten so oft ungeklärt ist, kommt in den Tagen des Zusammenseins am Berg ins Lot. Weil ich hier meines Einzel-Ich vollkommen sicher sein kann, gelingt dann bisweilen auch tiefe und angstfreie Öffnung zum Du. Von einer zusätzlichen Seite her erhält das Individualitätsgefühl beim schweren Bergsteigen wertvolle Stärkung: Auf schwerer Tour bin ich in der Einöde der hohen Gebirge oft auf weite Strecken das einzige Lebewesen. Die Weite des Raumes, der im Gebirge mir allein »gehört«, gibt meinem Ich Gewicht. Da hat mein einzelnes Dasein ganz besonderen Wert, anders als unter den großen Menschenscharen der Städte. Schließlich, auf den Gipfeln, kommt noch die eigentümliche Wirkung des Obenseins auf das Ichgefühl hinzu. Das eindrucksvolle räumliche Emporgehobensein weckt eine Empfindung des bedeutungsmäßigen Erhabenseins über die vielen Menschen unten. Wie eng Obensein und Ichsein seelisch miteinander verknüpft sind, das illustrieren die folgenden Worte von Eugen Guido Lammer: »Da unten will ich fest gegründet sein und wesenseins mit der breiten, ungeformten Masse, verschmolzen mit meinem Volk, mit der Menschheit; daraus hervor aber soll mein Ich dem Berge gleich erwachsen als ein durchaus Eigener, ohne An-

---

Abb. 32: Hautnahes Gefahrenempfinden
(Südwand der Roten Flüh, Allgäuer Alpen)

dersgleichen, empor zur scharfgezackten Persönlichkeit.«[65] Der Berg erscheint hier als Metapher klarer und wertvoller Einzigartigkeit. Nicht zuletzt dieser Bedeutung wegen ist das hohe Gebirge die Pilgerstätte der Individualitätshungrigen.

Eine kritische Überlegung zu dem Identitätserlebnis des schweren Bergsteigens soll hier nicht verschwiegen werden:

Das Identitätserlebnis des Extrembergsteigers in Aktion ist sicherlich ein außerordentlich intensives, aber es ist kein vollständiges, beruht doch sein Zustandekommen wesentlich auf Vorgängen der Ich-Einschränkung. So blende ich beim schweren Bergsteigen mein Wissen um mich selbst weitgehend aus. Ich denke bloß noch an das momentan absolut Lebensnotwendige und ich denke von mir weg, nach außen. Ich vergesse, was ich jenseits der Bergsituation bin und sein werde. Ich vergesse meine im Bewußtsein aufgezeichnete persönliche Geschichte und damit auch meine Leidensgeschichte.

Im Hinblick auf die Ich-Problematik bedeutet das: Meine inneren »Verknotungen« und Schmerzzentren werden im Gebirge nicht aufgelöst, sondern nur aus dem Blickfeld geschoben oder kleingemacht. Die Ich-Erlösung ist keine beständige, sie ist zum Teil nur Vergessen. Zwar erlange ich momentan ein schmerzfreies und kraftvolles Ich, aber keines, in dem all das, was zu mir gehört, in Durchsichtigkeit geordnet und aufgehoben ist. Darum auch fordert das Bergerlebnis des Extremalpinisten mit suchtartiger Unerbittlichkeit die ständige Wiederholung.

Pointiert gesagt: Das automatisch beim extremen Bergsteigen sich einstellende Identitätserlebnis ist eine Identitätserfahrung ohne Selbsterkenntnis.

Exkurs: Der Dichter und die Extremen

Bei dem Dichter Lord Byron (1788 - 1824) bin ich auf Worte gestoßen, die in einer ganz verblüffenden Weise zusammenstimmen mit den Ausführungen, wie ich sie in den beiden vorausgegangenen Abschnitten »Lebendigkeitshunger« und »Auf der Suche nach der Harmonie des Ich« gemacht habe. Ich möchte noch hinzufügen, daß mein Buchmanuskript bereits fertig war, als ich meine Entdeckung bei Byron machte. So konnte und kann ich Byrons Worte als eine machtvolle Bestätigung meiner Gedankengänge auffassen. Byron schrieb einmal:

> *Das große Ziel des Lebens ist Empfindung — zu spüren, daß wir da sind, wenn auch mit Schmerzen. Es ist diese »verlangende Leere«, die uns antreibt zu spielen — zu kämpfen — zu reisen — zu unmäßigen, aber scharf empfundenen Unternehmungen aller Art, deren hauptsächlicher Reiz die Erregung ist, die sich untrennbar mit ihrer Ausführung verbündet.*[66]

Hier ist in einem fast zweihundert Jahre alten Text mit einer frappierenden Deutlichkeit jener Zusammenhang zwischen innerer Leere einerseits und Schmerz, Risiko und seelischer Stimulierung andererseits ausformuliert, wie er im Verhalten von Extrembergsteigern erkennbar wird.

Wer war Lord Byron? Der Erinnerung der Nachwelt hat er sich eingeprägt als der Verfasser des Versepos »Childe Harold« und als ein Mann mit vielen Amouren. Mit der Bergsteigerei hat Byron nichts zu tun gehabt. Es verbindet ihn indes eine tiefe innere und auch äußerliche Verwandtschaft mit den Extrembergsteigern: Byron tat sich zu seiner Zeit hervor als ein unerhört wagemutiger Abenteurer und Expeditionsreisender. Er war beständig unterwegs und plante immer neue spektakuläre und gefahrvolle Unternehmungen. Das letzte große Abenteuer dieses zutiefst unruhvollen und tatengierigen Menschen war die Beteiligung am Freiheitskampf der Griechen, wobei Byron sein Leben verlor. Unter den Zeitgenossen war Byron

*Abb. 33: »Metapher klarer und wertvoller Einzigartigkeit«
(das Matterhorn, vom Westen gesehen)*

seiner wilden und ausgefallenen Taten wegen ähnlich berühmt und umstritten, wie es heutzutage ein Reinhold Messner ist. Byron war ein Extremer und er war aus demselben Holz, wie die Extrembergsteiger unserer Zeit. Darum auch treffen seine oben wiedergegebenen Worte so exakt auf das Erleben und Handeln der Extrembergsteiger zu. Byron empfand und erlitt in einem ganz tragischen Maße jenes Bedürfnis nach »scharfen Taten« und starken Empfindungen, das aus einer grausam empfundenen Leere entspringt. »Zu spüren daß wir da sind, wenn auch mit Schmerzen« – dieser Satz könnte als Motto über dem Dasein so manches Berg-Extremen stehen.
Es verwundert nicht, daß bei Byron noch andere Gemeinsamkeiten mit Extrembergsteigern erkennbar werden: Wie manche der großen Extremalpinisten, so war auch Byron äußerlich und innerlich ein Heimatloser und er litt daran. Unstet zog er sein Leben lang von Land zu Land, von Ort zu Ort (und auch von Frau zu Frau). Nirgends wurde er seßhaft. Nirgends fühlte

er sich daheim. Und nie gelangte er zu einer ruhigen Ausgeglichenheit in sich selbst. Er fand nicht jenes Gefühl des selbstverständlichen In-sich-selber-Seins, welches ein Zeichen ist für eine gelungene Identität. »Ich kann nicht sagen, was aus mir werden wird«[67], so klagte er, dreißigjährig, aus tiefster Seelennot. Es war ihm nicht beschieden, Klarheit und Ruhe in sich selber zu finden. So trieb es ihn denn lebenslang in stetig wacher und drängender Unrast durch die Welt – wie einen Whymper, einen v. Barth, einen Buhl, einen Bonatti, einen Messner . . . Eine kleine und zugleich bedeutungsvolle Präzisierung muß ich hier anfügen: Am Ende seines Daseins, während der letzten und sehr bewußten Stunden seines Sterbens, da gelangte Byron ganz offenkundig zu jener Ruhe und Gelassenheit, die er ein Leben lang hatte entbehren müssen. Angesichts der Gewißheit des Todes wich die lebenslange Spannung und Unrast aus seiner Seele.[68] An diesem Punkt scheint eine tiefbedeutsame Parallele auf zum Erleben von Extrembergsteigern, die den Tod bereits vor Augen gehabt hatten. Diese »Zurückgekehrten« berichten häufig von einem glückseligen Zustand der Ruhe und Erlösung, der sie überkam, als der Tod unabwendbar erschien. Ich deute mir dieses Erlösungserlebnis so: Für einen lebenslang Umhergetriebenen bedeutet der Tod eine Art von endgültigem Angekommensein. Er bedeutet das Ende schmerzvollen Suchens und das ist gewiß etwas unendlich Schönes für einen nie Behausten. Was die Unbehaustheit anbelangt und die Sehnsucht nach der Ruhe in uns selbst, da haben wir leidenschaftlichen Alpinisten viele Seelenverwandte bis tief hinein in die Geschichte des Abendlandes. So verschiedene Männer wie Alexander der Große oder Augustinus oder Martin Luther fallen mir da ein. Sie alle waren Extreme, Leidenschaftliche, Getriebene und Suchende.

Über die seelische Bedeutung des Risikos

Nervenkitzel

Das extreme Bergsteigen enthält ein ziemlich hohes objektives Gefahrenmoment, das habe ich an früherer Stelle ausführlich belegt. Nun kann man dazu anmerken – und das wird von Kletterern auch oft genug getan – daß ja auch manche Tätigkeiten des alltäglichen Lebens, wie zum Beispiel das Autofahren, mit einer deutlichen und statistisch bewiesenen Gefahr verbunden sind. Möglicherweise sterben im Straßenverkehr, anteilsmäßig gesehen, vielleicht sogar mehr Menschen, als Kletterer am Berg verunglükken. Darum, so lautet dann in der Regel die weitere Argumentation, sei es überhaupt nicht sinnvoll und gerechtfertigt, dem Gefahrenmoment beim Bergsteigen besondere Beachtung zu schenken.

Diese Logik erscheint überzeugend. Sie bleibt es indessen nur solange, als man sich auf der Ebene der Statistik, der äußeren Faktizitäten bewegt. Was die äußere, die meßbare Seite des Gefahrenmoments betrifft, da mag wirklich kein erheblicher Unterschied bestehen zwischen dem Lebensrisiko im Straßenverkehr und jenem am schwierigen Berg. Wendet man sich jedoch der »Innenseite« des Risikos zu, der Art und Weise, wie die Gefahr erlebt wird, dann wird ein entscheidender Unterschied erkennbar zwischen den normalen Gefahren des Alltags und der Gefahr in steiler Wand. Am Berg, auf schwierigem Anstieg, da habe ich fortwährend ein sehr hautnahes und intensives Gefahrenempfinden. Der tiefe Abgrund unter mir gemahnt mich andauernd an die Möglichkeit des todbringenden Sturzes. Die vielen dramatischen Begleiterscheinungen und Episoden des schweren Bergsteigens, wie etwa der Steinschlag, der donnernd niederkracht, die Spalte im Eis, die sich unvermittelt auftut, die Elektrizität des nahenden Gewitters, die in den Felsen und den Haaren knistert, die Lawine, die sich in der Nähe löst – all das erinnert mich beständig und unübersehbar an die Möglichkeit des Aus-

gelöschtwerdens. Sehr groß, sehr klar und sehr spürbar teilt sich uns beim Bergsteigen die Todesmöglichkeit mit. Auch wenn ich mir meiner selbst sehr sicher bin und mir daher objektiv gesehen kaum etwas zustoßen kann, so erfüllen mich dennoch die fortwährenden und drastischen Wahrnehmungen der Gefahr mit einem intensiven Risikobewußtsein und -empfinden. Dieses nachhaltige und ganz konkrete Gefahrenerlebnis meinen wir, wenn wir vom »Nervenkitzel« einer schweren Bergtour sprechen. Den Gefahren des alltäglichen Lebens fehlt dieser Nervenkitzel, dieses intensive Empfinden des Risikos weitgehend. Nun ist also die Frage: Weshalb finden Extrembergsteiger einen ausgeprägten Gefallen an dem starken Gefahrenempfinden, das mit dem schweren Bergsteigen einhergeht? Warum suchen und brauchen sie den »Nervenkitzel« in einem ungleich höheren Maße als andere Menschen? Eine teilweise Beantwortung hat diese Frage bereits in den Abschnitten »Lebendigkeitshunger« und »Auf der Suche nach der Harmonie des Ich« erfahren, wo das Empfinden des Todesrisikos in Verbindung gebracht wurde mit den Bedürfnissen nach emotionaler Stimulierung und nach Erlösung von Selbstunklarheit und innerer Zerrissenheit.
Es folgt nun zunächst ein Abschnitt, in welchem ich persönliches Erleben schildere. Ich möchte ein paar Bilder und Empfindungen beschreiben, wie sie in mir aufsteigen, wenn ich mich in Gedanken in Bergbesteigungen versetze, die für mich mit einem besonders lustvollen und starken Nervenkitzel verbunden sind. Diese persönlichen Zeilen illustrieren noch einmal, was an früheren Stellen über die Bedeutung der Todesnähe für uns Kletterer gesagt wurde und sie leiten zugleich über in eine längere Betrachtung zum Thema »Stürzen«.

Starke Stunden

Ein paar Mal im Jahr, wenn ich bergsteigerisch besonders gut in Form bin, gelüstet es mich mit Macht nach einem Alleingang an der Grenze meines Könnens. Das sind dann unglaublich starke Stunden, Festtage des herrlichsten Lebendigseins, die unauslöschlich nachhallen in mir.
Da bin ich ganz allein an einem großen Berg. Mit Lust, mit Angst und mit vollkommener Wachheit klettere ich empor. Die Angst verschwindet nach einiger Zeit, nur ein kleiner und guter Rest bleibt davon noch zurück. Unbändige Zuversicht füllt mich aus. Die Wand wird steil. Ich stehe auf schmaler Leiste, nur mit den Schuhspitzen. Ich stehe in der riesigen Senkrechten, auf winzigem Tritt. Ich bin ruhig. Ich habe ja Kraft. Ich kann was.

Kein Hecheln. Keine Eile. Meine Zehenspitzen und meine Waden, die halten mich gut und lang. Ich fühle und ich genieße eine herrliche Selbstverläßlichkeit. Vor mir liegt ein glattes und luftiges Stück. Ich mustere die Stelle mit hellster Wachheit und mit Gelassenheit. Die Wand wird Teil von mir selbst. Ich präge mir die Abfolge der Kletterzüge ein. Ich weiß, daß ich keinen Fehler machen darf, denn dann ist es aus. Dieses Wissen ist da, aber es hemmt mich nicht. Es macht mich nur absolut klar und stark. Nein, ich mache keinen Fehler. Ich beherrsche den Abgrund mit meinem Können und mit der Gelassenheit meiner Kraft. Ich spüre den Abgrund. Er fließt in jede meiner Bewegungen und Entscheidungen ein. Er holt zugleich meine ganze Kraft und Beweglichkeit und Fähigkeit aus mir heraus. Er macht mich blitzlebendig und stark. Dieses stundenlange Widerspiel von bewußter Bedrohung und intensiv erlebtem Können schafft in mir eine ungeheure Spannung – eine unglaublich gute Spannung: Ich fühle mich stark und mächtig wie niemals sonst. Jede meiner Bewegungen besitzt eine gewaltige Bedeutung: leben oder untergehen. Und meine Bewegungen stimmen! Ich vibriere vor Stärke und Macht, ja, und das Leben jubelt in mir. Dieses Gegeneinander von Können und bewußter Todesgefahr macht mich lebendig wie sonst fast nie. Da löschen alle Zweifel und unruhigen Gedanken in mir aus.

Für ein paar Stunden lebe ich auf einer höheren Ebene der Existenz. Auf einer viel stärkeren, leuchtenderen und wilderen als sonst. Da merke ich dann mit Glückseligkeit, was in mir ist an Leben und Herrlichkeit.

Vom Stürzen

In welcher Gestalt tritt der Tod am Berg vornehmlich an uns heran? Auf welche Weise droht er uns? Das typische Gefahrenmoment des Bergsteigens ist das Stürzen, das Fallen in große Tiefen. Wir werden auf schwerer Tour beständig an die Möglichkeit des tödlichen Fallens erinnert. Leidenschaftliche Kletterer wissen auch sehr wohl, daß sie einmal tödlich abstürzen können. Viele haben schon dramatische Sturzerlebnisse hinter sich. Derlei Erfahrungen bringen uns aber in der Regel in keiner Weise von unserer Kletterleidenschaft ab. Ich glaube, wir haben einen tiefen und untergründigen Bezug zum Thema »Fallen«. Das will ich im folgenden zu verdeutlichen suchen.

Wenn tödliches Stürzen das hervorstechende Gefahrenmoment des schweren Bergsteigens darstellt, dann kann man sagen: Schweres Berg-

steigen ist, unter anderem, auch ein steter Kampf gegen die Möglichkeit des tödlichen Fallens. Im Grunde ist eine schwierige Klettertour ein beständiges Sich-Wehren und Sich-Vorsehen gegen das Stürzen. Kletterer sind Spezialisten in der Bewältigung sturzträchtiger Situationen, als da sind glatte Wände, scharfe Grate, jähe Eisfluchten und lawinenbedrohte Schneeflanken. Nahezu alles, was wir in schwerer Wand an Handgriffen ausführen, steht mehr oder minder im Zeichen der Bemühung, ein tödliches Stürzen zu verhindern. Wenn wir sagen, wir wollen eine Wand sicher hinaufkommen, dann ist das ja gleichbedeutend mit der Aussage: Wir wollen uns vor dem Fallen schützen. Dazu bedienen wir uns vielfältiger und raffinierter Hilfsmittel. Wir klettern mit Gurten und Seilen, wir sichern uns mit Haken, Klemmkeilen und Eisschrauben verschiedenster Formen, wir tragen Schuhe mit speziellen Reibungssohlen und wir haben besonders geformte Rucksäcke. Außerdem beherrschen und praktizieren wir ausgeklügelte Techniken des »fallsicheren« Hinaufbewegens: Das Dreipunksystem, die flexible Gewichtsverlagerung, das Stemmen, das Spreizen, das Piazen, die Untergrifftechnik und vieles andere mehr. Alle diese Mittel setzen wir ein, um hinaufzukommen und um dabei nicht zu fallen.
Welche Bedeutung hat für uns der Kampf gegen das tödliche Fallen, der beim schweren Bergsteigen beständig vor sich geht? Eines halte ich zunächst für gewiß: Das Sich-Behauptenkönnen gegen eine tödliche Sturzgefahr ist für uns ein Thema von ganz großem seelischem Gewicht. Um die Bedeutung, die die Auseinandersetzung mit der Sturzgefahr für uns hat, zu ergründen, können wir uns fragen, welche Gefühle und Gedanken sich für uns mit der Vorstellung des freien Stürzens verbinden. Da werden sicher vielerlei Assoziationen wach. Für mich spielen die folgenden drei Bedeutungen eine besondere Rolle: Zu stürzen heißt für mich: Ich bin völlig hilflos. Ich habe keinen Halt mehr. Ich werde wohl sterben. Auf dem Wege des Umkehrschlusses kann ich nun ableiten, was es für mich heißt, *nicht* zu stürzen im schwierigen Fels. Nicht zu stürzen bei objektiver Sturzgefahr, das heißt dann für mich: Mächtig und stark sein. Festen Halt haben und spüren. Dem Tod überlegen sein. Jetzt kann ich mir die folgenden Fragen stellen:

Warum ist es mir so wichtig, nicht hilflos zu sein, sondern machtvoll und stark?
Warum ist es mir so wichtig, Halt zu haben und zu spüren?
Warum bedeutet es mir so viel, eine konkrete Todesgefahr zu beherrschen?

*Abb. 34: »Der Tod und der Bergsteiger«
Gemälde von Ernst Platz, 1893*

Wenn ich diese drei Fragen zu beantworten vermag, dann, so glaube ich, habe ich die Bedeutung entschlüsselt, die die tödliche Fallgefahr im Gebirge und ihre stete Bewältigung für mich – und wohl auch für andere Kletterer – besitzt.
Ich werde mir die soeben formulierten drei Fragen nun einzeln vornehmen und niederschreiben, was dazu an Gedanken, Bildern und Empfindungen jeweils in mir angerührt wird.
Erstens: Warum ist es für mich und für andere Kletterer so wichtig, nicht hilflos zu sein, sondern machtvoll und stark?
Ich kann diese Frage auch so stellen: Warum ist es mir ein ganz starkes Bedürfnis, die Bedingungen meines Daseins sicher »im Griff« zu haben, so, wie ich beim guten Klettern den Fels souverän mit meinen Händen im Griff habe?
Ja, warum? Ich weiß, daß in mir eine große Angst vor der Hilflosigkeit steckt. Ich bin in meinem frühen Dasein manchmal zu sehr hilflos gewesen, so sehr, daß ein Entsetzen vor diesem Zustand in mir zurückgeblieben ist. Es gab Zeiten, da war ich zu sehr allein und Zeiten, da wurde ich von Fürsorge überrollt – Wechselbäder von einer Hilflosigkeit in die andere. Klein und schmerzvoll abhängig zu sein, das war gewiß bei vielen von uns eine formende Erfahrung der frühen Zeit. Die Bitternis des Ohnmächtigseins und des Ausgeliefertseins nährte den Drang, stark zu sein, völlige und alleinige Macht zu haben über die Bedingungen der eigenen Existenz. Beim Klettern in schwerer Wand, da finden wir in geballter Weise das Erlebnis souverän gestaltender Macht:
Wir besitzen und wir genießen die Macht, grimmige Fels- und Eiswände, in denen jeder andere Mensch vollkommen hilflos wäre, sicher zu durchsteigen. Wir haben das Können, sprich: die Macht, durch völlig unwegsam erscheinende Felswüsteneien und Eislabyrinthe hindurchzufinden. Wir verfügen über die Fähigkeit und die Stärke, tobende Unwetter und grimmige Biwaknächte droben am Berg ohne Schaden durchzustehen. Wir sind in der Lage, uns in lebensfeindlicher Wildnis lange Zeit mit den einfachsten Mitteln selbst zu erhalten. In allen diesen Erlebnissen des Starkseins ist auch mitenthalten eines der größten Machterlebnisse, die dem Menschen zuteil werden können, nämlich die klar empfundene Macht über den nahe erlebten Tod. Über diese Todes-Macht und ihre Bedeutung für uns werde ich noch gesondert sprechen.
Es ist schwierig, die hohen und steilen Berge heil hinauf und wieder hinunter zu kommen. Wir brauchen und wir lieben diese Schwierigkeiten. Denn im Umgang mit den großen und handgreiflichen Schwierigkeiten und Ge-

fahren der Berge gelangen wir zu einem urtümlichen Gefühl von Stärke und Macht. Wir kämpfen so gern mit dem großen und greifbaren »Gegner Berg«, weil der erfolgreich bestandene Kampf uns bis in die Knochen und bis in jede Muskelfaser hinein die Gewißheit gibt: Wir waren stark. Wir waren *nicht* ohnmächtig. Wir waren *nicht* hilflos. Insbesondere bei schweren Alleingängen ist dieses Erlebnis der Ich-Macht ganz immens.

Wir leidenschaftlichen Kletterer holen uns Machterlebnisse am Berg und beschwichtigen damit den tief in unserer Seele sitzenden Schmerz des Ohnmächtigseins. Einstmals hatten wir ein Hilflossein erlebt, das schauerlich war wie der Sturz in einen tiefen Abgrund. Als Kletterer schauen wir ebenfalls in grausige Abgründe hinab, aber nunmehr bleiben wir dank unserer eigenen Kraft und Geschicklichkeit oben. Früher schluckte uns der Abgrund verzweiflungsvoller Ohnmacht, und nun, da wir erwachsen sind, triumphieren wir über die riesigen Abgründe im Gebirge. Wir sind auf der Ebene des äußeren Lebens zu erfolgreichen Abgrund-Bewältigern geworden. Freilich, den inneren Abgrund schütten wir damit nicht dauerhaft zu.

Nun möchte ich mich mit der *zweiten* Frage befassen, die ich in Bezug auf die gefühlsmäßige Bedeutung des Fallens (bzw. des Nicht-Fallens) formuliert habe:

Warum ist es für mich so wichtig, einen festen Halt zu spüren?

Ein Kletterer, festgekrallt an den Rauhigkeiten einer hohen Wand – dieser Anblick erweckt in mir den Gedanken an ein Kind, das sich festklammert an Mutters Rock. Diese Gedankenverbindung mag gewagt, ja beleidigend erscheinen, aber ich glaube, sie hat etwas für sich. Beide, der Kletterer wie das Zweijährige oder das Dreijährige erleben eine Katastrophe, wenn der Halt abreißt: Der Kletterer stürzt in die Tiefe des Felsabgrunds, das Kleine stürzt ebenfalls in einen Abgrund: in die Trostlosigkeit des Getrenntseins von der Mutter. Wenn ein kleines Kind sich sehr an die Mutter anklammert, dann zeigt es damit ja, daß es die gespürte Nähe der Mutter ganz notwendig braucht. Nun regt sich in mir eine Frage, die hochsteigt aus meinem eigenen Dreijährigenschicksal: Ist mein Anklammern an die Mutter allzu oft unterbrochen oder überhaupt verhindert worden? Bin ich zu wenig an die Mutter hingekommen, im direkten wie im seelischen Sinn? Hatte ich Mangel an Halt in beiderlei Weise? War mir damals die Mutter unzugänglich, so, wie für gewöhnliche Menschen die steilen Fels- und Eiswände der Berge unzugänglich sind? Ich glaube, da besteht ein Zusammenhang. Die großen Berge, zu denen wir Bergsteiger mit magischer Gewalt hingezogen werden, sie sind riesige Monumente der Unzugänglichkeit und der Abweisung. Aber gerade weil sie so abweisend sind, weil Halt

an ihnen so schwer zu finden ist, deshalb locken sie uns an. Wir suchen mit Verbissenheit genau dort nach festem Halt, wo er ganz schwer zu bekommen ist, in glatter Wand, im jähen Eis. Wiederholen wir da nicht eine Situation, die uns früher vielleicht begegnet ist und uns viele Schmerzen zugefügt hat – Halt suchen bei ständiger Gefahr des Abgewiesenwerdens? Halt suchen dort, wo viel Unnahbarkeit war? Wenn dem so ist, dann hat die Haltsuche am Berg wenigstens einen großen Vorzug gegenüber dem frühen und vergeblichen Halt-Habenwollen. Der Berg läßt uns an sich heran. Zwar macht er's uns schwer, aber wir kommen hin, wenn wir unbedingt wollen. Früher hatten wir trotz heißestem Wunsch und Bemühen keine Garantie, den erhofften Halt zu bekommen. Am Berg hat unser Bemühen Erfolg. Da entwickeln wir auch eine regelrechte Virtuosität im Festhalten und Dranbleiben. Da können wir uns als besonders »festhalte-erfolgreich« erfahren. Auf schwerer Tour bewegen wir uns ständig im Spannungsfeld zwischen Haltsuchen und Haltfinden. Hundertmal bangen und ringen wir auf schwerer Tour um den haltgewährenden Griff und hundertmal erfüllt es uns mit tiefem Glück, solchen Griff zu finden. Der hart erarbeitete sichere Griff ist auf schwerer Tour der Inbegriff von Erlösung und Glück. Beim Klettern sind wir darüberhinaus auch ganz nah am Fels, am Fels-Körper dran. Wir haben intensivsten Kontakt mit ihm, mit den Händen, den Füßen und oft mit dem ganzen Leib. Wie ein Kleinkind, das getragen wird, totalen Kontakt zur Mutter hat. So holen wir am Berg etwas nach von einer Erfahrung des Halt-Spürens und des Kontakt-Habens, die wir wohl zu anderer Zeit und in anderer Hinsicht zu wenig hatten erleben dürfen. Das Schöne am Berg ist, daß er uns immer zur Verfügung steht und daß er uns, gerade weil er schwierig ist, unsere Halte-Fähigkeit besonders intensiv und genußreich erfahren läßt.
Und nun zur *dritten* Frage, die im Gedanken an das Stürzen für mich aktuell wird:
Warum bedeutet es mir so viel, eine konkrete Todesgefahr zu beherrschen? Beim Reden von Tod und Todesgefahr denken wir an das körperliche Ausgelöschtwerden. Tritt die Gefahr des leiblichen Vernichtetwerdens allzu nahe an uns heran, empfinden wir Entsetzen, grausame Todesangst. Nun behaupte ich, im Einklang mit den Erfahrungen der Tiefenpsychologie, daß nahezu jeder Mensch die Erfahrung »tödlichen« Entsetzens schon sehr früh erlebt hat. Eine Ahnung vom seelischen Schrecken des Todes haben wir schon lange in uns, ohne es mit Bewußtsein wahrzunehmen. Gelegentliche Alpträume lassen uns das tödliche Entsetzen, das Bestandteil unseres Seelengrundes ist, noch in Annäherung erfahrbar werden. Wann machten wir

Abb. 35: An den Rauhigkeiten einer Felswand festgekrallt . . .

diese frühen »Todeserfahrungen«? Es gibt in den ersten Lebensjahren manche Situationen, die für das Kind wie ein Vernichtetwerden, ein Zu-Nichts-Werden sind. Alleingelassensein, wenn die Mutter ganz stark herbeigesehnt wird, ist solch ein Stück Vernichtetwerden. Auch die irrsinnige Angst, wie sie bei allzu grausamer Bestrafung die Seele erschüttert, gleicht dem Entsetzen des Todes. Heftige Beschämung kann schlimm sein wie der Tod. Das Nicht-Geltenlassen von Wünschen und Gefühlen, die ganz mächtig waren in uns, kann für ein Dreijähriges tödlich schmerzhaft sein. In mancher Kindheit häufen sich derartige seelische Todeserlebnisse. Das Grauen des Zunichtegemachtwerdens, das damit verbunden ist, wird mit aller Macht vergessen, verdrängt. Es lebt indes in der Tiefe weiter. Es verlangt dann, unerledigt, wie es ist, beständig nach Beschwichtigung. Es kann zur Quelle eines ganz starken Bestrebens werden, sich in vernichtungsträchtige Situationen zu begeben, um dann immer wieder die Meisterung der tödlichen Bedrohung auszukosten. Eben das ist bei vielen von uns der Fall. Waren wir früher vielfältigen »inneren« Toden macht- und hilflos ausgeliefert, können wir uns angesichts der äußeren Vernichtungsbedrohungen der schweren Berge als todes-überlegen empfinden. Die Akrobatik der äußeren Todesbeherrschung schenkt uns einen Ausgleich gegen die tiefe Todes-Hilflosigkeit, die von früh an in uns steckt und die noch nicht verwunden ist.

Das Wissen um alle die vorab benannten Zusammenhänge macht auch eine Tatsache verständlich, die Nicht-Bergsteiger oftmals mit Befremden erfüllt: Ich meine die Erfahrung, daß es wirkungslos ist, wenn man uns die Gefahren des schweren Bergsteigens drastisch vor Augen führt. Wir lassen in aller Regel selbst dann nicht vom Klettern ab, wenn wir selber einen Bergunfall hatten oder wenn Kameraden verunglückt sind. Wir gehen eben an die schwierigen Berge heran nicht *obwohl* sie gefährlich sind, sondern *weil* sie gefährlich sind. Dort begegnen wir sichtbar und spürbar der vernichtenden Gefahr und dort können wir sichtbar und spürbar über sie triumphieren. Das ist es, was wir brauchen.

Wir sind nicht todessüchtig, wie es uns von verständnisunfähigen Leuten gern unterstellt wird. Kein Extremkletterer, der in die Berge geht, um dort zu sterben. Wir wollen am Berg leben, unbedingt leben und unseren Triumph über die unmittelbar gefühlte Gefahr genießen. Um dieses sieghafte Der-Vernichtung-Standhalten geht es, und nicht ums Sterben. Letzteres ist für uns eine Katastrophe wie für jeden anderen auch.[69]

Ich habe nun aufgezeigt, weshalb das Thema »Fallen« für viele von uns eine ganz tiefe Bedeutung hat: Angesichts der Möglichkeit des tödlichen

Fallens, die im Gebirge ja immer gegeben ist, können wir uns als sehr mächtig erleben; wir können uns beweisen, daß wir auch unter den schwierigsten Umständen noch sicheren Halt erringen können und wir genießen den sichtbaren Triumph über den Tod. Alles dieses ist für uns so wichtig und so kostbar, weil wir damit Schmerzen beschwichtigen, die tief in unsere Seele eingebrannt sind.

Jede »extreme« Sportart besitzt ein bestimmtes Risikomoment, das für sie charakteristisch ist. Beim schweren Bergsteigen liegt die Hauptgefahr, wie dargestellt, in der Möglichkeit des tödlichen Stürzens. Beim Wildwasserfahren drohen das Zermalmtwerden durch die übermächtige Gewalt des tobenden Wassers und das Ersticken. Das Ersticken ist auch beim extremen Tauchsport als Möglichkeit gegeben, außerdem kann man sich im Tiefenrausch verlieren in der lichtlosen Unendlichkeit der Wassertiefen. Beim Drachenfliegen wiederum setze ich mich, ähnlich wie beim Klettern, dem Risiko des haltlosen Fallens aus.

Jeder, der mit Leidenschaft einer risikonahen Sportart nachgeht, kann sich die Frage stellen: Was bedeutet das spezielle Risikomoment meines Tuns für mich? Für den Kletterer lautet die Fragestellung: Was bedeutet es für mich, der Möglichkeit des tödlichen Stürzens ausgesetzt zu sein und mich dagegen zu behaupten? Für den Wildwasserfahrer heißt die Frage: Was bedeutet es für mich, um die Risiken des Zermalmtwerdens und des Erstikkens zu wissen und diese Gefahren zu beherrschen? Der Taucher mag sich fragen: Was bedeutet es mir, mit den Gefahren des Erstickens und des Mich-Verlierens umzugehen und damit fertigzuwerden?

Immer, so behaupte ich, steht das Hauptgefahrenmoment einer extremen Aktivität in einem engen Zusammenhang zu den untergründigen Leitmotiven dessen, der diese Aktivität mit Leidenschaft ausübt. Die Art des Todesrisikos, das in einem Tun enthalten ist – Stürzen, Zermalmtwerden, Erstikken, Verlorengehn – verweist auf die Art der seelischen Bedrohungen, welchen wir einstmals gar zu hilflos ausgeliefert gewesen sind. Für das extreme Bergsteigen habe ich diesen Zusammenhang zwischen dem typischen Risikofaktor (Fallen) und früher seelischer Verwundung genauer aufgezeigt. In bezug auf andere Risikosportarten ließe sich das in analoger Weise tun.

Sexualität

Sexualität – dieses Stichwort mag in einer Abhandlung über das extreme Bergsteigen ziemlich deplaziert erscheinen. Gelten doch die hohen Berge, die »lichten« und »reinen« Höhen schon immer als eine Sphäre, die fernab liegt von den »Niederungen« und Anfechtungen der Sexualität. Nun, ich möchte auch gleich vorwegschicken, daß ich nicht die Absicht habe, das sexuelle Element zu einer Haupttriebkraft des schweren Bergsteigens zu erklären. Immerhin aber scheint mir das sexuelle Moment ein nicht ganz nebensächliches Motiv im Gesamtchor unserer Berg-Antriebe zu sein.

Ein erstes und sehr gewichtiges Indiz für das Vorhandensein erotischer Empfindungen beim Bergsteigen liefern uns die Extremen selbst in ihren schriftstellerischen Hervorbringungen. Manche Texte von Extremen lesen sich wie Passagen aus einem erotischen Roman. Vom Berg wird geschrieben wie von einer heiß verehrten Frau. Manchmal tauchen sehr direkte sexuelle Bilder und Anklänge auf. Hier einige Beispiele für Texte mit deutlichem erotischem oder sexuellem Unterton:

> *Und wie wohl uns wird, wenn wir den nackten Fels mit der nackten Faust packen . . . (Lammer)*[70]

> *Toter Fels: daß er das Blut erregen kann, daß er umworben und geliebt werden kann wie eine Frau. (Maduschka)*[71]

> *Wir waren in diesen Jahren so an die Berge hingegeben, daß wir – fast wie balzende Auerhähne – für nichts anderes Ohr und Sinn und Blick hatten. (Ertl)*[72]

> *Unser Berg entschleierte sich zuweilen für einen Augenblick, als ob er eine gefallsüchtige Schöne wäre, und sah oben reizend, unten aber sehr geheimnisvoll aus. (Whymper)*[73]

Abb. 36: Bergsteiger an der Jungfrau im Berner Oberland. Allegorische Darstellung auf einer Ansichtspostkarte von 1896.

Auch unser Ziel, die Guglia, hat sich in spröder Abwehr mit Schleiern verhängt und geizt mit ihrem Anblick, als wollte sie uns durch allerhand Geheimnisse schrecken. Doch nicht lange währt dieses Gaukelspiel. Bald zerreißen die Sonnenpfeile das trügerische Gespinst, und in glühend roter Nacktheit reckt sie den wundervoll schlanken Leib gen Himmel. (Hübel)[74]

Zur Wildspitze aber drang ich vor als der Prinz, der Dornröschens Bann zerbrach. (Lammer)[75]

Der erste Berg, den ich sah, ebenso wie die erste bewußt gesehene nackte Frau, waren auf einem Foto. (Karl)[76]

Schauer ziehen durch meinen Körper, obwohl ich den Berg jetzt nicht als Schrecken empfinde. Ich stehe vor einer ehemaligen Geliebten, deren Anziehungskraft mir noch immer ein Rätsel ist. (Messner)[77]

Genug nun der Anbetungs- Lust- und Liebesworte. Die meisten dieser glutvollen Sätze sind sicherlich in voller Naivität und ohne Hintergedanken niedergeschrieben worden. Es floß den Schreibern einfach so aus der Feder, ohne Nebengedanken. Das widerlegt indessen nicht den erotischen Charakter der Texte. Es zeigt höchstens, wie unbemerkt-allgegenwärtig erotische Tönungen im Erleben von leidenschaftlichen Bergsteigern sind. Pikant ist in diesem Zusammenhang die Beobachtung, daß die vollmundigsten erotischen Anspielungen von Männern hervorgebracht werden, die ausgesprochene Hagestolznaturen gewesen waren (siehe Whymper, Hübel und Lammer). Da blitzt in der schriftstellerischen Betätigung ein erotisches Feuer auf, das im tatsächlichen Leben nicht zu erkennen gewesen war.
Ein Berg und eine Frau sind auf der materiellen Ebene zweifellos etwas sehr Verschiedenartiges. Das hindert indessen nicht, daß im Bereich des männlichen erotischen Erlebens enge Verwandtschaften zwischen Berg und Weib bestehen, die bis zur seelischen Austauschbarkeit gehen können.
Dementsprechend sind vielzählige Sprachwendungen der Bergsteigerliteratur der Sprachwelt der Erotik entnommen. Gipfel »locken« und »reizen« uns. Sie werden »umworben« und glücklich »erobert«. Manchmal auch »weisen« sie uns spröde »ab«. Wir belegen die Berge, die es uns besonders angetan haben, mit weiblichen Verehrungstiteln: Die Schöne, die Erhabene, die Königin, die Jungfräuliche. Diese sprachlichen Gemeinsamkeiten zwischen bergsteigerischer und erotischer Literatur sind Ausdruck einer tatsächlichen gefühlsmäßigen Ähnlichkeit beider Bereiche.
Jeder leidenschaftliche Alpinist weiß aus der eigenen Erfahrung, daß uns ein großer Berg genauso packen und betroffen machen kann, wie eine schöne Frau. Und die Art, wie wir uns einem Berg manches Mal entgegen-

sehnen ist kaum zu unterscheiden von der Sehnsucht nach einer Geliebten. So berichtet Hans Ertl von sich und seinen Gefährten, sie seien ganz verrückt gewesen nach der Nordwand des Matterhorns, nachdem sie diese Wand erstmals auf einem Bild gesehen hatten: »Seitdem trugen wir das Photo der Wand ständig bei uns und vertieften uns darin wie in das Bild der Geliebten, bis wir jede Einzelheit auswendig wußten«.[78] Welcher leidenschaftliche Alpinist kennt es nicht, dieses fiebrig-wollüstige Hindenken an einen »Traumberg« und dieses gierige Einschlürfen jedes Bildes und jeder erreichbaren Beschreibung! Manche junge Braut würde es sich wünschen, so sehr begehrt und umschwärmt zu sein. Bleibt noch zu nennen das Eroberungsglück des Alpinisten, das dem Glücksgefühl über eine Fraueneroberung verdächtig ähnlich ist.
Beim Klettern konkretisiert sich der erotische Beigeschmack des Bergsteigens auf ganz handfeste Art und Weise. Anfassen, Zugreifen, Eindringen und Vordringen sind wesentliche und lustgefärbte Verhaltenselemente des Kletterns. Welche Wonne ist es, die Hand auf kompakten, sonnenwarmen Fels zu legen, sich anzuschmiegen an eine pralle Wand, einen festen, handfüllenden Griff zu packen! Welches Lustgefühl geht durch uns hindurch, wenn die Steigeisen im harten Firn so richtig eindringen und knirschend greifen! Welch gutes Gefühl, wenn wir den Pickel in eine solide Schneedekke hineinstoßen. Gewiß, man denkt sich nichts dabei, doch wenn man sich diese Lustempfindungen bewußt macht, dann reichen sie schon ein gutes Stück in die erotische Sphäre hinein. Bei der körperlich empfundenen Kletterlust spielt sich vieles über die Finger ab, über das Berühren, das sensibel tastende und horchende Erspüren. Es gibt Fels, der ist eine wahre Fingerlust. Von unseren Fingerspitzen her strömt herrliches Wohlbehagen durch den ganzen Körper hindurch. Mit Wonne bewegen wir uns über den Fels-Körper hin.
Einen Berg zu ersteigen, zumal einen einsamen und widerspenstigen Berg, ist ein Tun, das stark mit den Gefühlen des Besitzergreifens und des Unterwerfens eingefärbt ist. Besonders lustvoll ist dieses Berg-Aneignen, wenn ich weiß und sehe, ich bin der erste Eroberer. Wenn ich meine Fußspur in unberührten Steilfirn lege, dann sagt mir diese Spur ganz intensiv: das ist mein Hang, mein Berg. Bekanntermaßen trägt auch die sexuelle Zuwendung zu einer Frau die gefühlsmäßige Konnotation des In-Besitz-Nehmens und Unterwerfens. Und wie am Berg, so ist es auch bei einer Frau besonders schön zu wissen, daß man der erste und einzige ist. Wie sagte noch einmal Eugen Guido Lammer? »Zur Wildspitze aber drang ich vor als der Prinz, der Dornröschens Bann zerbrach . . .« Im Straßenjargon wird eine

Abb. 37: Die steilen Zähne, auf die wir scharf sind. (Spiehlerturm in den Lechtaler Bergen)

sexuell anziehende Frau als »steiler Zahn« bezeichnet. Ist es da bloß ein perfider Zufall, daß es gerade die ganz steilen (Felsen-) Zähne sind, auf die wir Kletterer besonders »scharf« sind?

In den besten Momenten kann das Klettern zu einer wahren Ekstase werden. Der Kletterer verfällt in einen Zustand der vollkommenen Verzückung und Selbstvergessenheit. Auf diesen Höhepunkten sind sich Kletterlust und sexuelle Lust sehr ähnlich.

So gibt es also zwischen dem schweren Bergsteigen und der erotischen Erlebnissphäre vielfältige Ähnlichkeiten. Unerkannt und in aller Unschuld klingen beim Bergsteigen Empfindungen an, wie sie auch für den erotischen Bereich kennzeichnend sind. Beide Gefühlssphären liegen offenkundig nahe beieinander und die Grenzen sind fließend. Das Bergsteigen vermag allem Anschein nach ein hohes Maß an Impulsen und Empfindungen,

Abb. 38: Berg-Erotik in der Phantasie eines Malers

die dem sexuellen Bereich angehören, an sich zu binden und zwar – dies ist wichtig – ohne daß anstrengende Sublimierungen vonnöten sind. Bergsteigen und Sexualität sind über einen weiten Bereich äquivalent, austauschbar. Darum auch ist das Verhältnis zwischen Bergleidenschaft und Frauenliebe in der großen Tendenz durch ein Verhältnis der Reziprozität gekennzeichnet.

Im Lebenslauf großer Extrembergsteiger erkennen wir einen ersten und zugleich sehr augenfälligen Zusammenhang zwischen Bergsteigen und Sexualität im Alter von etwa 16 Jahren. Die meisten unter den namhaften Extremalpinisten waren schon seit den frühen Kinderjahren mit den Bergen vertraut, doch als ein überwältigendes und unwiderstehliches Bedürfnis überkam sie der Drang zum Berg erst in der Pubertätszeit. Mit sechzehn oder siebzehn erfuhr das Interesse am Berg eine sprunghafte Intensivierung. Aus einer Neigung wurde Besessenheit. Auf einmal begannen die Jungen, ihre ganze Energie aufs Bergsteigen zu verlegen, ungestüm stürzten sie sich erstmals in schwere Unternehmungen und die großen Pläne schossen auf wie das Gras im Frühjahrsregen.[79] Die Gleichzeitigkeit zwischen sexueller Reifung und totaler Hinwendung zum schweren Alpinismus läßt auf einen ursächlichen Zusammenhang schließen. Der Zusammenhang erscheint mir so gut wie sicher: Den biographischen Materialien zufolge war für viele leidenschaftliche Bergsteiger die Sexualität im Jugendalter in hohem Maße angstbeladen. Da bot sich dann offenkundig das schwere Klettern als günstige, weil gut sexualisierbare und gleichzeitig »saubere« Alternative zu den normalen sexuellen Interessen an. Ja es ist wohl so: Mächtige Ströme abgebogener Sexualität bilden gerade in jungen Jahren einen Hauptbrennstoff für die reine Flamme der Bergleidenschaft.

Bei der Verkoppelung von Sexualität und Bergleidenschaft spielen auch bestimmte Gruppentraditionen eine Rolle. Das schwere Bergsteigen wurde von seinen Exponenten von Anfang an sehr eng mit der Vorstellung von Männlichkeit und Mannestum verknüpft, etwa so, wie es in früheren Zeiten mit dem Kriegshandwerk gewesen war. Dieser männlich-machende Effekt der Zugehörigkeit zur extremen Bergsteigergilde kann für manchen Alpinisten von großer seelischer Bedeutung sein, dann nämlich, wenn der natürlichste Beweis des Mann-Seins, das sexuelle Interesse, aus irgendwelchen Gründen wenig ausgeprägt oder gehemmt ist. Dann bietet sich das harte Bergsteigen als eine probate Möglichkeit an, das Prädikat »ein toller Mann« unter Umgehung des natürlichen Männlichkeitsbeweises zu erringen.

Der sexuelle Empfindungs- und Erlebnisbereich schwingt in jeder Sportart irgendwo mit. Kaum ein Sport aber, so meine ich, kann in so umfassender Weise erotisch-sexuelle Antriebe in sich integrieren, wie das Bergsteigen in seinen härteren Spielarten. Das eigentlich besondere dabei ist, daß das sexuelle Element gleichzeitig hervorragend kaschiert ist. Überspitzt kann man sagen: Bergsteigen ist eine wunderbar saubere Form der Erotik. Sie ist so unverfänglich, daß sie sogar im Mönchsgewand noch völlig honett wäre. Und viele große Alpinisten sind ja in der Tat von mönchischer Art.

Leistungsbedürftigkeit

Wir passionierten Bergsteiger, die wir uns so gerne als Nonkonformisten verstehen, wir haben mit den Hauptvertretern unseres Wirtschafts- und Staatslebens eine zentrale und »system-spezifische« Eigenschaft gemeinsam: Wir sind in einem oftmals grenzenlosen Maße leistungsbedürftig und leistungsversessen. Würden wir unseren alpinistischen Leistungseifer im beruflichen Bereich betätigen, ich glaube, die meisten von uns säßen irgendwo ganz oben und ganz vorne in den Chefetagen. Leistung, und zwar in der Form der außergewöhnlichen und perfekten Vollbringung, ist für sehr viele von uns der seelische Lebensnektar. Das wird in unserem Verhalten an vielerlei Punkten offenkundig.

Die Leistungsspirale

Eine beliebte Lesebuchgeschichte ist die Story vom mächtigen Wirtschaftsmagnaten, der einmal ganz klein angefangen hat. Zuerst war der Held vielleicht Gehilfe in einem bescheidenen Handwerksbetrieb. Dann hat er selber eine Werkstatt übernommen. Er hat geschuftet, sinniert und gespart. Er hat angebaut und Arbeiter eingestellt. Aus der Werkstatt wurde eine Fabrik. Die Fabrik gedieh zur großen Firma. Doch der kleine Gehilfe von damals hatte in keiner Weise genug. Rastlos schuftete er weiter, als ginge es immer noch um die bloße Existenz. Mit der Unbeirrbarkeit eines Geschosses, das einmal auf seine Bahn geschickt wurde, lebte er der Devise: Immer größer, immer mehr.

Genau analog liest sich die bergsteigerische Karriere der großen Alpinisten. Irgendwann einmal haben sie mit selbständigen Touren angefangen. Die Anfänge waren zumeist bescheiden, wie bei »normalen« Bergsteigern auch. Sehr bald jedoch genügten die leichteren Touren nicht mehr. Man

machte sich an die großen klassischen Alpenfahrten heran. Auch hier stellte sich sehr bald Sättigung und der Drang nach noch Schwererem, nach Außergewöhnlichem ein. Von da an begann ein ständiges Überbieten des Alleräußersten. In diesen Bergsteigerkarrieren war und ist jede vollbrachte Tat nur ein Schritt auf noch größere Taten hin. Da gibt es kein Verweilen, kein Zufriedensein. Nicht weiter zu kommen wäre Versagen – wie es ehedem bei einem Alfred Krupp, einem Gottlieb Daimler oder einem John Rockefeller war.
Die Extremen sind sich ihres unerbittlichen Dranges zur ständigen Selbstüberbietung oft deutlich bewußt. So beschreibt Reinhold Messner jenen unerbittlichen Vorwärts- und Aufwärtsdrang, der als eine innere Leitlinie fast sein ganzes bisheriges Dasein beherrschte, mit den folgenden Sätzen:

> *Anfangs waren es leichte Klettertouren gewesen. Der Sass Rigais, mein erster Dreitausender – damals war ich fünf Jahre alt – lachende Almwiesen und sonniger Dolomitfels. Später kletterte ich durch die schwierigsten Wände der Alpen, durch bedrohliche Schluchten, um dann die steilsten Wände der höchsten Berge der Welt anzugehen: Nanga-Parbat-Rupalflanke, Manaslu-Südwand, Makalu-Südwand und jetzt die Lhotse-Südwand. Immer steiler, immer schwieriger. . .*[80]

Einer, der jahrzehntelang mit einer unglaublichen Energie jene Devise des »immer steiler, immer schwieriger« in die Tat umsetzte war Gaston Rébuffat. Lionel Terray schreibt über ihn:

> *Schlicht, ruhig und zurückhaltend im täglichen Leben, mangelte es ihm dem Berg gegenüber an jeglicher Bescheidenheit. Jede Tour war ihm nur Training für eine größere. Um immer furchtbarere Wände anzugehen, fehlte ihm lediglich der Kamerad, der imstande war, ihm zu folgen.*[81]

Was Terray, der Schreiber dieser Zeilen an einer anderen Stelle über seine eigene Lebensführung sagt, das zeugt ebenfalls von einem ungeheuerlichen Aktivismus, einem ständigen Drang nach noch mehr:

> *In kleinen sieben Jahren hatte ich an sieben Expeditionen teilgenommen, hatte fast 27 Monate in Übersee zugebracht, rund 180 Ersteigungen in den Alpen durchgeführt, siebenhundert Vorträge gehalten und auf mehr als 150 000 km geführt.*[82]

So klettern und rackern sie jahrzehntelang wie die Besessenen und dennoch gelangen sie nur für ganz seltene Momente zum Gefühl der Zufriedenheit mit sich selbst. Der riesige Leistungsanspruch führt zur großen Lebenskrise in dem Moment, wo die Höhe der Leistungskraft überschritten ist und die Kräfte spürbar nachlassen. Dann ist die ganze Existenz von Grund auf in Frage gestellt und das Ichbewußtsein braucht ein völlig neues

Fundament. Nicht allen gelingt dieser innere Umbau und viele gehen den Weg in die Bitterkeit – wenn nicht der Bergtod vorher dazwischenkommt.

Seelische Katastrophen

Noch einmal: Der Drang, Außergewöhnliches und Vollkommenes zu leisten, ist bei vielen passionierten Alpinisten ungeheuerlich stark und lebenswichtig. Wie immens das Leistungs- bzw. Erfolgsbedürfnis ist, das erkennt man am deutlichsten an den Reaktionen von Extremen auf das Erlebnis des Mißerfolgs. Zwei Versagungssituationen sind typisch: Entweder muß eine Besteigung aus irgendwelchen Gründen abgebrochen werden, oder: Ein Konkurrent hat eine vorgesehene Neutour weggeschnappt. Beide Ereignisse stellen für manchen Passionierten eine regelrechte seelische Katastrophe dar, mit abgrundtiefer Niedergeschlagenheit, mit grausamen, oft lebenslangen Versagensgefühlen, mit brennendem Haß auf die Umstände oder die erfolgreichen Konkurrenten. Ein Beispiel hierfür: Zu den Teilnehmern einer Expedition, die in den siebziger Jahren die berüchtigte Rupalflanke des Nanga Parbat erstmals bezwang, gehörte auch der österreichische Kletterer Felix Kuen. Man wußte eine Zeitlang nicht ganz genau, ob nun die Seilschaft von Felix Kuen oder die seines Teamkameraden Messner als erste am Gipfel war. Für Kuen wurde dies zur Existenzfrage. Der Alpinist Toni Hiebeler führte nach der Tour das folgende Gespräch mit Kuen:

> *Felix fragte mich: »Jetzt möcht' ich wissen, wie du das siehst: gehör' ich jetzt zu den Erstbegehern der Rupalflanke oder. . .?« Weil ich diesen ruhigen Mann, der es nicht verstand, aus sich etwas zu machen, immer bewundert und gemocht hatte, hätte ich zu gerne gesagt, was er hören wollte. Aber es war einfach nicht so. »Felix«, sagte ich schonend, »es ist doch vollkommen egal, auch wenn die Erstbegehung der Flanke einen Tag vor deiner Begehung erfolgte – freu' dich. Du lebst, hast keine Erfrierungen, und pfundig war es doch auch, oder?« »Dann bin ich also nur zweiter?« vergewisserte sich Felix. Ich sagte nichts, machte nur eine Handbewegung, daß es vollkommen unwichtig sei. Aber Felix' Gesicht hatte einen Ausdruck, als wäre eine Welt in ihm eingestürzt.*[83]

Erster gewesen sein oder Zweiter, ganz oben gewesen sein oder nicht ganz oben gewesen sein – daran hängt für viele von uns die Welt. Ganz schmal ist für uns die Grenze zwischen innerem Triumph und innerem Vernichtetsein.

Konkurrenz

In den mittleren und oberen Rängen eines Industrieunternehmens herrscht bekanntermaßen häufig eine grimmige Konkurrenz unter den Mitarbeitern. Eine ähnlich erbitterte Rivalität kann man auch in alpinistischen »Arbeitsteams« beobachten. Es ist eine allgemeine Erfahrung, daß Bergsteigermannschaften, die kurz vor einem großen Gipfelsturm stehen, zu einem brodelnden Gemisch der Ichsucht, des Neides und der Verbitterung werden. Alle, die sich da zusammengetan haben, mögen gewöhnlich friedfertige und kameradschaftliche Menschen sein – wo es um die Zuteilung von hochkarätigen Erfolgschancen geht, da kippen vielfach die besten Kameradschaftsbeziehungen um in die giftigste Mißgunst und Rivalität. Da heißt das ungeschriebene Gesetz des Handelns: Hauptsache, *ich* war droben. Die größten Tragödien auf Alpinexpeditionen geschehen nicht im Kampf mit dem Berg. Sie spielen sich mehr oder minder lautlos in den Seelen der Gipfelaspiranten ab. Da setzt es Verwundungen und Qualen, die ärger und länger schmerzen, als erfrorene Finger und Zehen.

In seinem Bericht von der Everestexpedition 1978 beschreibt Reinhold Messner die Stimmungslage, wie sie im Expeditionsteam herrschte, nachdem die erste Seilschaft den Gipfel erreicht hatte:

> *Um die Mittagszeit des 3. Mai hat die Spitzengruppe, Robert Schauer mit Ang Phu und Wolfgang Nairz mit Horst Bergmann den Everestgipfel erreicht. Die Stimmung in der übrigen Mannschaft ist nicht euphorisch, obwohl sich jeder freut. Man sieht sich um die eigenen Gipfelchancen betrogen (. . .) Es mag schwer zu verstehen sein, aber wer oben steht hat immer Neider, zumindest jene, die auch gerne hinaufgingen. (. . .) »Das Ganze hat eine unerfreuliche Wendung genommen«, sage ich zu Josl. »Ja, es ist schon eine Schweinerei, wie sich jetzt alle vordrängen«, stellt Peter fest.*[84]

Reinhard Karl formuliert in seiner lakonisch-treffsicheren Weise: »Eine Expedition ist nur dann erfolgreich, wenn ich oben war.«[85]

Wer nicht zu jenen gehörte, die »oben waren« ist manchmal sein Leben lang verbittert und verwundet, wie etwa Walter Bonatti, der seinerzeit bei der Erstbesteigung des zweithöchsten Berges der Welt, des K 2, von den »Kameraden« um seine Gipfelchancen gebracht worden war.

Die verbissene Rivalität unter den Top-Leuten des Alpinismus kostet auch immer wieder Todesopfer. Hierfür ist beispielhaft die folgende Episode: In den dreißiger Jahren hatten sich zur gleichen Zeit mehrere deutsche Spitzenseilschaften die Erstdurchsteigung der Matterhorn-Nordwand zum Ziel gesetzt. Die ersten, denen das Vorhaben gelang, waren die Gebrüder

Schmid. Die Münchener Alpinisten Rittler und Brehm, die sich ebenfalls Hoffnungen auf die Wand gemacht hatten, waren vom Erfolg der Schmidbrüder vollkommen niedergeschmettert (obwohl alle vier Vereinskameraden waren!). Was weiter geschah, lesen wir bei Hans Ertl:

> *Die Nachricht vom Fall der Nordwand hatte sie so betroffen, daß sie nicht mehr Herren ihrer Gefühle waren; man erzählt uns, sie seien, vor Enttäuschung weinend, nach Zermatt gekommen. Eine Stunde später waren sie, allen guten Warnungen zum Trotz verschwunden. Wir kannten ihr Ziel. Die Nordwand der Grandes Jorasses drüben im Bannkreis des Montblanc – das ‚allerletzte', das allerschwerste Problem. Damit wollten sie wettmachen was ihnen hier entgangen war. . .*[86]

Eine Eislawine brachte den beiden bei ihrem kopflosen Versuch, die »Niederlage« wettzumachen, den Tod. Bei nahezu allen großen Alpenwänden ist die Besteigungsgeschichte gekennzeichnet und verdunkelt durch die Tode von Männern, die zu viel riskierten aus dem brennenden Ehrgeiz heraus, die ersten zu sein. Im Wirtschaftsleben sterben die allzu Ehrgeizigen am Herzinfarkt, im Gebirge stürzen sie tödlich ab. Anders gesagt: Rivalität und Ehrgeiz gehen hier wie dort bis zur Selbstvernichtung. Der Erfolg ist so wichtig wie das Leben – er ist im wahrsten Sinne lebenswichtig.

Berg = Problem

In bezug auf Unternehmungen, die ihnen besonders wichtig sind, reden die Extremen oft von »Problemen«: das große Problem in dieser Wand. . ., das letzte Problem an jenem Berg. . . Die Etikette »Problem« ist im Bergsteigerischen mehr als nur eine prägnante Redensart. Hier geht es nicht nur um die Überwindung rein sportlich-spielerischer Schwierigkeiten. Das Wort »Problem« steht für einen ganz wesentlichen, unterschwelligen Aspekt unseres Bezuges zum Berg. Es ist ein Hinweis darauf, wie wir das Bergsteigen empfinden: als eine permanente, todernste Prüfungssituation. Wie sagte der Extrembergsteiger Toni Schmid? »Uns lockt der Weg, dessen die Abenteuer die Prüfungen sind, die man entweder besteht, oder vor denen man jämmerlich versagt.«[87] Wenn wir die »Prüfungsaufgabe Berg« einmal nicht bestehen, dann ist das für nicht wenige von uns eine ebensolche Tragödie, als wären sie im Abitur oder in der Meisterprüfung kläglich durchgefallen. Bemerkenswert und vielsagend ist in diesem Zusammenhang eine Beobachtung von Reinhold Messner. Messner berichtet, daß er in der Gipfelsturmphase einer Expedition immer wieder einmal von Alpträu-

men über Prüfungserinnerungen heimgesucht wird. Er träumt dann in verzerrter und bedrückender Form von seinem ersten, nicht bestandenen Abitur. Dieses Aufflackern angstbeladener Prüfungserlebnisse beleuchtet schlaglichtartig, wie Messner in tiefster Seele seine Bergsteigerei erlebt: Als eine existentiell entscheidende Prüfungssituation.[88]
Wir leidenschaftlichen, wir leistungsbedürftigen Bergsteiger machen tausendmal im Leben das Abitur und stehen tausendmal unter dem drückenden Joch existenzieller Versagensangst. Unser bergsteigerisches Tun ist für uns unmittelbar verknüpft mit der Frage nach dem Wert oder Unwert unserer Person.

Perfektionismus

Ein besonders Kapitel unseres Leistungsbedürfnisses ist dessen Perfektionismus. Auf dem Weg zu einem großen Gipfel werden zehntausend schwere und schwerste Schritte gemacht, aber nur ein einziger Schritt davon ist wirklich wichtig: Der eine Schritt zum allerhöchsten Punkt. Fehlt dieser eine Schritt, dann ist uns das ganze Unternehmen nichts wert. Das ist wie mit der blauen Mauritius, wenn ihr eine Zacke fehlt. Unglaubliche Tragödien spielten sich schon ab wegen dieses einen letzten Schrittes auf den höchsten Stein. Genauso ist es mit den Kletterregeln der ganz Extremen: Nur ein einziges Mal an einen Haken hingefaßt, und die ganze Tour durch die direkte Nordwand der Großen Zinne ist für den Freikletterer »versaut«, wie der spezifische Terminus technicus lautet. Unsere Erfolgskriterien sind unglaublich rigoros. Wir machen es uns so schwer wie nur möglich. Und wohl gemerkt: Nicht perfekt sein ist Versagen.

Leistung und Lust

Das Diktat des Leistenmüssens, das andere Menschen eher als etwas Fremdes und Ärgerliches empfinden, ist gleichsam in uns hineingewachsen. Es ist ein Hauptbestandteil unserer Person. Mehr noch: Wir haben auch noch die Zuchtrute, die uns unerbittlich bei der Stange hält, zu einem Bestandteil unseres Selbst gemacht: es ist der zum Daseinsprinzip erhobene Wille. Der »eiserne« oder »unbeugsame« Wille, auf den wir uns so viel zugute halten, sowie sein Zwillingsbruder, der Asketizismus, verhindern ein Ausbrechen aus der Leistungsspur in die Gefilde der bedingungsfreien und selbstgenügsamen Lust. Sich einfach gehen lassen, ohne wenn und aber genießen, dazu sind viele von uns nicht in der Lage. Dazu haben wir wenig Talent. Lustgefühle kennen wir nur als Anhängsel schwerster Leistungen. Lust ohne Leistung ist für uns im zwiefachen Wortsinn unmögliche Lust. In der Sprache des Alltags: »Erst die Arbeit und dann das Vergnügen«. Wobei für unsereiner »Arbeit« identisch ist mit riesenhafter Anstrengung und außergewöhnlicher Vollbringung. Bei uns muß etwas laufen, damit wir unsere Seele dem Wärmehauch der Lust auftun können.

Notwendige Illusionen

Wir passionierten Bergsteiger bringen es im Gebirge im Vergleich zu den »einfachen« oder »normalen« Berggehern zu überdurchsschnittlichen und manchmal außergewöhnlichen Leistungen. Unter unseresgleichen, den Freunden der Berge, gehören wir zu den Vorderen, den Besseren. Da liegt die Versuchung für uns nahe, daß wir die Tatsache unseres besonderen Leistungsvermögens im Gebirge ausweiten zu der allgemeinen Schlußfolgerung: »Ich bin (überhaupt) ein ganz besonders leistungsfähiger Mensch.« Ich glaube, manche von uns hängen insgeheim dieser schmeichelhaft-unkorrekten Schlußfolgerung an, weil sie sie tiefinnerlich nötig haben. Das bergsteigerische Können wird als Beweis der Leistungskraft im ganzen genommen. Im Hintergrund steht dabei aber oftmals ein tatsächliches, uneingestandenes Nicht-genug-Leistenkönnen im Bereich des normalen Lebens. Der Alltag ist für manche von uns viel schwerer zu meistern, als das harte Leben am Berg. Dieser heikle Sachverhalt wird deutlich aus den folgenden Zeilen von Lionel Terray, wo der Franzose die Rückkehr von der erfolgreichen Expedition zum Makalu beschreibt:

> *Der Traum, den wir gelebt, verweht nach und nach. In einer grausamen Mischung von Schmerz und Freude, Heldenmut und Niedertracht, Sonne und Schmutz, Größe und Kleinlichkeit, kehrten wir langsam zur Erde zurück. Eines Tages war dann der erste Weg wieder da und das erste Lastauto. Von Traurigkeit erfüllt, begriff ich, daß im Buch des Lebens eine neue Seite aufgeschlagen wurde. Es galt wieder, der Welt die Stirn zu bieten. Das große Abenteuer war zu Ende.*[89]

Aus diesen Worten des großen französischen Alpinisten klingt heraus: Das normale Leben (»die Welt«) ist für mich eigentlich viel schwieriger zu bestehen, als das harte Dasein am Berg.

Die seelische Absturzgefahr

Eine der großen Wunden in unserer Seele ist es, daß wir uns unseres Wertes nicht richtig sicher sind. Durch Taten, die weit über dem Maß des Normalen liegen, versuchen wir, die Wertungewißheit auszumerzen. Doch die Sicherheit reicht nicht weit. Die Angst »ich bin nichts wert« verschwindet nicht. Sie treibt uns zu ständigen Gegenbeweisen in Form von allergrößten Anstrengungen. Wir ehrgeizigen Bergsteiger leben so gesehen in einer fortwährenden seelischen Absturzgefahr. Wir fürchten den inneren Sturz ins Versagensgefühl vielleicht mehr als den realen Sturz aus der Wand. Auf der Ebene unseres bewußten Strebens leben wir nach der Devise: Ich muß das Äußerste aus mir herausholen. In unser Unterbewußtsein aber ist uns die Überzeugung eingebrannt: So richtig schaffe ich es wohl nie. Vor der Kulisse dieser Angst ist auch die größte Leistung immer zu gering.

Die nutzlose Leistung

Wir sind von einem gewaltigen Leistungsehrgeiz erfüllt. In dieser Hinsicht verhalten wir uns, aus dem Blickwinkel der gesellschaftlichen Normenwelt gesehen, konform und normal. Unser rigoroser Leistungsdrang hat aber auch eine unnormale Seite: Unser Leisten im Gebirge bringt nichts ein. Es ist von nutzloser Art. Bei unserer Schwerstarbeit im Gebirge kommt, materiell betrachtet, nichts heraus. Im Gegenteil, unser alpiner Leistungseifer verschlingt Geld und Kapital. Wir gehen mit einem ungeheuren Einsatz einer Tätigkeit nach, die rein gar nichts einbringt. Als die »Eroberer des Nutzlosen« hat daher Lionel Terray einmal sich und seinesgleichen bezeichnet.[90] Und bei Leo Maduschka heißt es: »Sie wandern ein ganzes Leben lang für die Ferne, zwecklos, nutzlos – und sie wissen darum.«[91]
Die meisten von uns leidenschaftlichen Bergsteigern hatten von klein an einen besonders starken Bewegungsdrang. Für die Eltern waren wir in unserer unbezähmbaren Bewegungslust unbequem; es gab zu Hause deswegen viele Reibereien. Allein darum schon fühlten wir uns von früh an am wohlsten weit weg von den Menschen, in der Natur. Dort konnten wir streunen, herumtollen und herumwerkeln, ohne ständig anzuecken. Bei einigen von uns kam als weiteres noch hinzu, daß die Atmosphäre daheim mit bedrückenden Konflikten und Spannungen belastet war. So vereinten

sich verschiedene Motive zu einem mächtigen Drang zum Draußensein, zum Herumzigeunern fernab der Menschen und der Familie. Draußensein wurde für uns am Ende gleichbedeutend mit ungestörtem Selbstsein. Wir wurden zwar frühzeitig zu Herumtreibern, wir hatten aber gleichzeitig von unseren Eltern auch einen starken Leistungsehrgeiz eingepflanzt bekommen. Wenn unsere Erziehung irgendwo erfolgreich war, dann ganz gewiß in diesem Punkt. Auf diese Weise entstand jene seltsame Verbindung zwischen einer nutzlosen Freiluftbetätigung und einem immensen Leistungsbedürfnis, die für unser Bergsteigen kennzeichnend ist. Darüberhinaus spielt für manchen von uns die Tatsache eine Rolle, daß der Bereich sportlicher Tüchtigkeit derjenige war, wo es am ehesten Lorbeeren zu verdienen gab. Das ergab einen mächtigen Ansporn, gerade auf sportlichem Gebiet Überlegenheit über die andern zu suchen und zu kultivieren. In einigen Fällen bildete auch der Wille, eine körperliche Schwäche auszugleichen – wie Kleinheit oder Kränklichkeit – ein Motiv zu einem besonderen körperlich-sportlichen Leistungsehrgeiz.[92]

In unserem »unnützen« Leistungsimpuls steckt, so meine ich, in vielen Fällen auch so etwas wie Rebellion. Wir hatten es schwer, als Kinder unser Selbst zur Entfaltung zu bringen. Wir mußten uns vielerlei Unerbittlichkeiten beugen, wohl oder übel, auch wenn es gegen unsere Seele ging. Mancher Persönlichkeitszug wurde mit Gewalt in uns hineingemeißelt – wie zum Beispiel das radikale Leistungsgebot. Doch aus der Gewalt, die unserer Seele angetan wurde, entstand auch, unterschwellig, Auflehnung und Rebellion. Ein Impuls zur Sabotage und zum Widerstand gegen das, was uns aufgezwungen worden war, wurde in uns mächtig. Einerseits war es uns nicht möglich, uns der formenden Wirkung jener harten Gewalten, die da an uns hobelten, zu entziehen, andererseits aber regte sich die geheime Neigung zum Protest. Unser Leistungszwang spiegelt in seiner Ambivalenz sehr deutlich dieses Widerspiel von Anpassung und Auflehnung: Wir sind zwar außerordentlich leistungswütig (wie es der Wille der Eltern gewesen war), aber wir sind es auf einem »unbürgerlichen« Terrain (wie es die Eltern sich nicht vorgestellt hatten). Unser heftiger bergsteigerischer Leistungsimpuls ist der Ausdruck des großen Zwiespalts in unserer Seele: daß wir einerseits gefesselt sind an die früh in uns hineingebrannten Gebote, daß wir uns andererseits aber auch dagegen auflehnen. Es ist der tragische Konflikt zwischen der drastisch durchgesetzten elterlichen Willensmacht und dem Selbstbehauptungswillen des bedrängten Ich.

Was den Ehrgeiz in unserem alpinistischen Leistungsstreben anbetrifft, sind wir die gehorsamen Kinder unserer Eltern. Im Hinblick auf die unnütze Richtung, in die wir am Berg unsere Leistungsbesessenheit lenken, sind wir Rebellen. Gehorsam und Protest, Elternmacht und der Wille zum eigenen Selbst liegen in unserer Seele im Streit, auch Jahrzehnte nach der Kinderzeit noch.

Aggression

Als Junge habe ich mit Hingabe Geschichten von Kriegshelden und Kämpfen aus früherer Zeit gelesen, wie zum Beispiel die Sagengeschichten der Ilias, der Odyssee oder die deutschen Heldensagen. Vergleiche ich diese kriegerische Lektüre meiner Jugendzeit mit den Berichten von Extrembergsteigern, so wie ich sie heute gerne lese, dann erkenne ich vielzählige und starke Parallelen.

Insbesondere Berichte aus der Expeditionsbergsteigerei sind nahezu identisch mit den Kriegsgeschichten aus früheren Epochen. Der einzige wirkliche Unterschied besteht darin, daß im einen Falle Menschen die Gegner sind, im anderen Falle der Berg. Die Strukturen des Verhaltens sind dieselben: Da wird ein Gegner, der unbedingt bekämpft und besiegt werden muß, ausgemacht (ein unbestiegener Sieben- oder Achttausender). Ein besonders kriegserprobter Held (Expeditionsleiter) sammelt nun eine Schar kampfesgewaltiger Recken um sich. Jetzt werden Erkundigungen über den Gegner eingeholt: Wie wehrhaft ist er? Besteht überhaupt eine reelle Siegeschance? Man bricht auf zur Stadt oder Burg des Feindes (zum Berg). Aus sicherer Entfernung wird die gegnerische Stellung in Augenschein genommen. Es werden Schwachstellen erkundet. Erste Aufklärungstrupps werden ausgeschickt. Oft werden sie grimmig zurückgeworfen (Lawinen, Wetterumsturz). Es treten erste Dezimierungen ein (Höhenerkrankungen, Spaltenstürze). Die Widersetzlichkeit des Gegners stachelt die Kämpfer an. Man arbeitet sich nun systematisch und unter Ausnützung aller sich bietenden Vorteile an die Bastion des Feindes heran. Vorgeschobene Stellungen werden ausgebaut, manchmal werden sie vom Gegner wieder vernichtet (Hochlager). Umso verbissener werden die Vorbereitungen zur großen Attacke weiter vorangetrieben. Endlich rückt der Zeitpunkt des entscheidenden Angriffs heran (Gipfelsturm). Die Zeit drängt. Die Kräfte der Recken

Abb. 39: Der letzte Schritt zum allerhöchsten Punkt

reichen nicht mehr allzu weit und die Vorräte gehen allmählich aus. Auch besteht die Gefahr, daß der Feind Unterstützung erhält und übermächtig wird (Monsunstürme). Alle Kräfte werden nun auf einen schnellen, entscheidenden Schlag konzentriert. Mit großer Ungeduld wird eine halbwegs günstige Situation abgepaßt. Dann stürzt sich ein Trupp, gebildet aus den zähesten Helden in den entscheidenden Kampf. Sie fechten wie die Löwen und sie geben ihr Äußerstes. Manche empfangen schwere Wunden (Erfrierungen). Der Feind wird in einem wahrhaft gewaltigen Ringen besiegt. Oft ist es die Großtat einer einzelnen, überragenden Heldengestalt, die den glücklichen Ausgang des Feldzuges herbeiführt. Die Siegeskunde verbreitet sich in Windeseile. Die Kämpfer erhalten bei der Heimkehr einen großen Empfang. Sie gönnen sich nun eine Zeitlang Ruhe, bis sie aufs neue von der Kampfeslust gepackt werden und abermals nach einem respektierlichen Gegner Ausschau halten. Das ganze geht nun wieder von vorne los, wie in den alten Rittergeschichten.

Und wie in Kriegsberichten, so ist auch in alpinen Besteigungsschilderungen immer wieder die Rede von belagern, angreifen, erstürmen, ringen, raufen, überlisten, bezwingen, besiegen, geschlagen werden und so fort. Mit der größten Selbstverständlichkeit werden diese Vokabeln verwendet und akzeptiert. Die unreflektierte Geläufigkeit des kriegerischen Wortschatzes im bergsteigerischen Bereich unterstreicht die erlebnismäßige Ähnlichkeiten zwischen den beiden Sphären.

Das Bergsteigen in seinen extremeren Varianten ist ganz offenkundig ein modernes Gegenstück zu den Mann-gegen-Mann Feldzügen der Anfangszeit unserer Kultur. Der gesamte Charakter des extremeren alpinen Bergsteigens wird von jenem kriegerischen Element geprägt. Das Bergsteigen steht dabei zu den frühen Kampfweisen nicht bloß in einem Verhältnis des verharmlosenden Nachfolgerituals. Hier wird Kampf nicht bloß gespielt. Hier wird genauso ernsthaft, genauso wild und verbissen gekämpft, gesiegt oder verloren wie in jener Zeit, als der kriegerische Kampf noch zum Alltag der Menschen gehörte. Das schwere Bergsteigen bildet erlebnismäßig eine volle Entsprechung zum Männerkampf der früheren Zeiten. Aus vielzähligen Äußerungen von Extrembergsteigern wird deutlich, wie zentral das Erlebnis des Kampfes für das schwere Bergsteigen ist:

> *Ich habe die Betätigung des Bergsteigens, soweit größere Ziele vor mir lagen, immer als einen Kampf aufgefaßt. . . (Paul Hübel)*[93]

> *Denn auch uns jungen Bergsteigern von heute gilt als höchstes in den Bergen das Erlebnis des Kampfes. (Leo Maduschka)*[94]

Hermann Buhl vor einer schweren Tour:

Wir bereiteten uns innerlich auf einen erbitterten Kampf im Fels vor, und wir taten gut daran.[95]

Mit dem Wort »Kampf« ist in diesen Zitaten ein ganz handfestes und handgreifliches Ringen gemeint und nicht irgendeine abstrakte Form von Auseinandersetzung. Man sucht das körperliche Raufen und Ringen mit dem Gegner Berg. Dieser wird dabei wie ein menschliches Gegenüber erlebt. Folgende Texte mögen dies verdeutlichen:

Das Matterhorn war ein hartnäckiger Feind, wehrte sich lange, teilte manchen schweren Schlag aus, und als es endlich mit einer Leichtigkeit, die niemand für möglich gehalten hatte besiegt wurde, da nahm es als heimtückischer Gegner, der überwunden aber nicht zermalmt ist, eine fürchterliche Rache. (Edward Whymper)[96]

Dann kam das große Fragezeichen des letzten, den Kamin abschließenden Überhanges. Fast hätte es mich zurückgeworfen, aber ingrimmig verbissen klammerte ich mich an den Fels. Ich rang und kämpfte mit der scheinbar unüberwindlichen Stelle. Aus meinem Munde lösten sich abgerissene Worte. (Paul Hübel)[97]

Geblendet schweift mein Blick aufwärts zu den Gipfeln: ‚Und den Thurwieser habe ich doch!' Meine Lippen sagen es laut zur Einöde, mein Erstes ist ein Trutzwort zu dem besiegten furchtbaren Gegner. (Eugen Guido Lammer)[98]

In Rissen muß man mit dem ganzen Körper klettern. Man verklemmt die Schulter und dreht die Schuhe so, daß man auch ohne Tritte stehen kann. Man ballt die Hand in dem Spalt zur Faust und hat sich damit einen soliden Privatgriff gebaut. Man rauft mit dem Fels. Das tut gut. Jedes Mannsbild rauft hie und da gerne. (Karl Lukan)[99]

Als Hermann von Barth sich einmal in eine gefährliche Lage hineinmanövriert hatte: »Aber zurück? – Jetzt hatte ich mich in meinen Gegner verbissen.«[100]

Diese letzten paar Worte haben Gewicht: »Jetzt hatte ich mich in meinen Gegner verbissen.« Dieses ingrimmig-unnachgiebige Sich-Verbeißen in den Berg, wenn es plötzlich ganz schwierig und todernst wird, das kennen wir leidenschaftlichen Bergsteiger alle. In den hitzigsten Kampfmomenten vergessen wir dann auch, daß wir es mit unbelebtem Stein zu tun haben. Wir kämpfen wie mit einem menschlichen Feind. Der Berg erzürnt uns und er bringt uns in Wut wie ein menschlicher Gegner. Die Schleusen des Zornes brechen auf und wir toben unsere Kampfeswut in all ihrer elementaren Heftigkeit aus. Und keine Gewissensbisse hemmen uns dabei. Denn zum Glück ist der Kampfgegner Berg letztlich doch nur empfindungsloser

Fels. So können wir mit aller Wildheit und ohne Reue dreinfahren und dreinhauen. Wir kämpfen mit dem äußersten Ernst wie im Menschen-Kampf und zugleich bleiben wir vor den moralischen Folgen todernsten Kämpfens bewahrt. Die wilde Wut, die beim Kampf mit einem »widerspenstigen« Berg manchmal in uns aufwallt, verleiht uns riesige Kräfte. Dann kommen wir über Stellen und Situationen hinweg, die wir im »zahmen« Zustand nie bewältigen würden. Der Zorn ist am schweren Berg eine wichtige Kraft. Immer wieder berichten Extrembergsteiger davon, wie sie erst im Zustand des wilden Zornes über schwerste Passagen hinwegkamen. Die Wut war dabei meist angefacht worden durch einen glimpflich verlaufenen Sturz. Der Sturz machte die Betreffenden dabei regelmäßig so wütend, daß sie die schwere Stelle in einem rasenden Aufbäumen nochmals angingen und überwanden.[101] Das ist geradeso, wie wenn in einem todernsten Duell ein Fechter erstmals eine Wunde abbekommt, dann wird er wild und furchtbar vor Wut. Beim schweren Bergsteigen kann man auf ganz direkte und zugleich auf unschädliche Weise Zorn loslassen und ausleben. Zorn wird direkt umgesetzt in befreiende Motorik. Keine Hemmungen des Bewußtseins und des Gewissens treten dazwischen. Die einzelnen Verhaltensweisen, aus denen das schwere Bergsteigen besteht, sind ja auch ideal geeignet zur Abfuhr aggressiver Impulse: Man krallt sich in Griffe ein, stemmt sich Kamine hinauf, verkeilt die Faust oder den Schuh in engen Rissen, schlägt Haken ins Gestein, haut mit dem Pickel Stufen ins Eis, stampft Tritte in den Firn, drückt die Steigeisen in die Steilflanke und so fort. Da fließt unbewußt und unbedacht fortwährend ein gehöriger Schuß Aggression ins Handeln mit ein.
Ich glaube, wir leidenschaftlichen Bergsteiger tragen in uns viel ungelebten Zorn. Dazu möchte ich nun ein paar Beobachtungen anführen:
Da ist zum Beispiel unsere Verbissenheit. Zwar gefallen sich derzeit einige berühmte Extrembergsteiger darin, ihr Tun als ein Spiel zu apostrophieren, doch in Wahrheit sind fröhlich-lockere Spieler unter den passionierten Alpinisten eine ähnliche Seltenheit wie Heilige unterm normalen Christenvolk. Wie ist die Normalverfassung des passionierten Alpinisten in Aktion? Er ist innerlich unter Hochspannung. Der Atem kommt gepreßt und in gewaltsamen Stößen. Die Backenmuskulatur ist zum Zerspringen hart. Die Zähne sind entblößt. Der ganze Körper ist krampfartig angespannt und in Unruhe. Es ist, als wappneten wir uns gegen einen vernichtenden Schlag oder als seien wir im Begriff, einen solchen auszuteilen. Verbissen sein hat mit Beißen zu tun. Tatsächlich kann man es von seiner Entstehung her als ein verunglücktes Beißen, als eine krampfhaft einbehaltene Aggressions-

entladung auffassen. Das Gegenteil von Verbissenheit ist Gelöstheit. Die Gesichter der Gelöstheit sind Gelassenheit und Fröhlichkeit. Wie viele von den ganz passionierten Alpinisten besitzen diese Eigenschaft in herausragendem Maße? Der Eingeweihte mag sich diese Frage selber beantworten. Daß Zusammenhänge bestehen zwischen der Aktivitätsform des Bergsteigens und einem unterschwelligen Zornpotential, das zeigt sich auch recht deutlich darin, daß wir beim Bergsteigen bisweilen ohne jeglichen äußeren Anlaß in zornige Stimmungen und Gedanken verfallen. Die Erinnerung an irgendwelche Situationen der Kränkung steigt in uns auf und wir werden zornig, viel zorniger manchmal, als wir zur Zeit des Vorfalls gewesen waren. Verspäteter Grimm macht sich in uns breit. Es ist, als wäre der Zorn bisher eingesperrt gewesen und als hätte ihm erst das Steigen die Bahnen freigemacht. Das Steigen wirkt offenbar wie eine Art von Geburtshilfe für eingeklemmte und nicht voll zum Ausdruck gelangte Wutempfindungen. Eine Erklärung dieses Phänomens ermöglichen die Erkenntnisse der körperorientierten Psychotherapie: Wut und Wutverdrängung sind Vorgänge, die sich nicht auf die rein seelische Ebene beschränken. Verdrängter, festgehaltener Zorn wird in typischen muskulären Verhärtungen gleichsam konserviert. Die körperliche Verkrampfung ist das leibliche Gegenstück zum seelischen Unterdrückungsvorgang.[102] Beim fortgesetzten strammen Steigen nun werden einige unserer körperlichen »Wutverkrampfungen« gelockert, insbesondere jene, die in der Bein- und in der Bauchmuskulatur sitzen. Dadurch wird auch die seelische Abwehr vermindert und die festgehaltene Emotion kann ins Bewußtsein aufsteigen.

Beim schweren Bergsteigen hat nicht nur unser Umgang mit der Außenwelt, mit dem Berg, eine aggressive Tönung, auch die Art und Weise, wie wir mit uns selbst umgehen, trägt aggressive Züge. Wir leidenschaftlichen Alpinisten kämpfen nicht nur gegen den Berg, sondern auch gegen uns selbst. Wieviel halten wir uns doch seit jeher darauf zugute, uns, wie wir es auszudrücken pflegen »selbst zu bezwingen« oder »Siege über das eigene Ich« davonzutragen. In der alpinen Literatur finden sich immer wieder wohltönende Formulierungen zu diesem Sachverhalt: »Nur der unbeirrbare Wille, die zähe Überlegenheit des Geistes können den dienenden Gliedern den Weg zur Höhe weisen!«[103] so lesen wir beispielsweise bei Paul Hübel. Solche edlen Worte sind in Wahrheit Anweisungen zur Selbstkasteiung und zur Selbstfrustration. Wir führen am Berg einen Zweifrontenkrieg, einen nach außen, gegen den Berg und einen nach innen, gegen die genießerisch-lustvollen Strebungen unseres Selbst. Warum eigentlich erscheint es uns als edel und notwendig, die genießerische Seite des Ich zu mißhan-

deln? In unserer althergebrachten Selbstbezwingungsideologie steckt ein gerüttelt Maß an innengewendeter Aggression.
Die Waffe, die wir im Kampf gegen das eigene Selbst einsetzen ist der Wille. Mit ihm geißeln und unterjochen wir jene Teile unseres Ich, die wir als »schwach« und »niedrig« deklarieren. Wir betrachten mithin ein Stück von uns selbst als einen Feind, den es unbarmherzig niederzumachen gilt. Manchmal ist es ein recht großes Stück von uns: die Gefühle der Angst, der Ohnmacht, des Traurigseins und des Alleinseins, sowie die vielfältigen Empfindungen und Bedürfnisse der Lust, das alles knüppeln wir mit unserem Willen nieder und halten uns auf diesen Akt der Selbstamputation noch viel zugute. Wir hassen Dinge, die zu uns gehören und wir springen mit uns selber geradeso unbarmherzig um wie Eltern, die einem Kind das »Böse« mit Brachialgewalt austreiben.
Es ist mir jedesmal zutiefst unbehaglich, wenn in einem Bergbuch zu viel die Rede ist von glorreichen Siegen über das eigene Ich und wenn mit der Größe der erlittenen Schmerzen und Entbehrungen renommiert wird. Es gibt ja auch beim Bergsteigen noch andere mögliche Methoden des Selbstumgangs als die Brachialaktionen des stählernen Willens. Unbestritten bildet die Willenskraft einen wichtigen Bestandteil unseres Vermögens zur Lebensbewältigung. Wo der Wille jedoch zum Selbstzweck erhoben wird, da besteht der Verdacht, daß Grausamkeit gegen das eigene Ich ein Bedürfnis ist. Denn der Wille, so wie wir Bergsteiger ihn verstehen, ist das Gegenprinzip zu den weichen und angenehmen Strebungen in uns. Er ist überhaupt der Gegenspieler des Gefühlslebens. Ein Leben, das hauptsächlich aus Selbstüberwindung und Willenskraft besteht, ist ein eisiges Leben. Es kennt am Ende nur noch ein wärmendes Gefühlserlebnis: den Triumph der vollendeten Selbstunterjochung.
Ich habe nunmehr einige Erscheinungen umrissen, die als Hinweise auf das Vorhandensein eines starken untergründigen Zornpotentials in der Psyche leidenschaftlicher Alpinisten aufgefaßt werden können. Bedeutsam erschienen mir im einzelnen der Hang zur Verbissenheit, die gelegentlich unmotivierten Zornaufwallungen während des Steigens und die Verherrlichung von Askese und Selbstüberwindung.
Die Frage ist nun: Wie kommt eine untergründige Zornneigung, die von den Kanälen eines offenen und bewußten Gefühlsausdrucks ausgeschlossen ist, in einen Menschen, in einen Bergsteiger hinein?
Eine Episode aus dem Bergsteigerleben des Hermann von Barth vermag uns die Spur zu den Entstehungsbedingungen des abgespaltenen inneren Zornes zu weisen:

Hermann von Barth, dieser sittenstrenge Alpenpionier, gebärdete sich einmal mit einem Begleiter zusammen auf dem Gipfel eines Berges wie ein entfesselter Wilder. Das geschah anläßlich der Erstbesteigung des Hochblassen. Dieser Wettersteingipfel stand ehemals im Rufe höchster Gefährlichkeit und Schwierigkeit. Hermann von Barth und sein Begleiter waren die ersten, die ihren Fuß auf den Gipfel des gefürchteten Berges setzten. Bei dieser ersten Besteigung wüteten sie auf dem Gipfel herum wie die Tobsüchtigen. In wilder Rage stürzten sie nach allen Seiten Felsblöcke ins Tal hinab, daß es spritzte und donnerte. Hermann von Barth beschließt die Schilderung dieses »Tobsuchtsanfalles« mit den Worten: »Es dröhnen die Kare, es zittert die Mauer, auf deren First wir stehen, in weitem Umkreise brüllt das Gebirg. *Solchen* Schimpf hat keines seiner Häupter noch erfahren, *so* schwer mußte keins noch seine Niederlage büßen.«[104]

Es fällt an diesen Worten auf, daß der Berg als ein Feind personifiziert wird, er wird als ein beseelter Gegner angesehen. Betrachten wir einmal etwas genauer das innere Verhältnis zwischen der »Berg-Person« Hochblassen und ihrem Überwinder, dem Hermann von Barth. Die Berg-Person hat sich zunächst als unnahbar und furchtbar bedrohlich präsentiert. Sie hat ihrem späteren Bezwinger große Angst eingeflößt und ihm während der Besteigung viel Schrecken und Leiden verursacht. Doch schließlich ist ihr Hermann von Barth aufs Haupt gestiegen und hat sie furchtbar gedemütigt, indem er ihr wie ein Besessener auf dem Kopf herumgetanzt ist. Er hat ihr in einem wahren Rausch des Rachetriumphes ganz übel das Haupt gezaust (die Gipfelfelsen hinabgewälzt). Die Bergperson mußte ohnmächtig die schändlichste Behandlung über sich ergehen lassen.

Die Art, wie Hermann von Barth mit der »Berg-Person« Hochblassen umgesprungen ist, entspricht ganz genau dem Muster kindlicher Rachephantasien, so, wie sie das Kind auf Erwachsene richtet, denen gegenüber es ohnmächtige Wut empfindet. Der groß gewordene Hermann hat dem Berg gegenüber einen kindlichen Rachetraum in die Tat umgesetzt. Er hat dem tiefen Elterngroll in sich für einen Moment freie Bahn gelassen.

Als siegreicher Bezwinger einer gefürchteten Berg-Person kehrte Barth die tragische Situation von damals um. Jetzt war *er* der Starke, der Tyrann, der ungehemmt seine Allmacht ausspielte. Tief vergrabener Kinderzorn verschaffte sich einige Augenblicke lang gewalttätige Genugtuung. Ganz gewiß gab es in der Kinderzeit des Hermann von Barth immer wieder Stunden der entsetzlichsten Angst vor Mutter oder Vater oder anderen »Großen«. Starke Angst erzeugt heftigen Zorn. Dieser muß jedoch im Innern bleiben und möglichst vergessen werden. Aus der Tiefe aber nimmt dieser alte und furchtbare Zorn einen starken Einfluß auf das Handeln und Streben, ja auf die ganze Lebensbahn. Der Affekt des Zornes bildet eine machtvolle und konstruktive Kraftquelle, wenn wir ihn voll und sicher zuhanden haben. Wird jedoch dieses gewaltige Kraftpotential in den Untergrund verbannt, wirkt es sich grausam zerstörerisch aus auf uns selbst oder die Menschen, die um uns sind.[105]

Ein hochinteressantes Argument für die Richtigkeit der dargelegten Zusammenhänge zwischen frühkindlichem Erleben und untergründigem (Bergsteiger-) Zorn liefert uns Eugen Guido Lammer in einem Bericht über ein bergsteigerisches Schreckerlebnis: Lammer hatte im Gebirge einmal eine ihn bedrohende Viper erschlagen. Unmittelbar danach wurde er von der alptraumhaften Vorstellung erfaßt, es starrten ihn nunmehr tausende von Schlangenaugen rachelüstern an.[106]

Daß Lammer die Viper erschlug, war normal und verständlich. Wenn dann auf diese berechtigte Aggressionshandlung ein panikartiger Angstanfall folgte, so ist das ein nahezu untrüglicher Hinweis auf ein starkes Potential verdrängter, konfliktgeladener Aggression, die auf die frühen Lebensjahre zurückdatiert. Angstanfälle nach berechtigten Aggressionsäußerungen sind eine Folge von früh »geschluckten«, allzu großen Zornbrocken.

Für Lammer bedeutete das Bergsteigen, wie es nach dem Gesagten ganz folgerichtig ist, vor allem Zorn-Therapie. Wieder und wieder betonte Lammer, welchen zentralen Stellenwert für ihn das Kampfmoment im harten Bergsteigen besaß. Am Berg konnte er jeglichem Zorn- und Streitgelüst in sich ungehemmten Lauf lassen. Da konnte sich auch jener früh angesammelte Kinderzorn in gewissem Maße eine nachträgliche Befreiung verschaffen. Ist doch am Berg die Aggressionsäußerung frei von den verheerenden Auswirkungen, die sie in der Kindheit hatte: da entsteht kein Gegenzorn, da braucht man sich nicht schlecht und schuldig zu fühlen. Die Gefühle des Zornes und der Streitlust, die ganz elementare, lebenstragende Empfindungen sind, haben ungehindertes Existenzrecht.

Im schweren Bergsteigen geschieht fortwährend und unbemerkt Zorn-Befreiung. Der harte Alpinismus ermöglicht einen sehr wirksamen ganzheitlich-körperlichen Zornausdruck. Hier werden aggressive Empfindungen, ob bewußt oder unbewußt, unmittelbar in erlösende Abfuhrreaktionen umgesetzt. Die Instanz der Skrupel und der Hemmung: Das reflektierende Bewußtsein, wird gleichsam kurzgeschlossen, unterlaufen – mit Vorteil und im Sinne eines volleren Menschseins, wie anzufügen ist. Freilich, die tiefen Seelenwunden des früh geschluckten Zornes werden dadurch auch nicht geheilt, immerhin aber gelindert.

Schatten auf unserer Seele

Unter Menschen, die keinen direkten Kontakt zu leidenschaftlichen Bergsteigern besitzen gibt es ein bestimmtes Klischeebild vom »richtigen Bergsteiger«. Dieses Stereotyp sieht etwa folgendermaßen aus: Ein »richtiger Bergsteiger« ist ein frohgemuter und unkomplizierter Mensch. Er ist ein kerniger Bursche mit klaren und natürlichen Ansichten. Er befindet sich mit sich selbst und der Welt im Lot.
Dieses Klischee mag in dem einen oder anderen Falle tatsächlich zutreffen. Für die meisten unter den extremen Alpinisten gilt es aber nicht. Die reklametüchtige Frohnatur eines Louis Trenker stellt unter den leidenschaftlichen Bergsteigern die Ausnahme dar. Vom Bild des urig-fidelen Naturburschen sind die meisten Extremen in Wahrheit weit entfernt.
Wir tragen Schatten auf unserer Seele. In uns ist viel Ungeklärtes und viel Schmerz.

Das Antlitz

Schauen wir uns einmal die Gesichter der großen Extrembergsteiger an. Da werden wir nur selten wirklich fröhliche und friedvoll-gelassene Züge erblicken. Eher düster und schwersinnig sind diese Gesichter. Die Linien sind streng und in den Augen liegt oft etwas Brennendes, Verzehrendes. Das Leiden hat diese Gesichter mehr geprägt, als das Glück. Anspannung und Härte formen die Züge. Wenn gelacht wird, ist es manchmal mehr ein Zähnefletschen. Am sprechendsten kommt all das Ernste, Angespannte und Unruhvolle in den Augen zum Ausdruck, jenen Hauptfenstern der Seele.

Die Landschaft

Wie sieht die Landschaft aus, der wir uns aus innerster Seele zugetan fühlen? Die Landschaft unserer Seele ist eine Wüste. Die hohen Gebirge sind die Gegenwelt des Lebendigen, eine Todeslandschaft. Unser Erdball kennt kaum grimmigere Orte. Dort aber zieht es uns mit der äußersten Sehnsucht hin. Sollten da nicht Verwandtschaften zu unserer Innenwelt bestehen?

Härte

Wir haben wenig Begabung zur Lust. Wir mißtrauen ihr. Manchmal fürchten wir sie. Viel gewohnter sind uns Versagung und Schmerz. Auch das Schwachsein und die Angst ertragen wir schlecht. Hart und überlegen wollen wir sein, weil uns Weichsein und Schwachsein von früh an schrecklich sind. Unser Prinzip ist der Wille, jener eisige Seelenwind, der alles einfriert, was weich und verletzlich in uns ist.

Unrast

Es heißt für uns sehr viel, wenn uns ab und an ein Moment der zufriedenen Selbstvergessenheit gelingt. Unsere seltenen ruhigen Momente sind das Ergebnis von vielen tausend mühseligen Stunden am Berg. Unsere Unrast erinnert mich an das unruhvolle Verstörtsein des Kindes, das die Mutter sucht. Ist vielleicht unser ständiges Weggehen, unser Weit-fort-gehen die Antwort darauf, daß man auf uns zu wenig zugegangen ist? Die Unrast ist nicht schön, aber schlimmer noch ist die Unerfülltheit, die große Schwester unseres Unruhigseins. Darum schinden wir uns, darum suchen wir das starke Erlebnis, gleich, ob es nun wohltuend oder schmerzlich ist. Denn solange wir handeln und die Stimmen unseres Körpers vernehmen, wissen wir: Wir leben. Der Wert des Daseins ist für uns ein schmerzlich unsicherer Besitz. Immerfort müssen wir ihn neu erkämpfen.

High sein, down sein

Droben am Berg, im äußersten, vernichtungsnahen Gefordertsein, da haben wir Augenblicke, in denen wir uns innerlich richtig auf der Höhe fühlen. Zu kämpfen droben am Berg, das macht uns high. Das hebt uns heraus aus dem Downsein, der Schwermut, die auf dem Grunde unserer Seele liegt.

Größenhunger

Auf den hohen Gipfeln fühlen wir uns erhaben über »die dort unten« und über den weichen und schwachen Menschen in uns. Wir sind süchtig nach diesem ganz oben sein. Es ist uns der Gegenbeweis gegen alles Niedergedrückte und Gedemütigte in uns.

Probleme

Das Leben war für uns ein Problem von Anfang an. Wir sind problemgewohnt. Probleme sind unser Milieu. Am Berg versorgen wir uns damit.

Die Ungestillten

Wir sind die Ungesättigten. Die Ungestillten. Stillen hat mit stillmachen, mit ruhigwerden zu tun. Wir sind nicht ruhig, weil wir ungestillt sind.

Sehnsucht

Wir sind Sehnsuchtsmenschen. Doch wir holen unseren Glückstraum niemals ein. Dafür ist er viel zu groß. Er ist so groß wie alles Unerfüllte, das in uns liegt.

Schatten auf unserer Seele: Materialien

Die Herzenslandschaft der Extremen

Peter Habeler angesichts des Khumbu-Eisfalls am Everest:

> *Als ich zum ersten Mal davorstand, fiel mir das Dante'sche Höllentor ein, über dem geschrieben steht: Wer hier durchgeht, lasse alle Hoffnung fahren.*[107]

Walter Bonatti über die Westwand des Pilier d'Angle am Montblanc, die lange Jahre sein höchster Sehnsuchtstraum war und die er schließlich auch bezwang:

> *Anhäufungen von glatten und überhängenden, völlig von Eis und Lockerschnee verkrusteten Felsplatten wechseln mit unerhört abschüssigen Eishängen, auf denen die hoch oben abbrechenden Eistürme und Wächten nach ihrem Absturz zerschellen. Diese etwa tausend Meter hohe ›Hölle‹ in Form eines riesigen Trichters erweckt bares Grausen . . .*[108]

Als Lionel Terray auf der Umschau nach neuen lohnenden Zielen war, wurde er von seinem Freunde Ferlet auf den Fitz Roy in Patagonien aufmerksam gemacht. Sofort stand für ihn fest: da muß ich hin! Er beschreibt sein Herzensziel folgendermaßen:

Infolge des ständig schlechten Sommerwetters bleiben nur wenige Tage, um den Berg anzugehen, die Kälte, weitaus stärker als in unseren Zonen, das die Wand überziehende Wassereis, vor allem aber die jähen und unerhört heftigen Sturmstöße machen die Besteigung sehr heikel. Die unmenschlichen atmosphärischen Verhältnisse hatten alle bisherigen Expeditionen erschöpft und entmutigt, bevor noch der eigentliche Kampf aufgenommen worden war.[109]

Reinhold Messner über die Lhotsewand, mit der er viele Wochen lang gerungen hatte:

Senkrecht übereinandergeschichtete Steine, Wüste in der Vertikalen, öde wie die Verzweiflung.[110]

Unrast

Aus Hermann Buhls Bericht über eine Besteigung des Nordpfeilers der Grandes Jorasses:

Wir können beruhigt sein, denn was noch folgt, ist alles im Bereich des Menschenmöglichen. Wir lassen uns zu kurzer Rast nieder. Aber bald treibt uns eine innere Unruhe weiter, gipfelwärts.[111]

Ebenfalls Hermann Buhl:

Ich gestehe es: Meine Kameraden hatten nicht immer eine reine Freude mit mir, konnten sie gar nicht haben. Wenn es draußen stürmte, schneite oder eintöniger Schnürlregen die Welt in Trostlosigkeit verwandelte – für mich war es immer schön. Mein Auftrieb kannte keine Grenzen. Ich wollte immer losziehen.[112]

Andrea Oggioni eilte oft monatelang ohne Unterbrechung von einer schweren Besteigung zur anderen:

Die Tage scheinen schön bleiben zu wollen, deshalb beschließen wir, ohne Zeit zu verlieren, zu neuen Abenteuern im Montblancgebiet aufzubrechen. Es ist, als hätten wir uns in Maschinen verwandelt: Marschieren und Klettern, Klettern und marschieren.[113]

Hermann von Barth über sich selbst:

Ich, der nimmerruhende Irrgeist in den Bergen.[114]

Nochmals Walter Bonatti:

Ich komme mir vor wie eine biblische Figur, die dazu verdammt ist, in aller Ewigkeit aufzusteigen, um sich von ihren Sünden zu befreien.[115]

Die ständig lauernde Leere

Suchen nicht auch wir durch das Bergsteigen eine Art Erlösung? Sonst würden wir uns nicht elend und traurig fühlen, wenn wir nicht in die Berge können . . . (Aldo Anghileri)[116]

Peter Habeler über die Augenblicke auf dem Gipfel des Everest:

Nach dem Weinen und der Erlösung kamen die Leere, die Trauer, die Enttäuschung: Etwas war mir weggenommen worden, etwas, das mir sehr wichtig gewesen war. Etwas, das mich ausgefüllt hatte, war ausgeronnen, und ich war erschöpft und hohl.[117]

Als wir wieder im Basislager waren und ich spürte, daß sich nach diesem Gipfelgang (auf den Everest, d. Verf.) eigentlich keine Euphorie einstellte, sondern eher eine Leere in mir, habe ich diese Leere ausgefüllt, indem ich mir diesen ›Achttausender im Alleingang‹ vorstellte.
So hat nach dem gelebten Traum jeder seine neuen Träume, die sich wieder zu Tode, zu Leere erfüllen werden. (Reinhold Messner)[118]

Das Gegenstück der Leere: Hunger nach Spannung und starken Gefühlsstimulationen.

Wieder lag ich auf dem Matratzenlager, auf derselben Bettstatt, auf der ich schon vor der Wischbergkante gelegen war. Damals hatte ich an den Neuschnee denken müssen, gestern an den weißen Fleck. Heute war keine Spannung in mir, und ich kam mir seltsamerweise so arm vor, so arm etwa wie der Herr Referent bei uns zu Hause. (Karl Lukan)[119]

Du hast einen brennenden Durst nach neuen, tief wühlenden Empfindungen. Drunten im Tal, im Alltagleben mit seiner armseligen Plage und Öde kommen die Sensationen nur getröpfelt . . . Droben aber, wo die zügellosen Elemente bersten, da stürzt ihr den schäumenden Becher in seligtiefem Zuge hinab . . . (Lammer)[120]

Ich steige nicht auf Berge, um ihre Gipfel zu erobern. Für wen auch? Ich begebe mich in Grenzsituationen, um meine Ängste, Zweifel und Hochgefühle zu erfahren. (Messner)[121]

Sehnsucht und Traum

Langsam kommen mir die Kälte, der Wind und meine Erschöpfung zu Bewußtsein. Langsam kommt nach der Freude die Traurigkeit, ein Gefühl der Leere: Eine Utopie ist Wirklichkeit geworden. Ich ahne, daß auch der Everest nur ein Vorgipfel ist, den wirklichen Gipfel werde ich nie erreichen. (Reinhard Karl)[122]

Der Traum, den wir gelebt, verweht nach und nach. In einer grausamen Mischung von Schmerz und Freude, Heldenmut und Niedertracht, Sonne und Schmutz, Größe und Kleinlichkeit, kehrten wir langsam zur Erde zurück. (Lionel Terray über die Rückkehr vom Makalu)[123]

Dort, wo am Peilstein der Jahnkamin endet, ist eine Felskanzel, von der man einen weiten Ausblick über die Voralpenberge nach Westen hat. Besonders abends bin ich da oft gesessen, in der untergehenden Sonne, und habe an meinen Traumberg in weiter Ferne gedacht. Die Sonne war hier oben immer die gleiche gewesen, der Berg stets ein anderer. Ich konnte jetzt Fritzerls vor Stunden gestellte Fragen beantworten: ›Weißt du, wunschlos glücklich werde ich erst sein, wenn ich einmal auf dieser Felskanzel sitzen kann, ohne an einen anderen Berg als den Peilstein zu denken!‹ – ›Also nie!‹ stellte Fritzerl fest.
Also nie werde ich auf der Peilstein-Kanzel sitzen, ohne sehnsüchtig in die Ferne zu schauen. (Karl Lukan)[124]

Auf dem Gipfel die Sehnsucht nach dem Tal und unten die Sehnsucht nach oben. (Karl)[125]

Es war vorbei. Wieder hatte sich eine heiße Sehnsucht in kühles Erinnern gewandelt. Doch endlos und unerfüllbar ist alles Sehnen. (. . .) Und während wir weiter hinabsteigen zu den kantigen Schatten des Tales, heben in meiner Seele schon wieder neue Träume ihre sehnsuchtsblauen Schwingen. (Maduschka)[126]

Die Kindheit als Leiden

Eine Beobachtung:
Üblicherweise kommen die Autoren von Werken autobiographischen Charakters öfters und ausführlich auf Umstände und Erlebnisse aus der Kinder- und Jugendzeit zu sprechen und zwar auch in jenen Fällen, wo die Kindheit nicht das eigentliche Thema ist. In den Berichten der großen Extremen über ihre Taten und ihr Leben ist das zumeist in einer auffälligen Weise anders. Da werden die Jahre vor dem Erwachsenendasein allenfalls in vier, fünf Sätzen gestreift. Ein solches Nicht-Eingehen auf die frühen Lebensjahre, die ja im ganzen Lebenszyklus die intensivsten sind, ist ein sehr starker Hinweis darauf, daß die Vor-Erwachsenenjahre psychisch

schwierig und leidvoll gewesen sind. Dies untermauern auch die wenigen »authentischen«, d. h. echten Bemerkungen über die Kindheit, die wir in den Büchern von Extremen des ernsten Schlages vorfinden. Dazu die beiden folgenden Beispiele:

> *Aus meiner Kindheit habe ich nur wenige blasse Eindrücke bewahrt; meine erste und wirkliche Erinnerung fällt mit dem Ausbruch des Zweiten Weltkriegs zusammen. Ich war damals zehn Jahre alt, und von da an sind alle Jugenderlebnisse von der Erinnerung an den Hunger begleitet. (Bonatti)*[127]

Reinhold Messner, beim Gedanken an einen Frühling seiner Kinderjahre:

> *Eine Zeit, die zu den wenigen wahrhaft frohen Wochen meines Lebens gehörte.*[128]

Und das Glück?

Wenn Sie bis an diesen Punkt mit der Lektüre durchgehalten haben, so werden Sie vielleicht fragen: Wo bleibt denn nun das Positive in der schweren Bergsteigerei? Wo bleibt das Glück?

Im ersten Teil meines Buches habe ich eine ganze Reihe von glückhaft getönten Bergsteiger-Motiven dargestellt. Alle diese »positiven« Motive gelten auch für die Extrembergsteiger. Nur gesellen sich eben bei den ganz leidenschaftlichen Alpinisten noch weitere seelische Antriebskräfte zu der glückhaft gefärbten Motivschicht hinzu und diese zusätzlichen, diese speziell extrembergsteigerischen Motive, die sind nun eben größtenteils nicht von heiterer Art. Man muß aber, nochmals sei es gesagt, all das Problematische, das im zweiten Teil meines Buches angesprochen wurde, immer auch im Zusammenhang sehen mit dem »positiven« ersten Teil. Nur so nimmt man die Dinge in ihrem richtigen Stellenwert wahr.

Das ist gerade das Großartige und Besondere an der schweren Bergsteigerei, daß sie die verschiedensten seelischen Strebungen in uns anzusprechen und in sich aufzunehmen vermag: Den reinen Lebensübermut genauso wie die Depression, die Kampflust und auch die Angst, die Leistungswut gleich wie die Freude am zweckfreien Tun, den Hang zum Einzelgängertum und auch den Wunsch, ganz eng mit anderen verbunden zu sein und noch vieles mehr. Die schwere Bergsteigerei gewährt so vielen verschiedenartigen Seiten unserer Person eine Heimat und ein Betätigungsfeld, wie keine andere »Sportart« sonst.

Kehren wir nun aber nochmals zu der Frage nach dem Positiven im seelischen Ursachengeflecht des leidenschaftlichen Bergsteigens zurück. In diesem Zusammenhang muß unbedingt hervorgehoben werden die ungeheure Lebensenergie, die im Tun der Bergbesessenen zutage tritt. Das körperlich-seelische Kraftpotential der Extremen ist erstaunlich und irgendwie beneidenswert, egal, wie man im einzelnen seine gefühlsmäßige Einfärbung und seine Äußerungsweisen beurteilen mag. Die großen Bergbesessenen sind sicherlich oftmals seelisch Belastete und Bedrängte, doch sie sind immer auch Tätige, Aktive. Sie beantworten ihr inneres Schicksal mit einem Orkan von Kraft. Das ist alles andere als selbstverständlich. Das ist ungewöhnlich. Und ich persönlich muß sagen, ich finde Besessenheit ungleich viel besser als Erschlaffung und Resignation.

Wo dieses außerordentliche Lebenspotential wohl herkommt? Ich glaube, es ist den Betreffenden, wie man so sagt, in die Wiege gelegt worden. Es ist eine Mitgift, tragisch und herrlich zugleich. Tragisch, weil der so Begabte unweigerlich in vielfältige, herbe Konflikte zur Umwelt gerät. Herrlich, weil es zu gewaltigen Taten prädestiniert.

Wir Bergbesessenen sind gewöhnlich keine ausgesprochen sonnigen Gemüter. Dennoch kennen wir das Erlebnis intensiven Glücks. Der Ort, an dem uns Glück am ehesten und am überwältigendsten zuteil wird, ist der Berg. Es besteht eine eigenartige Dialektik zwischen unseren alpinen Glücksmomenten und unseren inneren Bedrückungen und Zwängen. Davon will ich nun noch sprechen.

Die radikale Bergleidenschaft beruht, wie ich aufgezeigt habe, auf bedrängenden und großenteils im Unbewußten liegenden seelischen Notwendigkeiten. Man mag darin einen Makel sehen, sind wir leidenschaftlichen Alpinisten nach dieser Anschauungsweise doch Getriebene und Bedürftige. Wahr ist aber auch dies: Unsere tiefe seelische Bedürftigkeit ist die Grundlage unserer Glückserlebnisse am Berg. Im Gebirge finden unsere dunkeln inneren Antriebe vorübergehend Erfüllung. Die inneren Quälgeister kommen zur Ruhe und daraus entsteht uns Glück. Dieses Glück ist so mächtig, wie unsere seelische Ungestilltheit tief und schmerzvoll ist. So gehört beides untrennbar zusammen: Unser drangvolles Getriebensein und unser wildes Glück. Unser Glück ist von einer Art, die die Nicht-Getriebenen, die reinlich Ausgeglichenen, niemals kennenlernen werden.

In der herkömmlichen Bergliteratur wird ein viel gefälligeres und edleres Bild von den Beweggründen der Bergsteigerei gezeichnet, als es hier geschehen ist. Man liest wohltönende Traktate über die Erlebnisse des Schönen, des Hehren und des Göttlichen, die uns in der Bergnatur zuteil werden. Viele erhebende Betrachtungen und harmonische Gedanken werden da ausgebreitet. Das läuft dem bergsteigenden Leser hinunter wie Honig

---

Abb. 40: Glücksmomente: Leuchtende Bergblumen und gewaltige Gipfel. (im Hintergrund die Allgäuer Höfats)

und Öl. Ich bin auf diese so vertrauten „edlen“ Aspekte des Bergsteigens nur wenig eingegangen. Warum, das möchte ich kurz begründen.
Zunächst sei ganz klar gesagt: Ich kenne die Schauer der Ergriffenheit und der heiligen Sprachlosigkeit sehr wohl, die uns vor einer gewaltigen Bergkulisse oder im Anblick eines Sonnenaufganges hoch droben erfassen. Ich kenne auch die tiefe Dankbarkeit, die uns überkommt bei der Schau über eine weite Gipfelflur oder beim Gang durch eine leuchtend bunte Blumenwiese. Ich kenne den wunderbaren Frieden, der in die Seele einströmt, wenn wir über die hohen Grate gehen, fernab der Welt. Ich weiß um den unerhörten Ernst der Stunden zwischen Nacht und Tag, wenn wir schweigend hinmarschieren zur hohen Wand. Mir ist dieses Großartige vertraut und mir ist es sehr viel wert. Warum aber habe ich kaum etwas über diese erhabenen Begleittöne des Bergsteigens geschrieben? Der erste Grund ist schlichtweg der, daß diese erhabenen Seelentöne schon so oft und in allen Nuancen geschildert worden sind. Ein zweiter und gewichtigerer Grund besteht darin, daß diese edlen Naturerlebnisse nicht für das Bergsteigen speziell kennzeichnend und motivierend sind. Ein Wanderer im Odenwald, ein Wildnisbegeher in Finnlands Tundra oder ein Segler in der irischen See, sie haben ganz gleichartige Naturerlebnisse. Man findet das schöne und ergreifende Naturerleben in allen unberührten Landschaften. Mir aber war es um die charakteristischen Antriebe des Bergsteigens und hierbei vor allem des schweren Bergsteigens zu tun. Da indes kann man ganz eindeutig folgendes feststellen: Das schöne Naturerlebnis wird umso unwichtiger, je extremer die Ambitionen und Taten eines Bergsteigers sind. Bei den ganz Extremen spielt der Naturgenuß eine vollkommen nebensächliche Rolle gegenüber den anderen Strebungen, wie ich sie beschrieben habe. Man forsche nur einmal nach, wieviele Zeilen in den Büchern ganz extremer Alpinisten dem edlen Naturerleben gewidmet sind. Man kann die betreffenden Sätze fast immer an den Fingern einer Hand aufzählen. Und noch eine letzte Bemerkung zum Thema »erhabene Empfindungen im Gebirge«: Das Einseitig-Schönmalerische in den üblichen Lobreden auf das geistige Erleben im Gebirge erfüllt mich immer mit einem tiefen Unbehagen. Werden doch dadurch die anderen, die weniger geistigen Motive des Bergsteigens klammheimlich übertüncht, überdeckt. Gerade aber diese anderen, diese nicht so heiligen Kräfte bilden für die ganz große Mehrzahl der leidenschaftlichen Alpinisten die vorrangigen Antriebe der Bergleidenschaft. Meine eigene Person schließe ich hierbei voll mit ein.
Ich wollte ein wahres Buch über die Leidenschaft des Bergsteigens schreiben. Diese Absicht gebot es mir, den Schwerpunkt meines Nachdenkens

und Schreibens nicht bei den vielberedeten geistigen und erhabenen und schönen Empfindungen zu setzen, sondern dort, wo gewöhnlich Schweigen herrscht, das Schweigen der Eitelkeit und der Angst vor dem menschlichen Selbst.

Bergsteigen – Realitätsbewältigung oder Realitätsflucht?

Ich habe bewußt darauf verzichtet, die einzelnen Kapitel meines Buches durchgängig miteinander zu verklammern. Das wäre zwar im Sinne der geltenden wissenschaftlichen Ästhetik wünschenswert gewesen und auch dem Leser hätte es den Gang durch das Buch wohl erleichtert, doch sind nun einmal die Beweggründe des passionierten Bergsteigens von sehr »uneinheitlicher« Art. Sie mit Gewalt in eine »runde« Form der Darstellung bringen zu wollen, das hieße, eine Einheitlichkeit vortäuschen, die nicht vorhanden ist. Meine Ausführungen entbehren jedoch nicht ganz der übergeordneten und verbindenden Perspektive. Hinter all den so verschiedenartigen Gedankengängen steht als eine verbindende Anschauung diese These: Die Verhaltensform »Bergsteigen« ist zum wesentlichen Anteil eine unwillkürliche Antwort einer großen Zahl von Menschen auf die gesellschaftlichen und die biographischen Bedingungsmomente ihrer Existenz. Das Bergsteigen stellt eine aktive Form des Umgehens mit problematischen Aspekten unseres Daseins dar und in diesem weitgefaßten Sinne ist es immer ein Vorgang der Realitätsbewältigung.

Nun erhebt sich indes die Frage: Vollbringen wir im Bergsteigen auch eine Verarbeitung und Veränderung unserer gesellschaftlichen und individuellen Realität? Hier nun bin ich der Meinung, daß das Bergsteigen ganz überwiegend den Charakter einer bloß reflexhaften Ausweichreaktion besitzt. Ähnlich wie eine gute Flasche Wein oder ein unterhaltsamer Kinoabend hilft es für den Moment über Unersprießlichkeiten hinweg, an denen wir chronisch leiden, an den Quellen unserer Schmerzen ändert es nichts. In der Sprache der Psychoanalyse: Wir agieren den Konflikt, aber wir bearbeiten ihn nicht. Ich will das anhand der Themen von Teil II meines Buches kurz konkret machen: Das schwere Bergsteigen vermittelt, wie gezeigt, vorübergehend ein starkes Identitätsgefühl, von der zugrundeliegenden Identitätsproblematik befreit es indessen nicht. Wir geben im harten Alpi-

nismus unseren aggressiven Impulsen vorübergehend eine erlösende Freiheit, das Leiden am ungelebten Zorn der frühen Jahre bleibt aber bestehen. Wir gelangen bergsteigend zu einer kurzfristigen Leistungszufriedenheit, unsere radikale Leistungsbedürftigkeit wird indes nicht gemildert. Die Last unserer Schwermut wird im Gebirge leichter, aber sie verschwindet nicht. Man sollte jedoch die »bloß« lindernde Funktion des Bergsteigens auf keinen Fall geringachten. Ein gutes Schmerzmittel ist sehr viel wert. Eine Erlösung auf Stunden ist unendlich viel besser als gar keine Erlösung.
Trotzdem ist die Frage legitim, ob man aus dem Bergsteigen im Hinblick auf seinen seelischen Nutzen nicht mehr machen kann. Liegt im Bergsteigen nicht auch die Möglichkeit zu echter Klärung und Veränderung des Ich? Diese Möglichkeit ist gegeben, sogar in einem hohen Maße. Nur bedarf es dazu einiger Voraussetzungen, die wir Bergsteiger in der Regel nicht mitbringen. Die erste Voraussetzung besteht im Willen und in der Befähigung, die eigene seelische Erfahrung des Bergsteigens klischeefrei wahrzunehmen und auf das Ganze der Person zurückzubeziehen. Kurz, es geht um den Impuls zu Fragen wie diesen: Was bedeutet mein Bergsteigen für mich? Welchen Stellenwert hat diese und jene bergsteigerische Erfahrung für mich? Warum ist mir dies und jenes so wichtig? Innere Dialoge dieser Art waren jedoch noch niemals eine bergsteigerische Vorliebe oder gar Stärke. Einige unter den großen Alpinisten hatten zwar das innere Zwiegespräch schon seit jeher praktiziert, aber sie wurden gerade deswegen von der übrigen Bergsteigerschaft scheel angesehen.
Die Fähigkeit zur klischeefreien Selbstbegegnung hat ihrerseits wieder zur Voraussetzung die Bereitschaft, unangenehmen und schmerzlichen Selbsteinsichten nicht auszuweichen. Das aber ist eine Eigenschaft, die unter Menschen überhaupt selten ist, nicht bloß unter Alpinisten.
Prinzipiell bildet das Bergsteigen in all den Fällen, wo es hohen persönlichen Stellenwert besitzt, einen hervorragenden Ansatzpunkt zur Begegnung mit den verborgenen, und das heißt zumeist: mit den schmerzlichen Seiten des eigenen Ich. Es ist aber zugleich auch eine Tatsache, daß sich die Bergsteigerei ebenso gut als ein Mittel zur Ausschaltung tieferer Selbstbegegnung eignet. Bergsteigend kann man ebensogut von sich weglaufen, wie man zu sich hinfinden kann. In aller Regel wird der Gang in die Berge, gerade von uns Passionierten, in der ersteren Weise gebraucht. Wir sind wohl mutig in äußerer Gefahr, aber nicht in der Begegnung mit unserem verborgenen Selbst.

Anmerkungen

Anmerkungen zu Teil 1 — Das Bergsteigen als Breitenbewegung:

1 Thioly, F.: *L'ascension du Grand Combin,* in: Jahrbuch III des SAC (Zitat wurde übersetzt vom Verfasser).
2 Hübel, Paul: *Führerlose Gipfelfahrten.* München 1949, S. 45
3 ebenda, S. 47
4 Ertl, Hans: *Bergvagabunden,* München ^{4}1952.
5 Schmid, Toni, in: Ertl, a. a. O., S. 216.
6 Buhl, Hermann: *Große Bergfahrten,* München 1974, S. 147.
ebenda, S. 184.
8 Whymper, Edward: *Edward Whympers Berg- und Gletscherfahrten in den Alpen in den Jahren 1860 – 1869.* Braunschweig ^{4}1909, S. 234.
9 ebenda, S. 495.
10 Rébuffat, Gaston: *Zwischen Erde und Himmel.* Zürich, Stuttgart, Wien 1963, S. 144 f.
11 ebenda, S. 34.
12 Habeler, Peter: *Der einsame Sieg.* München ^{5}1979, S. 87.
13 Buhl, a. a. O., S. 122.
14 ebenda, S. 164.
15 Schumacher, Joachim: *Leicht gen Morgen unterwegs. Eine philosophische Reise, München 1979.*
16 Terray, Lionel: *Große Bergfahrten,* Nymphenburg 1975, S. 119.
17 ebenda, S. 69.
18 Messner, Reinhold: *Der gläserne Horizont.* München 1982, S. 88.
19 Oggioni, Adrea: *Die Hände am Fels.* Zürich, Stuttgart, Wien, 1967, S. 102.
20 Ertl, a. a. O., S. 70.
21 Lammer, Eugen Guido: *Jungborn.* 2. Auflage, München 1923, S. 176.
22 Hauser, Günter: *Ihr Herren Berge.* Stuttgart ^{2}1959, S. 90.
23 Lammer, a. a. O., S. 17.
24 Hillary, Edmund: *Ich stand auf dem Everest.* Wiesbaden 1957, S. 95.
25 Hübel, a. a. O., S. 316 f.
26 Giongo, Giuliano: *Extrembergsteigen, wo es zu Hause ist.* in: *Berg 84* (Alpenvereinsjahrbuch 1984), S. 157.

Anmerkungen zu Teil II – Über die Extremformen der Bergleidenschaft

1 Bonatti, Walter: *Große Tage am Berg.* Zürich/Stuttgart, Wien, 1971, S. 48 f.
2 Terray, a. a. O., S. 218 f.
3 Messner, Reinhold: *Alleingang – Nanga Parbat.* München 1979, S. 45.
4 Habeler, a. a. O., S. 142.
5 Heckmair, Anderl: *Mein Leben als Bergsteiger.* München 1972, S. 8 f.
6 Ertl, a. a. O., S. 162.
7 Buhl, a. a. O., S. 35.
8 Terray, a. a. O., S. 50.
9 Messner, Reinhold: *Die Herausforderung.* 2. Auflage, München 1976, S. 23.
10 Oggioni, a. a. O., S. 14.
11 Terray, a. a. O., S. 56.
12 Whymper, a. a. O., S. 339.
13 Ertl, a. a. O.
14 Bonatti, Walter: *Berge – Meine Berge.* Rüschlikon 1964, S. 28.
15 Terray, a. a. O., S. 73.
16 Messner, Reinhold: *Everest. Expedition zum Endpunkt.* München 1978, S. 125.
17 Hübel a. a. O., S. 232.
18 Terray, a. a. O., S. 113.
19 Karl, Reinhard: *Erlebnis Berg: Zeit zum Atmen.* Bad Homburg 1980, S. 110.
20 ebenda, S. 114.
21 ebenda, S. 114.
22 Habeler, a. a. O., S. 184.
23 Oggioni, a. a. O., S. 181.
24 ebenda, S. 183.
25 Terray, a. a. O., S. 135.
26 v. Barth, a. a. O., S. 476.
27 Francé Avčin, zit. nach Reinhold Messner: *Grenzbereich Todeszone*, Köln 1978, S. 204.
28 Buhl, a. a. O., S. 88.
29 Bonatti, a. a. O., S. 173.
30 Whymper, a. a. O., S. 213.
31 Ertl, a. a. O., S. 87.
32 Habeler, a. a. O., S. 38.
33 Anghileri, Aldo, zit. nach Messner, R.: *Die Herausforderung – Zwei und ein Achttausender*, 2. Aufl., München 1976, S. 16.
34 ebenda, S. 14.
35 Habeler, a. a. O., S. 184.
36 Messner, *Everest*, a. a. O., S. 182.
37 Karl, a. a. O., S. 111.
38 Lammer, a. a. O., S. 48.
39 Zum Konzept der Ich-Identität, wie es hier verwendet wird, siehe: Erikson, E. H.: *Identität und Lebenszyklus*, Frankfurt, 1966; Miller, Alice: *Das Drama des begabten Kindes*, Frankfurt 1979; Blos, Peter: *Adoleszenz*, Stuttgart 1973.
40 siehe Messner, *Alleingang*, a. a. O.
41 ders., *Everest*, a. a. O., S. 58.

42 Whymper, a. a. O.
43 Welzenbach, Willo: »*Willo Welzenbach« von Eric Roberts*, Pforzheim 1981.
44 Buhl, a. a. O.
45 Felix Kuen: *Auf den Gipfeln der Welt*. Hrsg. von Karl Ruef, Graz, Stuttgart 1972.
46 Heckmair, a. a. O.
47 Messner, *Alleingang*, a. a. O.
48 Höchst aufschlußreich sind im vorliegenden Zusammenhang auch einige biographische Notizen des ehemaligen Zehnkämpfers Norbert Hoischen und Klein, Michael (Hrsg.): *Sport und Geschlecht*. Reinbek 1983, S. 94. Hoischen schreibt dort: »Vor mir selbst und anderen verheimlichte ich, was auszuleben für mich wichtig gewesen wäre: Trauer, Verletzlichkeit und Schwächen.« Hierzu ist anzumerken, daß Spitzensportler des leichtathletischen Bereichs offenbar einen weitgehend ähnlichen psychobiographischen Hintergrund haben, wie Extremalpinisten. Dies ist zumindest das Ergebnis meines Erfahrungsaustausches mit Michael Klein von der Deutschen Sporthochschule Köln.
49 siehe Miller, a. a. O., S. 25-42.
50 Messner, *Der gläserne Horizont*, a. a. O., S. 254.
51 siehe hierzu die entsprechenden Äußerungen von Barth, a. a. O., S. 476, Messner, *Alleingang*, a. a. O., S. 230 und Karl, *Zeit zum Atmen*, a. a. O., S. 104.
52 Terray, a. a. O., S. 86.
53 Lammer, a. a. O., S. 156.
54 ebenda, S. 159.
55 Karl, *Zeit zum Atmen*, a. a. O.
56 Messner, *Alleingang*, a. a. O., S. 119.
57 Hauser, a. a. O., S. 37.
58 Karl, Reinhard: *Erst nach dem Gipfel bist du wieder frei*. In: *Alpenvereinsjahrbuch* 1981, S. 103.
59 Messner, *Alleingang*, a. a. O., S. 145.
60 derselbe, *Der gläserne Horizont*, S. 87.
61 Bonatti, *Berge – Meine Berge*, a. a. O., S. 48.
62 Von Lammer, Buhl, Bonatti, Rébuffat und Heckmair werden die Ehefrauen in den Büchern entweder gar nicht oder nur in ein, zwei Sätzen erwähnt. Ein unverhältnismäßig hoher Anteil der ganz Extremen war und ist unverheiratet (ungefähr jeder Dritte).
63 Lammer, a. a. O., S. 161.
64 Nach Erikson, a. a. O., S. 124 f. erweist sich stabile Individualität in der Gleichzeitigkeit von Individualitätsempfinden und Verankerung in einer Gruppe.
65 Lammer, a. a. O., S. 65.
66 Müller, Hartmut: *Byron*. Reinbek 1981, S. 51.
67 ebenda, S. 106.
68 ebenda, S. 130.
69 Über das Verhältnis der Extremen zum Tod siehe auch Aufmuth, Ulrich: *Die Lust am Risiko*. In: Berg 85 (Alpenvereinsjahrbuch 1985).
70 Lammer, a. a. O., S. 188.
71 Maduschka, Leo: *Junger Mensch im Gebirg*. München, o. Jg., S. 73.
72 Ertl, a. a. O., S. 113.
73 Whymper, a. a. O., S. 292.
74 Hübel, a. a. O., S. 203.

75 Lammer, a. a. O., S. 61.
76 Karl, *Zeit zum Atmen*, a. a. O., S. 59.
77 Messner, *Der gläserne Horizont*, S. 133.
78 Ertl, a. a. O., S. 238.
79 Siehe beispielsweise Ertl, a. a. O., S. 33 und 36; Lammer, a. a. O., S. 155; Rébuffat, a. a. O., S. 12 ff; Etter, Paul: *Gipfelswärts*, Frauenfeld, Stuttgart 1968, S. 13 ff.
80 Messner, *Die Herausforderung*, a. a. O., S. 59.
81 Terray, a. a. O., S. 54.
82 derselbe, S. 252.
83 Hiebeler, Toni, in: *Alpinismus* 4/74, S. 30.
84 Messner, *Everest*, a. a. O., S. 134.
85 Karl, Reinhard: *Mit dem Glück ist es so wie mit dem Abstieg*. In: *Alpenvereinsjahrbuch* 1980, S. 139.
86 Ertl, a. a. O., S. 251.
87 derselbe, S. 216.
88 Messner, *Die Herausforderung*, a. a. O., S. 56.
89 Terray, a. a. O., S. 206.
90 ebenda, S. 98.
91 Maduschka, a. a. O., S. 161.
92 Das war nachgewiesenermaßen der Fall u. a. bei Paul Hübel, der als junger Mann oft krank gewesen war und es als große Schmach empfunden hatte, daß er als untauglich für den Wehrdienst befunden worden war; des weiteren traf dieser Punkt zu bei Andrea Oggioni, der sehr kleinwüchsig war und darunter heftig litt. Übrigens hatte auch Lord Byron, der wilde Abenteurer, einen Körperfehler, der ihm seelisch stark zu schaffen machte, nämlich ein zu kurz geratenes Bein.
93 Hübel, a. a. O., S. 340.
94 Maduschka, a. a. O., S. 149.
95 Buhl, a. a. O., S. 147.
96 Whymper, a. a. O., S. 495.
97 Hübel, a. a. O., S. 50.
98 Lammer, a. a. O., S. 72.
99 Lukan, Karl: *Bergzigeuner*. Salzburg, Stuttgart 1964, S. 148.
100 von Barth, a. a. O., S. 43.
101 Beispiele hierfür liefern Terray, a. a. O., S. 111; Heckmair, a. a. O., S. 121; Habeler, a. a. O., S. 157 f.
102 Siehe hierzu beispielsweise die verschiedenen Veröffentlichungen von Alexander Lowen oder Ron Kurtz.
103 Hübel, a. a. O., S. 51.
104 v. Barth, a. a. O., S. 588.
105 Siehe etwa Miller, Alice, a. a. O., S. 17 - 56.
106 Lammer, a. a. O., S. 176.
107 Habeler, a. a. O., S. 72.
108 Bonatti, *Große Tage am Berg*, a. a. O., S. 29.
109 Terray, a. a. O., S. 218 f.
110 Messner, *Die Herausforderung*, a. a. O., S. 60.
111 Buhl, a. a. O., S. 20.
112 ebenda, S. 17.
113 Oggioni, a. a. O., *Die Hände im Fels*, a. a. O., S. 181.

114 v. Barth, a. a. O., S. 476.
115 Bonatti, *Große Tage am Berg*, a. a. O., S. 114.
116 Aldo Anghileri in Messner, *Die Herausforderung*, a. a. O., S. 16.
117 Habeler, *Der einsame Sieg*, a. a. O., S. 184.
118 Messner, *Everest*, a. a. O., S. 217 und 215.
119 Lukan, *Bergzigeuner*, a. a. O., S. 254.
120 Lammer, a. a. O., S. 48.
121 Messner, *Everest*, a. a. O., S. 9.
122 Karl, *Zeit zum Atmen*, a. a. O., S. 111.
123 Terray, a. a. O., S. 206.
124 Lukan, a. a. O., S. 289.
125 Karl, Reinhard, in: *Alpinismus* 10/1981, S. 52.
126 Maduschka, a. a. O., S. 16.
127 Bonatti, *Große Tage am Berg*, a. a. O., S. 151.
128 Messner, *Die Herausforderung*, a. a. O., S. 200.

Verzeichnis der verwendeten Literatur

AUFMUTH, U.: Die Lust am Risiko, in: BERG 85 (Alpenvereinsjahrbuch 1985).
BARTH, H. v.: Aus den nördlichen Kalkalpen, Gera 1874.
BLOS, P.: Adoleszenz, Stuttgart 1973.
BONATTI, W.: Große Tage am Berg, Zürich/Stuttgart/Wien 1972.
BUHL, H.: Große Bergfahrten, München 1974.
DIEMBERGER, K.: Gipfel und Gefährten, Wien/Berlin 1974.
ERIKSON, E. H.: Identität und Lebenszyklus, Frankfurt 1966.
ERTL, H.: Bergvagabunden, München [4]1952.
ETTER, P.: Gipfelwärts, Frauenfeld/Stuttgart 1968.
HABELER, P.: Der einsame Sieg, München [5]1979.
HAUSER, G.: Ihr Herren Berge, Stuttgart [2]1959.
HECKMAIR, A.: Mein Leben als Bergsteiger, München 1972.
HILLARY, E.: Ich stand auf dem Everest, Wiesbaden 1957.
HÜBEL, P.: Führerlose Gipfelfahrten, München 1949.
KARL, R.: Erlebnis Berg: Zeit zum Atmen, Bad Homburg 1980.
KARL, R.: Erst nach dem Gipfel bist du wieder frei, in: Deutscher und Österreichischer Alpenverein (Hrsg.), Alpenvereinsjahrbuch, München/Innsbruck 1981, 103 - 113.
KARL, R.: Unterwegs nach Hause, in: Deutscher und Österreichischer Alpenverein (Hrsg.): Alpenvereinsjahrbuch 1982, München/Innsbruck 1982, 91 - 106.
KLEIN, M. (Hrsg.): Sport und Geschlecht, Reinbek 1983.
LAMMER, E. G.: Jungborn, München [2]1923.
LUKAN, K.: Bergzigeuner, Salzburg/Stuttgart 1964.
MADUSCHKA, L.: Junger Mensch im Gebirg. Leben, Schriften, Nachlaß, München, o. J.
MESSNER, R.: Die Herausforderung, München/Bern/Wien [2]1976.
MESSNER, R.: Grenzbereich Todeszone, Köln 1978.
MESSNER, R.: Everest. Expedition zum Endpunkt, München 1978.
MESSNER, R.: Alleingang. Nanga Parbat, München 1979.
MESSNER, R.:GOGNA, A.: K 2. Berg der Berge, München 1980.
MESSNER, R.: Der gläserne Horizont, München 1982.
MILLER, A.: Das Drama des begabten Kindes, Frankfurt 1979.
MÜLLER, H.: Byron, Reinbek 1981.
OGGIONI, A.: Die Hände am Fels, Zürich/Stuttgart/Wien 1967.
REBUFFAT, G.: Zwischen Erde und Himmel, Zürich/Stuttgart/Wien 1963.
RUEF, K.: Felix Kuen – Auf den Gipfeln der Welt, Graz/Stuttgart 1972.
TERRAY, L.: Große Bergfahrten, München 1975.
ROBERTS, E.: Willo Welzenbach, Pforzheim 1981.
WHYMPER, E.: Edward Whympers Berg- und Gletscherfahrten in den Alpen in den Jahren 1860 - 1869, Braunschweig [4]1909.
ZSIGMONDY, E.: Im Hochgebirge, München 1929.

Abbildungsnachweis

Abb. 1: Ulrich Aufmuth
Abb. 2: derselbe
Abb. 3: derselbe
Abb. 4: derselbe
Abb. 5: derselbe
Abb. 6: derselbe
Abb. 7: derselbe
Abb. 8: derselbe
Abb. 9: Lukan, Karl (Hrsg.), *Alpinismus in Bildern*, Wien-München 1967
Abb. 10: Ulrich Aufmuth
Abb. 11: derselbe
Abb. 12: derselbe
Abb. 13: Pause, W./Thorbecke, F., *Die Alpen mit Adleraugen*, Seebruck 1967
Abb. 14: dieselben, a. .a. O.
Abb. 15: Mazenon, Lucien, *Les Alpinistes Célèbres*, Editions d'Arts, Paris 1956
Abb. 16: a. a. O.
Abb. 17: a. a. O.
Abb. 18: a. a. O.
Abb. 19: Terray, Lionel, *Große Bergfahrten*, München 1975
Abb. 20: Rebuffat, Gaston, *Zwischen Erde und Himmel*, Zürich-Stuttgart-Wien, 1963
Abb. 21: *Bergwelt*
Abb. 22: Lukan, Karl, a. a. O.
Abb. 23: Buhl, Hermann, *Große Bergfahrten*, München 1974
Abb. 24: Bonatti, Walter, *Große Tage am Berg*, Rüschlikon-Zürich, Stuttgart, Wien ²1972
Abb. 25: Habeler, Peter, *Der einsame Sieg*, München ⁶1979
Abb. 26: Messner, Reinhold, *Alleingang Nanga Parbat*, München 1979
Abb. 27: Habeler, Peter, a. a. O.
Abb. 28: Gasser, Hannes, *Auf Rufweite mit den Engeln*, Graz-Stuttgart 1976
Abb. 29: Ulrich Aufmuth
Abb. 30: derselbe
Abb. 31: derselbe
Abb. 32: derselbe
Abb. 33: derselbe
Abb. 34: Lukan, Karl, a. a. O.
Abb. 35: Ulrich Aufmuth
Abb. 36: Foto und Verlag Fritz Lauener, Wengen
Abb. 37: Ulrich Aufmuth
Abb. 38: Lukan, Karl, a. a. O.
Abb. 39: Ulrich Aufmuth
Abb. 40: derselbe

Ulrich Aufmuths Großvater Karl Binder, der seine ersten Schritte am Berg begleitet hat.

Der Autor:
Ulrich Aufmuth, geboren 1947, ist promovierter Sozialwissenschaftler und Psychologe und ein leidenschaftlicher Bergsteiger. Mit der »Psychologie des Bergsteigens« befaßt er sich schon seit mehreren Jahren. Er hat zahlreiche Aufsätze zu diesem Themenkreis geschrieben, u.a. im *Alpenvereinsjahrbuch*, in den Zeitschriften *Sportwissenschaft* und *Bergwelt*. Mitwirkung bei Rundfunksendungen. Sein erstes Buch erschien 1979 unter dem Titel *Die deutsche Wandervogelbewegung unter soziologischem Aspekt*.

Weitere Bücher im Drumlin Verlag:

Dieter Schott, Werner Trapp (Hrsg.)

Seegründe

Beiträge zur Geschichte des Bodenseeraumes

»Seegründe« ist die konsequente und sinnvolle Verwirklichung eines regionalgeschichtlichen Lesebuchs. Was wir oft nur allgemein und in abstrakten Erklärungen erfahren, wird hier für alle wichtigen Stationen deutscher Geschichte am Beispiel des Bodenseeraumes dingfest gemacht.

400 S., zahlr. Abb., Ln. m. Schutzumschlag, DM 49.-

Adam Puntschart

Die Heimat ist weit...

Erlebnisse im Spanischen Bürgerkrieg, im KZ, auf der Flucht

Herausgegeben von Oswald Burger

Der »kleine« österreichische Antifaschist Adam Puntschart, Freiwilliger im Spanischen Bürgerkrieg, Verfolgter im besetzten Frankreich, Häftling in deutschen Konzentrationslagern – ein vorzüglich dokumentierter Bericht und darüberhinaus eine spannende Geschichte.

176 S., zahlr. Abb., Ln. m. Schutzumschlag, DM 26.80

Hildegard Kuhn-Oechsle, Elisabeth Renz (Hrsg.)

Frauenjahrbuch 1

Das »Frauenjahrbuch« ist eine bunte Sammlung mit Berichten, Erfahrungen, Reflexionen aus allen wichtigen Bereichen, die Frauen von heute und gestern betreffen. Mit seinem Konzept ist es auch offen für Frauen, denen die Frauenbewegung eher etwas Fremdes ist.

360 S., zahlr. z.T. vierfarbige Abb., br., DM 25.-

Gerhard Köpf

Schwellengang

Prosa

Gerhard Köpf erzählt die Geschichte eines Streckenwärters, der angesichts der drohenden Stillegung seiner Strecke zu einem großen »inneren Gedankengang« anhebt, der sich mehr und mehr weitet zur fabulierten Beschwörung einer von moderner Zivilisation und Industrialisierung heimgesuchten Welt.

64 S., mit Abb., Ebr., DM 14.80